刑事诉讼
涉案财产处置研究

陈春来 著

XINGSHI SUSONG
SHEAN CAICHAN CHUZHI YANJIU

法律出版社
LAW PRESS·CHINA
北京

图书在版编目（CIP）数据

刑事诉讼涉案财产处置研究 / 陈春来著. -- 北京 ：法律出版社, 2024. -- ISBN 978 - 7 - 5197 - 9679 - 2

Ⅰ. D925.204

中国国家版本馆 CIP 数据核字第 2024H334C9 号

刑事诉讼涉案财产处置研究
XINGSHI SUSONG SHEAN CAICHAN CHUZHI YANJIU

陈春来 著

策划编辑 许 睿
责任编辑 许 睿
装帧设计 李 瞻

出版发行 法律出版社
编辑统筹 司法实务出版分社
责任校对 王 丰
责任印制 胡晓雅
经 销 新华书店

开本 710 毫米×1000 毫米 1/16
印张 17.75 字数 262 千
版本 2024 年 12 月第 1 版
印次 2024 年 12 月第 1 次印刷
印刷 北京建宏印刷有限公司

地址:北京市丰台区莲花池西里 7 号(100073)
网址:www.lawpress.com.cn
投稿邮箱:info@lawpress.com.cn
举报盗版邮箱:jbwq@lawpress.com.cn

销售电话:010 - 83938349
客服电话:010 - 83938350
咨询电话:010 - 63939796

书号:ISBN 978 - 7 - 5197 - 9679 - 2
定价:85.00 元

凡购买本社图书,如有印装错误,我社负责退换。电话:010 - 83938349

序

检察官陈春来的博士学位论文即将出版，请我为该书作序，我欣然同意，为之祝贺。

陈春来是我指导的博士研究生，现任江苏省江阴市人民检察院党组成员、检察委员会专职委员。春来勤于学习，乐于钻研，业务能力过硬，工作业绩突出，被评为江苏省检察业务专家，并入选江苏省高层次人才培养计划（第七期“333工程”）。即将出版的《刑事诉讼涉案财产处置研究》一书是其在博士学位论文基础上修改完善而成的，本书既是其学位论文的理论研究心得，也是他长期从事基层检察工作的实践感悟思考，值得一读。

惩治犯罪和保障人权是刑事诉讼法的主要任务，也是刑事法学研究的永恒课题。惩治犯罪和保障人权都与人身权利相联系，但刑事诉讼也常常会涉及财产处置问题。多年来，关于刑事司法中非法羁押、非法审讯、暴力取证、冤假错案等侵犯人身权问题的研究较多，而且日益深入，但刑事诉讼中的涉案财产处置问题却被长期忽视，研究相对较少。实践中对刑事诉讼涉案财产的处置乱象丛生，滥用扣押、随意没收等侵犯财产权问题已经成为与非法羁押、非法取证等同样严重的问题。近年来多地发生的“远洋捕捞”等逐利性执法司法情形，也表征了刑事诉讼涉案财产处置失范现象的严重性。这些问题的产生主要有以下两个方面的原因：一方面是我国关于涉案财产处置的立法规定比较简单，我国《刑法》关于涉案财产处置的规定仅体现在第64条；《刑事诉讼法》虽然增设了违法所得没收特别程序，但有关违法所得没收的普通程序的规定缺失；没收涉案财产的执行规定不完善，目前主要参照民事执行的相关程序。另一方面是司法实践中重实体、轻程序，重定罪量刑、轻涉案财产处置的现象仍然较为突出，少数案件涉案财产处置不当，被追诉人、被害人或第三人针对错误的、不公正的涉案财产处置行为缺乏有效的救济途径。近几年来，党中央和最高司法机关将解决刑事诉讼涉案财产处置问题列入了司法体制改革的内容，涉案财产处置乱象得到了一定程度的治理，但刑事诉讼涉案财产处置方面仍存在亟待解决的问题，亟待进一步探讨有效的解决之道。因此，陈春来针对刑事诉讼涉案财产处置问题，在进一步修改完善其博士学位论文的基础上公开出版，有其重要的实践意义。

刑事诉讼涉案财产处置问题涉及刑事实体法、刑事诉讼法与刑事执行法等刑事三大领域，而我国目前关于涉案财产处置涉及的三个领域无论是立法、司法还是理论研究，均有不少短板。党的二十届三中全会提出，“健全监察机关、公安机关、检察机关、审判机关、司法行政机关各司其职，监察权、侦查权、检察权、审判权、执行权相互配合、相互制约的体制机制，确保执法司法各环节全过程在有效制约监督下运行。”刑事诉讼涉案财产处置问题涉及监察机关、公安机关、检察机关、审判机关和司法行政机关等执法司法各环节，在此背景下，陈春来所著的《刑事诉讼涉案财产处置研究》一书具有很强的理论和实践针对性。该书主要有以下三个特点。

一是研究对象较为新颖。本书以刑事一体化思维，从实体法和程序法的角度对刑事诉讼涉案财产处置进行研究，尤其是在构建刑事涉案财产处置的正当程序方面进行了深入研究，从研究视角来看，具有一定的新颖性。二是具有较强的理论性。在刑事诉讼涉案财产处置基础理论研究较为零散的情况下，本书清晰界定了刑事诉讼涉案财产、涉案财产处置、涉案财产处置程序等基本范畴，并在此基础上将程序正当性原理运用到刑事诉讼涉案财产处置问题的研究，进一步论证刑事诉讼涉案财产处置程序的功能、要素和特征，尝试构建刑事诉讼涉案财产处置正当程序的基础理论体系。总体而言，论文观点明确、思路清晰、结构完整。三是较强的实践性。本书作者具有丰富的基层司法实践经验，通过分析我国刑事诉讼涉案财产处置问题，从涉案财产处置的决定程序、执行程序、救济程序等方面提出了完善路径，具有较强的实践针对性和可行性。在原则性研究的基础上，提出的关于刑事诉讼案件涉案财产规范化处置的建议也有一定的实践参考意义。

当然，本书也还有一些不足。如在研究内容方面，刑事涉案财产处置涉及实体法、程序法和执行法等多个维度，本书主要从程序视角进行研究，虽然涉及了实体法的相关内容，但还不够深入和全面，有些实体法上很重要的内容还有很大的深入研究的空间；在没收涉案财产的执行方面浅尝辄止，刑事执行权的立法体例、职权配置等方面尚需进一步展开讨论。在研究方法方面，还可以利用作者对司法实践比较了解的有利条件，加强对刑事诉讼涉案财产处置的实证研究。根据2023年十四届全国人大常委会的立法规划，《刑事诉讼法》面临再次修改，刑事诉讼涉案财产处置也成为修改的热门话题，希望陈春来趁《刑事诉讼法》修改问题研究的东风，针对本书存在的不足，进一步深化刑事诉讼涉案财产处置问题的研究。

令人欣慰的是，春来检察官在刑事诉讼涉案财产处置领域有着较为浓厚的研究兴趣，先后以主持人的身份成功申报了最高人民检察院2021年度检察应用理论研究课题“刑事涉案财物处置的独立之诉研究”、江苏省人民检察院2020年度检察理论研究课题“刑事涉案财产检察监督研究”，作为课题组成员参与了最高人民检察院2024年度检察应用理论研究课题“刑事一体化视野下涉案财物处置的规则与机制研究”，相关研究成果获江苏省检察机关优秀检察理论研究成果奖。希望春来检察官能够结合检察工作实践，继续保持研究的热情和兴趣，在这一领域继续深耕，争取产出更多更有价值的学术成果，为我国刑事司法现代化事业作出更大贡献。

南京师范大学法学院教授、博士生导师

2024年12月31日

自　　序

惩治犯罪和保障人权是刑事诉讼法的主要任务，也是刑事法学研究的永恒课题。惩治犯罪主要包括对被追诉人定罪量刑和处置被追诉人涉案财产两个方面。保障人权也分为保障人身权和财产权。在传统上，我国刑事司法不重视保障人身权和财产权。随着刑事司法改革的不断深入和推进，我国刑事司法对于人身权保障日益重视，人身权保障水平不断提高。但是，财产权保障依然没有得到足够的重视，尤其是涉案财产处置和处置程序仍然存在较多问题。主要体现在三个方面：一是关于涉案财产处置程序的立法规定比较简单，《刑法》关于涉案财产处置的规定仅体现在第64条，《刑事诉讼法》增设了违法所得没收特别程序，但没收普通程序的规定缺失，存在以证据保全代替财产保全的情况。二是司法实践中重实体轻程序、重定罪量刑轻涉案财产处置的现象仍然较为突出，个别案件涉案财产处置不当，被追诉人、被害人或第三人缺乏有效的救济途径，引起社会舆论的广泛关注。三是理论研究相对滞后，相对于人身权研究而言，关于涉案财产处置的研究比较少，且缺乏系统性。

近年来，人权保障的实质内容不断扩展，财产权逐渐成为一种基本人权。在涉及人身自由的强制措施不断规范，人身权保障程序不断完善的同时，涉案财产处置的规范性、公正性却有待改善。党的十八届三中、四中全会都指出要“规范查封、扣押、冻结、处理涉案财物的司法程序”，中共中央办公厅、国务院办公厅于2015年1月出台的《关于进一步规范刑事诉讼涉案财物处置工作的意见》对刑事诉讼涉案财产处置工作提出了明确而具体的要求。中央全面深化改革领导小组于2016年8月通过了《关于完善产权保护制度依法保护产权的意见》，指出我国产权保护仍然存在“利用公权力侵害私有产权、违法查封扣押冻结民营企业财产”等问题，提出要“严格规范涉案财产处置的法律程序”。随后，最高人民法院和最高人民检察院先后出台加强产权保护的意见，提出要充分发挥司法职能保护企业产权。

从“涉案财物”到“涉案财产”的法律用语表述变化，虽然只有一字之差，但也体现了立法层面对财产权利的保障日益重视。“涉案财物”是司法实践中较为常见的表述方式，但在《刑法》《刑事诉讼法》并无“涉案财物”的提法。随着《刑事诉讼法》增设违法所得没收特别程序，“涉案财产”逐渐成为法律上更加规范的术语。随后修订的最高人民法院《关于适用〈中华人民共和国刑事诉讼法〉的解释》和《人民检察院刑事诉讼规则》对“违法所得及其他涉案财产”进行了细化规定。《关于完善产权保护制度依法保护产权的意见》中明确提出“严格规范涉案财产处置的法律程序”。《反有组织犯罪法》专章规定了“涉案财产认定和处置”。《刑法》和《刑事诉讼法》没有明显区分财物与财产，基本上是在相同意义上使用这两个概念。本书采用“涉案财产”的表述，主要出于以下考虑：一方面，从刑事法所保护的两大对象人身权和财产权来看，“涉案财产”的表述更能突出财产权这一保护对象；另一方面，本书主要强调财产的经济价值，对于没有经济价值的物品，如文件等，一般是作为证据使用时才会进行扣押，虽然对于所有者来说也具有一定的价值，但不是本书关注的重点。

刑事诉讼涉案财产处置过程中经常发生侵犯财产权的情形，如在采取查封、扣押、冻结措施时随意扩大范围，没收涉案财产未能严格区分违法所得和合法财产，审前返还被害人合法财产缺少制约，以及保管不规范、移送不顺畅、信息不透明、处置不及时、救济不到位等，既容易侵犯被追诉人的合法财产，又容易侵犯被害人或第三人的合法财产。这些问题既有立法不够完善，还没有形成相对完善的财产保全程序和没收程序的原因；也有司法实务部门不够重视，偏重于对定罪量刑的事实证据的审查核实，却忽视对涉案财产权属性质的调查核实的原因。因此，有必要对刑事诉讼涉案财产处置的具体制度进行系统的考量和完善。本书以刑事诉讼涉案财产处置为切入点，从实体法和程序法两个角度进行研究。

一、研究的内容

具体而言，本书从以下五个方面对刑事诉讼涉案财产处置问题进行研究：

第一，针对刑事诉讼涉案财产处置相关概念不清的问题，进一步厘清刑事诉讼涉案财产处置的基本范畴。我国刑事诉讼法的理念是惩治犯罪和保障人权并重，具体到刑事诉讼涉案财产处置问题，刑事诉讼涉案财产处置既要满足国家剥夺被追诉人违法所得的需要，也要保障被追诉人、被害人或第三人的财产权。从刑事诉讼涉案财产的范围来看，广义上包括财产刑和特别没收指向的所有财产，本书研究的是狭义的涉案财产，主要指《刑法》第64条所规定的违法所得、供犯罪所用的本人财物和违禁品，以及与案件有关的其他财产，如当事人及其家属代为退赔的财产、被查控的第三人的合法财产等，但也会将财产刑作为参照对象进行比较分析。从刑事诉讼涉案财产涉及的权益保护对象来看，既有违法所得、供犯罪所用的本人财物和违禁品追缴不到位，国家利益、公共利益维护不到位的问题，也有被追诉人、被害人和第三人的涉案财产权益受到侵害的问题，本书主要从被追诉人、被害人、第三人涉案财产权益保护的角度进行研究。正当程序从原理上讲更多关注的是普通公民的利益，是针对当事人的程序正当，是为了保障公民的人权等合法权益提出来的。而国家是权力的行使者、涉案财产的处置者不存在对自己程序是否正当的问题。在明确了涉案财产的范围以后，还需要进一步明确，从保护对象来看，既有违法所得、供犯罪所用的本人财物和违禁品追缴不到位，国家利益、公共利益维护不到位的问题，也有被追诉人、被害人和第三人的涉案财产权益受到侵害的问题，本书主要从被追诉人、被害人、第三人涉案财产权益保护的角度进行研究。在明确研究对象主要是被追诉人、被害人和第三人的涉案财产的前提下，本书主要研究被追诉人的涉案财产处置程序问题，一方面是因为涉案财产总是首先与被追诉人相关，而与其他人并不一定总相关，在没有被害人的案件中，也可能有被追诉人涉案财产处置的问题；另一方面，作为刑事诉讼价值的人权保障当然首先指被追诉人的人权保障，因为国家追诉行为极易侵犯其人权，但刑事诉讼中的人权保障并不排除被害人、第三人的人权保障，不过相对于被追诉人的人权保障来说，是处于次要顺位的。当前我国刑事诉讼涉案财产、涉案财产处置以及处置程序无论在理论方面还是在立法和司法实践中均存在概念模糊不清、内涵和外延界定不清楚的问题。本书将主要围绕刑事诉讼中被追诉人的涉案财产、涉案财产处置以及处置程序三个层面来研究其内涵和外延，进一步提炼总结刑事诉讼涉案财产处置的基本理论，同时兼顾被害人、第三人的涉案财产合法权利的保障。

第二，针对刑事诉讼涉案财产处置程序正当性缺失的问题，进一步研究程序正当性原理在刑事诉讼涉案财产处置中的应用。通过分析刑事诉讼程序正当性的基本原理，指出刑事诉讼涉案财产处置应当确立程序正当性理念的主要理由在于：一是涉案财产处置程序具有刑事诉讼性质；二是涉案财产处置具有侵犯公民财产权的危险性；三是涉案财产规范处置是司法公正的应有内涵。根据程序正当性原理，刑事诉讼涉案财产处置正当程序应遵循保障权利与打击犯罪并重、保障财产权利与保障人身权利并重的理念，确立权利保障原则、程序公开原则、权力制约原则、程序参与原则和权利救济原则，并进一步指出涉案财产处置正当程序的要素、特征和功能。

第三，借鉴域外法治发达国家和地区涉案财产处置的做法，完善我国刑事诉讼涉案财产处置正当程序。主要从扣押程序、返还程序、没收程序三个方面对域外法治发达国家和地区的刑事诉讼涉案财产处置程序进行考察。如英美法系国家一般采用民事没收、刑事没收等方式来处置涉案财产，对扣押等措施多采用令状主义；大陆法系国家没收、追缴及财产保全等制度相对比较完善，且德国于2017年对没收制度进行了修改。

第四，分析我国刑事诉讼涉案财产处置程序设计方面存在的问题，在对涉案财产处置程序发展历程、主要内容、司法现状、主要问题进行总结分析的基础上，指出问题背后的深层次原因。鉴于本人在检察机关工作，对涉及刑事诉讼涉案财产处置的侦查、审查起诉、审判和执行环节的司法实践均比较了解，通过对我国刑事诉讼涉案财产处置程序在侦查、审查起诉和审判以及执行等环节存在的问题进行研究，分析这些问题背后的深层次原因，指出传统司法理念的影响、侦查中心主义的影响、刑事政策理解偏差的影响以及不当舆论压力的影响等均会对涉案财产处置造成影响。

第五，在找准问题原因的基础上，结合域外实践，尝试构建我国刑事诉讼涉案财产处置的正当程序。目前我国刑事诉讼涉案财产处置程序的立法规定层级较低、凌乱复杂且不成体系，本书在之前研究的基础上，按照正当程序的基本要求，从刑事诉讼涉案财产处置的决定程序、执行程序、救济程序和法律监督等方面完善刑事诉讼涉案财产处置的具体制度。同时，在原则性研究的基础上，起草《关于刑事诉讼涉案财产处置程序的规定（建议稿）》作为本书附件，为最高司法机关制定相关司法解释或者立法机关修改《刑事诉讼法》提供参考。

二、研究的主要方法

本书主要采用规范研究、价值分析、比较研究的方法。

一是规范研究方法。该方法也称规范分析法。“规范分析方法主要关注法的合法性、运行效果以及实体内容等，因此要全方位考察法的构成要素，由此制度事实构成规范分析的对象。”① 本书从我国刑事诉讼涉案财产处置的实体法和程序法规定出发，结合刑事诉讼涉案财产处置的实践状况，对刑事诉讼涉案财产的范围、涉案财产处置、涉案财产处置程序等方面的规定进行规范分析，以期发现刑事诉讼涉案财产处置有关规定的不足之处，进而为完善我国刑事诉讼涉案财产处置程序提供相应的对策。

---

① 谢晖：《论规范分析方法》，载《中国法学》2009 年第 2 期。

二是价值分析方法。“法律作为调整社会生活的规范体系，它的存在本身并不是目的，而是实现一定价值的手段。”① 因此，价值分析方法是法学研究中必不可少的方法。刑事诉讼涉案财产处置程序研究同样离不开价值分析，如打击犯罪与保障财产权的价值冲突，返还被害人合法财产与没收之间的价值选择等。

三是比较研究方法。“比较解释，系指比较参酌外国立法及判例学说，作为诠释本土法律之参考资料，以实践其规范目的之解释方法。比较解释，非仅比较二国或二国以上之条文，且更须比较其判例学说，始能获窥法文本意，以适应时代潮流。”② 比较研究方法是本书主体部分的重要研究方法，通过对美国、英国、德国、日本等域外法治发达国家和地区的涉案财产处置程序进行比较研究，准确了解域外涉案财产处置程序的最新发展，为我国涉案财产处置程序的理论研究积累资料、奠定基础。

在研究过程中本人试图从检察工作中调取一些实证数据来进行研究，但在调研过程中发现，查封、扣押、冻结、保管、移送等强制性侦查措施缺少应有的统计和分析，如违法查封、扣押、冻结的申诉、控告，基层检察机关控告申诉部门几乎没有这方面的统计，公安机关也无专门的部门进行登记汇总，调查、统计、分析遇到较大困难。但笔者仍然利用在检察机关工作的便利，通过各种途径搜集刑事裁判文书，并采用个案访谈、座谈的形式了解我国刑事诉讼涉案财产处置程序的司法运行现状及存在的问题，为完善我国刑事诉讼涉案财产处置程序打下了坚实的基础。

三、主要创新及不足

（一）主要创新

本书的研究主要建立在前人的研究成果之上，如果说有一点创新之处的

---

① 郑成良：《法学方法论问题论略》，载《吉林大学社会科学学报》1989 年第 5 期。

② 杨仁寿：《法学方法论》，中国政法大学出版社 1999 年版，第 165 页。

话，主要体现在研究对象、理论体系、完善路径和制度设计四个方面：

第一，研究对象有新意。虽然关于刑事诉讼程序正当性或刑事诉讼正当程序的研究不少，关于刑事诉讼涉案财产处置程序的研究也不少，但尚无专门就刑事诉讼涉案财产处置的程序正当性问题进行的系统深入的研究，从实体法和程序法角度对涉案财产处置进行的专门研究更少，本书在研究对象方面具有一定的创新性，专门就涉案财产处置问题进行研究。

第二，初步构建了刑事诉讼涉案财产处置正当程序的理论体系。在刑事诉讼涉案财产处置程序基础理论研究较为零散的情况下，本书在清晰界定刑事诉讼涉案财产、涉案财产处置、涉案财产处置程序等基本范畴的基础上，将程序正当原理运用到刑事诉讼涉案财产处置中，并进一步论证刑事诉讼涉案财产处置程序的功能、要素和特征，尝试构建刑事诉讼涉案财产处置正当程序的基础理论体系。

第三，提出了完善刑事诉讼涉案财产处置的路径。本书在分析我国刑事诉讼涉案财产处置程序存在的问题的基础上，通过借鉴域外法治发达国家和地区的相关经验，从涉案财产处置的决定程序、执行程序、救济程序等方面提出了完善我国刑事诉讼涉案财产处置程序的路径，具有较强的实践针对性与可行性。

第四，基于研究获得的认识，尝试为未来制定司法解释或修改相关法律提供建议条款。在原则性研究的基础上，起草《关于刑事诉讼涉案财产处置程序的规定（建议稿）》作为本书附件，为最高司法机关制定相关司法解释或者立法机关修改《刑事诉讼法》提供参考，这也是本书的首创。

（二）不足之处

本书虽然有一些可能的创新之处，但囿于理论研究能力和研究资料，还存在一些不足之处：

第一，理论研究方面还欠缺一定的深度。基础理论研究需要具备较强的理论功底，在构建刑事诉讼涉案财产处置正当程序的基础理论方面，本书还存在基本范畴概括不够全面、基础理论提炼不够深入等问题。

第二，比较研究方面还欠缺最新的资料。本书域外资料搜集有限，特别是对德国和日本等国涉案财产处置的资料往往需要借助于英语国家和我国台湾地区的研究成果，导致域外研究方面不够新颖。

第三，实证研究方面还比较欠缺。由于司法机关对涉案财产处置的数据统计或者个案披露缺乏，本书未能借助实证材料进行分析，影响了有些观点的说服力，构建的正当程序制度体系也存在不够周全的现象。

第四，在维护国家利益、集体利益和其他公共利益方面研究不足。鉴于党中央规范刑事诉讼涉案财产处置的要求主要体现的是对于公民权利的保障，本书的研究主要着眼于规范刑事诉讼涉案财产处置程序，以保障公民财产权利不受司法不当行为的侵害，而对于如何规范涉案财产处置程序以有效地维护国家利益、集体利益和其他公共利益的问题，研究相对不足。

目　　录

第一章　刑事诉讼涉案财产处置的概念界定

“概念是解决法律问题所必需的和必不可少的工具。没有限定严格的专门概念，我们就不能清楚和理性地思考问题。”[①] 因此，本章从刑事诉讼涉案财产、涉案财产处置、涉案财产处置程序三个方面着手，对刑事诉讼涉案财产处置程序中的相关概念进行界定，为后续研究提供基础，限定范围。

第一节　刑事诉讼涉案财产

我国刑事诉讼中“涉案财产”尚未有一个科学的界定，财物、物品、财产、财产权、财产性利益、涉案财物、涉案财产等概念在《刑法》《刑事诉讼法》中使用混乱，有必要对刑事诉讼中“涉案财产”的内涵和外延进行研究。

一、财产和财产权

人类社会发展历史中，财产和财产权发挥了重要作用，并将继续发挥着不可替代的作用。财产既是人类社会存续的基础，也是人类社会发展的基石。财产权的概念起初并不是由法学家或民法学家提出来的，而是由西方早期的哲学家提出来的。如洛克在《政府论》中提到的“生命、自由和财产”

① ［美］E. 博登海默：《法理学：法律哲学与法律方法》，邓正来译，中国政法大学出版社1999年版，第486页。

是古典自由主义思想的重要组成部分，而财产权则成为维护个人自由的基石。[①] 财产与财产权在不同的学科领域有着不同的内涵，即便是在法学领域，在不同部门法中也有着不同的含义。因此，有必要从语义学、经济学、法学等角度对财产和财产权进行清晰界定。

（一）语义学意义上的财产和财产权

从语义学的角度看，财产指拥有的财富，[②] 包括金钱、物资、房屋、土地等物质财富，一般可以分为动产、不动产和知识财产。财产权是指以物质财富或精神财富为对象，直接与经济利益相联系的民事权利，如债权、继承权、知识产权等，简称产权。[③] 财富是指具有价值的东西。[④] 财物是指钱财和物资，[⑤] 一般是指物质财富，存款和汇款等财产性利益也应当属于财物，如存款等虽然属于债权，但具有财物的全部特征，即具有价值性、管理可能性、转移可能性，因此，存款债权和普通财物一样属于财物的范畴。[⑥] 精神财富是与物质财富相对应的概念，是指人民群众在实践活动中创造的能够满足自身或社会需要的精神成果，其实质是人的自由自觉和本质力量的外化，具有三种属性：一是能够满足人民群众某种需要的内在价值，二是其内容和形式都是阶级统治的反映，三是具有社会历史性。可见，在语义学意义上，财产包括物质财富和精神财富，财产权是物质财富和精神财富所承载的权

---

① 参见王同彤：《使用与权力：霍布豪斯论财产权》，载《学术研究》2016 年第 12 期。

② 参见中国社会科学院语言研究所词典编辑室编：《现代汉语词典》（第 6 版），商务印书馆 2012 年版，第 118 页。

③ 参见中国社会科学院语言研究所词典编辑室编：《现代汉语词典》（第 6 版），商务印书馆 2012 年版，第 118 页。

④ 参见中国社会科学院语言研究所词典编辑室编：《现代汉语词典》（第 6 版），商务印书馆 2012 年版，第 118 页。

⑤ 参见中国社会科学院语言研究所词典编辑室编：《现代汉语词典》（第 6 版），商务印书馆 2012 年版，第 119 页。

⑥ 参见钱叶六：《存款占有的归属与财产犯罪的界限》，载《中国法学》2019 年第 2 期。

利。产权与财产权基本上是在相同意义上使用的一对概念。财产权需要实现对财产的占有。根据社会理论，财产权一般被理解为人对物的占有。如人需要食物来吃，需要工具来使用，需要土地进行耕种，为了保障这些财产权，人需要对食物、工具和劳动的地点保持暂时的占有。但这种暂时性的管控或占有若要变成财产权，还需要进一步满足特定的条件。其一，该占有必须获得他人的认可；其二，该占有要具有持续性；其三，该占有必须具有排他性，即得以对抗他人。①

财产权是自由生活的必备要素。对人类而言，其财产必须是自己可以指望和依靠的物品，如能永久居住的家、保障生存必需的物资等。因此，对有目的之行为所构成的有秩序生活而言，财产权是必备要素。正是基于相同的原因，财产权也是自由生活的必备要素。这就得以区分财产权与单纯的物质本身。如果一个人吃得很好，但不能自由选择要吃什么东西，他对食物就不享有财产权，很难说这个人是自由的。如果一个人口袋里的钱很少，但他可以买自己喜欢吃的东西，则说明这个人是自由的。简而言之，财产权是自由必不可少的基础，反过来说，自由的范围与财产权的多少具有正相关。

（二）经济学意义上的财产和财产权

经济学上的“财富”是根据价值来定义的，有价值的东西就是财富，没有价值的东西就不是财富，甚至是负财富。② 一个物品或行动的价值量是由其对幸福的边际贡献决定的，所谓边际贡献，是指工具变量（物品或行动）变化一个单位对目的变量造成的影响。由于幸福是一种主观判断，同样的物品或行动对不同的人具有不同的价值，因而价值也是一个主观概念。

日常生活中，我们通常用“价值观”一词指代人们对事物和行为的看

---

① 参见［英］霍布豪斯：《财产权的进化史：事实与观念》，张凇纶译，载《法治现代化研究》2018 年第 1 期。

② 参见张维迎：《经济学原理》，西北大学出版社 2015 年版，第 32 页。

法，原因就在于此。亚当·斯密在《国富论》中提出，经济学是“研究国民财富增长和分配的科学”。伦敦政治经济学院的莱昂内尔提出“经济学是研究稀缺资源如何有效配置的科学”，时至今日，这依然是经济学最为通行的定义。①

经济学中，将财产权理解为一束权利之集合的“权利束”说已成为通说。②“权利束”理论是单维现实主义去概念化和去结构化的代表性作品，这一理论的重大贡献在于使人们看到了财产权形态的多样性和弹性，对同一宗财产上的财产权有进行多元分割的可能性，进而用于实现各式各样的财产利用目的。③ 但在支持“模块化”理论的新思维运动者看来，“权利束”理论完全忽视财产权形式化和结构化的实用价值，把财产权安排仅仅视为权威机构事后为“明智”的公共决策贴上的一个标签。

霍布豪斯在20世纪初采用二分法将财产权分为“为了使用的”财产权与“为了权力的”财产权，主张给予国家干涉财产权的权力，把“为了使用的”财产权留给个人，“为了权力的”财产权留给国家，从而构建起社会自由主义的财产权话语体系。他认为财产权有两个功能，其一是给予自由和安全，其二是通过控制给予所有者以权力。霍布豪斯指出，“财产权……是有规则的支配的一种形式”，“财产最首要最普通的功能是给予法定的权威以对物品的支配权，而这种法定关系通常是防止争端与乱用所必须的，这种支配权附带一定的自由和一种确定形式的义务”④。财产具有管控他人的权力。一个人享有财产权，不仅意味着可以自己管控财产，作为自己劳动的基础和行为规范，同时也意味着对他人的管控，以自己的财产权作为其他人劳动的基础，并规范其他人的行为。抽象的财产权概念会忽视这些微不足道的细

① 参见张维迎：《经济学原理》，西北大学出版社2015年版，第7页。

② 参见冉昊：《财产权的历史变迁》，载《中外法学》2018年第2期。

③ 参见熊丙万：《实用主义能走多远？——美国财产法学引领的私法新思维》，载《清华法学》2018年第1期。

④ 王同彤：《使用与权力：霍布豪斯论财产权》，载《学术研究》2016年第12期。

节。比如，劳动者有权取得自己产品的理论就完全忽视了如下事实：随着工业的发展，财产权最为明显的功能就是确保某人的劳动产品能令他人获益。无论是历史还是财产权哲学，都在将上述两种功能与社会生活融为一体。一方面，财产权以物质作为载体，指向永久化、秩序化、目的化和自我导引的行为。这些构成了财产权的整体内容，即当事人自己或与自己最贴近和最亲近之人得以直接使用或享用财产之权利。另一方面，财产权也是社会组织的一种形式，它决定了劳动之人未必享有财产权，而享有财产权者未必劳动。正因如此，所有权人对财产的掌控本质上也是对劳动力的掌控。所有权不一定会包含对物质实体的掌控和使用。现在，我们看到了财产权的两个功能：一是对物的管控，二是通过物品对人的管控。前者带来了自由和安全，而后者则赋予了所有者权力，可见这两个功能迥然不同。①

（三）法学意义上的财产和财产权

在法学意义上，财产和财产权并无明显区分。② 财产本身是随着人类社会的发展而不断变化的，从农业社会的有体物到工业社会的无体物，再到信息社会的虚拟财产，财产的法律性质也经历了一个争议的过程。财产从有体物到无体物的变化，经历了一个法律争议的过程。虚拟财产的诞生形成了对财产概念的重大挑战，从现实财产到虚拟财产的变化再次重演了从有体物到无体物的法律争议。③

在古罗马社会，财产主要表现为有形物，法律中还据以创造了抽象的物的概念。物依自然属性的不同分为动产和不动产，其中奴隶作为客体被纳入动产的范畴。与此同时，罗马法也提出了有体物和无体物的划分。罗马法中

---

① 参见［英］霍布豪斯：《财产权的进化史：事实与观念》，张淞纶译，载《法治现代化研究》2018 年第 1 期。

② 参见马俊驹、梅夏英：《财产权制度的历史评析和现实思考》，载《中国社会科学》1999 年第 1 期。

③ 参见陈兴良：《虚拟财产的刑法属性及其保护路径》，载《中国法学》2017 年第 2 期。

所有权的客体主要限于有体物，债权、用益权和地役权仅作为一种例外的物而存在。西欧封建社会仍沿袭罗马法物和财产的概念，财产主要表现为不动产以及于土地上设立的诸权利，财产范围并未扩大。因此，除德国、日本外，大陆法系国家大多沿袭罗马法关于物的概念和分类，并企图在所有权及物的范畴中完善财产制度，这种情况导致所有权以外具体财产权利的独立性相应地被忽视。大陆法系将物和权利视为不同财产加以区分，是对财产和财产权两者加以混淆的结果。实际上并不存在所谓的具体的物和权利之间的对立，民法上所有的交易均表现为权利的让渡，即互换权利利益的行为。大陆法系的上述区分从理论上在物权和债权之间设下了一道不可逾越的鸿沟。

虽然罗马法区分了有体物和无体物，但各国关于无体物的立法例并不相同。《法国民法典》承认无体物，《德国民法典》则排斥无体物，《日本民法典》仿效《德国民法典》①。因为受到《日本民法典》的影响，日本刑法学界对财物采纳的也是有体性说。应该说，在电出现以前，财物的有体性说与无体性说之争并没有什么实质意义。在电出现以后，有体性说和无体性说才成为对于司法活动具有重要意义的问题。日本刑法学界由于受到《日本民法典》有体性说的影响，将电界定为与财物并列的客体。日本著名刑法学家牧野英一认为物并非物理上的观念，而是法律上的观念。刑法上的物是否应当限于有体物，因盗窃电力而出现争论。盗窃电力的，应当认定为犯窃盗之罪，新刑法对于电力专门规定与财物等同。② 牧野英一对刑法中财物概念的演变过程做了较为深入的阐述。因为在《日本民法典》中，财物是指有体物，所以刑法中的财物在传统上也被解释为有体物。在电出现以后，有关判

① 参见［日］我妻荣：《新订民法总则》，于敏译，中国法制出版社 2008 年版，第 188 页。日本 1890 年效仿《法国民法典》制定了《日本民法典》，但实施不久就因争议太大不得不延期。1893 年成立了新的民法起草委员会，参照当时的德国民法典一次草案起草新的日本民法典，于 1895 年通过总则、物权、债权三编，1898 年通过亲属编、继承编，整个民法典于 1898 年 7 月 16 日实施。（参考江平：《日本民法典 100 年的启示》，载《环球法律评论》2001 年第 3 期。）

② 参见［日］牧野英一：《日本刑法通义》，陈承泽译，中国政法大学出版社 2003 年版，第 214～215 页。

例突破了物必有体的有体性说，提出了管理可能性说，将电也解释为刑法中的财物。应当说，该判例是从司法逻辑出发的，对刑法中的财物按照管理可能性说进行了重新界定，并且使刑法中财物的概念与民法中财物的概念分道扬镳，在刑法上突破了有体性说的财物概念，因而具有重要意义。该判例引发了极大的争议，此后 1907 年《日本刑法典》第 245 条作了“电力也视为财物”的规定，为惩治窃电的行为提供了明确的法律根据，却也在刑法理论上留下了到底应如何解释财物的争议。

我国刑法领域关于财物的立法完全不同于日本。首先，我国刑法中的财物具有较广泛的意义，是指具有财产性价值的物。晋代著名法学家张斐注《晋律》，其中就有“取非其物谓之盗”的说法。因此，汉语中的物是一个高度抽象的名词，它摆脱了货物、物品的具体形态和外在特征。在这一点上，我国物的概念与法国类似，如 1810 年《法国刑法典》在规定对盗窃罪进行惩处时，并未对偷电行为作出规定，但是法国判例仍然适用《法国刑法典》第 179 条对该行为以盗窃罪进行处罚，认为电是一种可以占有的动产。[①] 但德国对窃电的理解却经历了一个复杂的过程，德国帝国法院认为窃取电能不构成盗窃罪，理由是电能并非《德国刑法典》第 242 条盗窃罪构成要件中的物（Sache），此举引起了相当大的争议，并导致德国于 1900 年 4 月 9 日颁布《窃取电能处罚法》，并于 1953 年纳入《德国刑法典》。[②] 在这种情况下，对财物的解释就不能简单地在各国之间进行对比，而是要充分考虑各国的法律传统和语言特征。

我国《民法典》对财物的界定也与《日本民法典》不同，我国《民法典》第 115 条规定：“物包括不动产和动产。法律规定权利作为物权客体的，依照其规定。”在此，虽然没有明确涉及有体物和无体物的分类，但这一物

---

① 参见［法］卡斯东·斯特法尼等：《法国刑法总论精义》，罗结珍译，中国政法大学出版社 1998 年版，第 143 页。

② 参见陈兴良：《虚拟财产的刑法属性及其保护路径》，载《中国法学》2017 年第 2 期。

的概念显然是能够包括无体物的。[①] 我国民法的这一立场同样也对我国刑法关于财物的理解产生了重要影响，我国刑法虽然将财产犯罪的客体规定为财物，但这里的财物是广义上的财物而不是狭义上的财物。

在我国刑法中，作为财产犯罪客体的财物在一般情况下是有体物，但在个别情况下也包括无体物。对此，司法解释作了明确的规定。例如，2013年3月最高人民法院、最高人民检察院《关于办理盗窃刑事案件适用法律若干问题的解释》第4条第（三）项规定："盗窃电力、燃气、自来水等财物……"在此，明确将电力、燃气（包括煤气和天然气）解释为财物。其中，电力属于无体物。对于将电力解释为财产犯罪的财物是否具有正当性，我国刑法学界存在争议，有学者认为将电力解释为财物的司法解释与其说是一种司法解释，不如说是变相立法。这种欠缺正当论证和说明的立法化司法解释，是对罪刑法定原则的违背且与依法治国理念抵触。[②] 当然，我国目前的通说还是认为电力等无形财产属于财物，窃电行为构成盗窃罪。司法实践中对窃电也往往以盗窃罪进行处罚，如J省J市检察院提起公诉的张某盗窃案，张某离职前是某新能源公司充电站的运维主管，掌握着充电桩的开发者密码。离职后，张某利用开发者密码共计充电472次，盗窃电量1.1万余千瓦时，造成损失1.16万元。张某因犯盗窃罪被法院判处拘役5个月，缓刑7个月，并处罚金1万元。[③]

我国刑法中的财物除了有体物和无体物以外，还包括财产性利益。日本刑法对财物和财产性利益是进行了明确区分的，如财产性利益可以成为诈骗罪的客体，但不能成为盗窃罪的客体。我国刑法则不然，《刑法》第265条规定："以牟利为目的，盗接他人通信线路、复制他人电信码号或者明知是

---

① 参见林旭霞：《虚拟财产权研究》，法律出版社2010年版，第72～73页。

② 参见高巍：《盗窃罪基本问题研究》，中国人民公安大学出版社2011年版，第34～35页。

③ 参见张庆苗、费宇佳：《一年内，他偷电逃费472次》，载正义网2024年2月20日，https://news.jcrb.com/jsxw/2024/202402/t20240220_6302601.html。

盗接、复制的电信设备、设施而使用的，依照本法第二百六十四条的规定定罪处罚。”即以盗窃罪定罪处罚。张明楷教授认为，上述条文通过列举的方式将与通信线路、电信码号、电信设备设施等同或类似的无形财产作为盗窃罪的行为客体。[①] 以上客体中，将电信码号认定为无形财产具有一定道理，但将通信线路及电信设备设施理解为无形财产则并不妥当。这种对通信线路及电信设备设施的盗用当然侵犯了他人的财产权益，但这种侵犯不是通过对财物的占有实现的，而是通过使用财物产生一定资费，并将资费转嫁给他人而实现的。这是一种对财产性利益的盗窃。因此，《刑法》第 265 条实质上是将财产性利益规定为盗窃罪的客体。

除了《刑法》对盗窃财产性利益有规定外，司法解释还对诈骗财产性利益的行为作了规定，例如，2011 年 7 月 20 日最高人民法院、最高人民检察院《关于办理妨害武装部队制式服装、车辆号牌管理秩序等刑事案件具体应用法律若干问题的解释》第 6 条的规定：“实施刑法第三百七十五条规定的犯罪行为，同时又构成逃税、诈骗、冒充军人招摇撞骗等犯罪的，依照处罚较重的规定定罪处罚。”也就是说，骗逃规费的行为在我国刑法中应以诈骗罪论处。这种骗逃规费行为实际上是使用欺骗方法，使他人免除自己的债务，债务的免除意味着行为人取得了财产性利益。[②]

我国某些地方性司法意见还明确将债权凭证规定为财产犯罪的客体。如 2002 年 1 月 9 日浙江省高级人民法院、浙江省人民检察院、浙江省公安厅发布的《关于抢劫、盗窃、诈骗、抢夺借据、欠条等借款凭证是否构成犯罪的意见》规定，“债务人以消灭债务为目的，抢劫、盗窃、诈骗、抢夺合法、有效的借据、欠条等借款凭证，并且该借款凭证是确认债权债务关系存在的唯一证明的，可以抢劫罪、盗窃罪、诈骗罪、抢夺罪论处”。值得注意的是，在司法实践中存在较多此类案例。例如，在张某某抢劫案中，裁判理由指

---

① 参见张明楷：《诈骗罪与金融诈骗罪研究》，清华大学出版社 2006 年版，第 15 ~ 16 页。

② 参见张明楷：《诈骗罪与金融诈骗罪研究》，清华大学出版社 2006 年版，第 22 ~ 23 页。

出："借条虽然不是现金、物品或者其他有价证券，但它却是一种证明债权的凭证，失去这一凭证，在没有其他相关证据予以证明的情况下，债权人就将丧失债权。所以，应当把借条这一财产权益性凭证纳入抢劫罪所侵犯公私财产的范围。"① 在我国刑法理论上，通说认为财产性利益属于财物，可以成为财产犯罪的客体。

在我国刑法中存在较大争议的是财产凭证的法律属性。财产凭证包括物权凭证和债权凭证，前者如提货单，后者如银行存单。财产凭证的法律属性的争议集中体现在它是财物还是财产性利益的问题上。如果认定为财物，则取得财产凭证即视为占有了财产；如果认定为财产性利益，则财产凭证本身还不属于财物，而只是请求权的根据，因此，占有财产凭证还不能等同于占有财物。我国司法解释对此区分不同类型作了规定。例如，2013 年 4 月 2 日最高人民法院、最高人民检察院《关于办理盗窃刑事案件适用法律若干问题的解释》第 5 条规定："盗窃有价支付凭证、有价证券、有价票证的，按照下列方法认定盗窃数额：（一）盗窃不记名、不挂失的有价支付凭证、有价证券、有价票证的，应当按票面数额和盗窃时应得的孳息、奖金或者奖品等可得收益一并计算盗窃数额；（二）盗窃记名的有价支付凭证、有价证券、有价票证，已经兑现的，按照兑现部分的财物价值计算盗窃数额；没有兑现，但失主无法通过挂失、补领、补办手续等方式避免损失的，按照给失主造成的实际损失计算盗窃数额。"

在我国刑法中，包括债权在内的财产性利益并不是与财物相并列的客体，而是直接解释为财物，即属于广义上的财物。因此，窃取债权的行为直接认定为盗窃财物，此后的支取行为只是取得财物以后的不可罚行为。《刑法》第 196 条第 3 款关于盗窃信用卡并使用以盗窃罪论处的规定，表明了这样一种立法逻辑。对此，有学者指出："对窃取记名财产凭证的行为可以定

---

① 参见陈兴良、张军、胡云腾主编：《人民法院刑事指导案例裁判要旨通纂》（下卷），北京大学出版社 2013 年版，第 569 页。

盗窃罪，其后的冒领行为虽然具有欺骗性质，但不属于独立的诈骗罪，而是为了使盗窃的财产凭证转化为实际财物的行为。因此，视为事后不可罚的行为相对妥当。”①

通过以上对财物概念的分析可以看出，我国刑法中的财物是一个包容量较大的概念，狭义的财物概念仅指有体物；广义的财物概念包含有体物和无体物；最广义的财物概念包含有体物、无体物和财产性利益。

英美普通法认为，“从法律的观点来看，财产是一组权利，这些权利描述一个人对其所有的资源可以做些什么，不可以做些什么；他可能占有、使用、改变、馈赠、转让或阻止他人侵犯其财产的范围，这些权利并不是永远不变的。”② 这里财产也是作为法律制度上的财产权使用的。因而自然状态下的财产是不存在的，财产自其产生时起便表现为具体法律制度所保护的各项权利和利益。在法学特别是传统法教义学的世界中，权威们对财产权论述的核心要素始终是落脚于其对物性（in rem）特征的，因为从我们每个人都会自然产生的原初感受来说，财产权就是人们自己对物的一种特定关系，从而排除掉了其他众多不确定的人来染指于它。③ 英美法系普遍采用财产的概念，而较少使用物的概念。英美财产法也有具体物和抽象物的划分，地产权、债权、股份、信托基金以及权利证书等均被视为抽象物。在美国，所有权一词常被作为财产的同义词。

从上述分析来看，在传统立法中，无论大陆法系还是英美法系，对物、财产常常不加区分，通常在不同的意义上使用。④ 财产表示主体已享有的实际利益，财产权则是前者的法律体现，两者是内容和形式的关系。罗纳德·

---

① 郑泽善：《刑法争议问题探索》，人民出版社2009年版，第315页。

② ［美］罗伯特·考特、托马斯·尤伦：《法和经济学》，张军等译，上海三联书店1991年版，第125页。转引自闫立东：《以“权利束”视角探究数据权利》，载《东方法学》2019年第2期。

③ 参见冉昊：《财产权的历史变迁》，载《中外法学》2018年第2期。

④ 参见马俊驹、梅夏英：《财产权制度的历史评析和现实思考》，载《中国社会科学》1999年第1期。

科斯进一步认为，“交易双方的权利越明确，合作的可能性则越大，因监督和控制所需交易成本越低，因此财产法热衷于简单而又明确的所有权准则便可得到合理解释”[①]。上述理论对我们不无启示，就是说，财产法在以财产权界定物质利益的同时，产生了法律意义上的财产。财产在本质上是法律概念，只能以财产权的形式表现出来。因而财产与财产权相伴而生，并且是同质同义的，属于同一范畴。[②]

我国立法在不同的意义上使用财产权的概念。如《宪法》第 12 条第 1 款规定：“社会主义的公共财产神圣不可侵犯。”第 13 条第 1、2 款规定：“公民的合法的私有财产不受侵犯。国家依照法律规定保护公民的私有财产权和继承权。”这使财产权在《宪法》中取得了基本权利的地位，《宪法》中的财产是广义的概念，是包括财产性利益在内的一切财产。《宪法》上的财产权是为防范来自国家公权力的侵害而设定的权利，是消极意义上的个人财产权，属于古典的人权即防御权的范围。[③] 财产和财产权是民法研究的基本范畴。[④]《民法典》第 113 条规定：“民事主体的财产权利受法律平等保护。”《民法典》上的财产权利包括物权、债权、知识产权、股权和其他投资性权利。《民法典》第 115 条规定，“物包括不动产和动产”。第 118 条规定：“民事主体依法享有债权。债权是因合同、侵权行为、无因管理、不当得利以及法律的其他规定，权利人请求特定义务人为或者不为一定行为的权利。”第 115 条中的物应该不包括债权、知识产权、股权和其他投资性权利。《刑法》中，除了极个别财产犯罪，财产犯罪的行为对象均表述为“财物”，

---

① 参见［美］罗伯特·考特、托马斯·尤伦：《法和经济学》，张军等译，上海三联书店 1991 年版，第 136 页。

② 参见马俊驹、梅夏英：《财产权制度的历史评析和现实思考》，载《中国社会科学》1999 年第 1 期。

③ 参见邓剑光：《论财产权的基本人权属性》，载《武汉大学学报（哲学社会科学版）》2008 年第 5 期。

④ 参见吴汉东：《财产权的类型化、体系化与法典化——以〈民法典（草案）〉为研究对象》，载《现代法学》2017 年第 3 期。

没有规定“财产性利益”。《刑法》分则第五章“侵犯财产罪”中，除了第265条、第272条、第273条、第276条、第276条之一等规定的行为对象是“单位资金”、特定“款物”、特定财物和“劳动报酬”之外，其他条款对行为对象的表述都是“财物”。

由上可见，在不同的学科中，财产和财产权的内涵并不完全相同。即使是在法学意义上，不同的部门法上“物”“财物”“财产”“财产权”的使用也比较混乱，在不同的含义上使用。但从通常意义上看，财产的内涵要大于财物。对财产权、自由权和平等权这三种基本权利的不同态度是区别不同意识形态的试金石。保守主义强调个人的自由和首创性，认为经济自由是最重要的自由，财产权是最重要的权利。没有经济自由，其他自由可能随时会被剥夺；没有财产权，其他权利都是空话。[①] 在某种意义上，财产权比生命权更重要。生命是原始的天成之物，是我们作为文明人所拥有的价值的生物基础。而财产权是把人的占有与物的占有区分开来。所以，保障财产权的制度是人类文明的重大成就和根本环节，是维持人类文明的有力保障。财产在任何意义上都是生存的必需品。财产权既保障了人的自由，又保障了人的生命。如果一个人的基本自由有了保障，他的生命也就有了保障。这种保障虽不能免其于天灾，却能使其免于人祸的威胁。从这种意义上讲，财产权成了生命权和自由权的基础。财产权不仅是一种手段，而且还成了一种价值、一个目标。财产权为个人创造了一个不受国家控制的领域，限制了政府及统治者的专横意志。财产权是绝对的权利，但是并非可以完全不受限制，因为任何权利都是有边界的。财产权的确立先于对财产权的限制，若财产权根本不被承认，那么对财产权的限制也就无从说起。财产权同时意味着应履行尊重他人财产权的义务。每个人在行使自己的财产权时必须充分尊重他人的财产权、生命权和自由权。

---

① 参见刘军宁：《保守主义》，东方出版社2014年版，第122页。

（四）财产发展的新形态——虚拟财产

虚拟财产已经成为一种新的财产形态。随着科技的进步，虚拟现实得以实现。在一个模拟的数字环境中，一些“对象”呈现出视觉效果，能够持续存在于网络中。人们可以通过屏幕进行观察，使用编程语言进行操作，应用数字技术进行存储，这些步骤让人们相信这些“对象”客观存在，有时候人们甚至通过某种验证方式确认对它的所有权。在某些环境下，这些“对象”被人们认为具有特殊的意义，成为人们可以追逐的目标，因而出现了市场需求。人们愿意用货币换取虚拟世界中的这种“对象”。这种数字环境中的“对象”所具备的财产特征和包含的权益关系逐渐得到大众认可。这个全新的挑战摆在我们面前，即传统的财产法体系能否适应新型财产——虚拟财产。①

一般来说，虚拟财产可以分为三种：第一种是账号类，包括网络游戏账号和 QQ 账号。第二种是物品类，包括网络游戏装备、网络游戏角色的装饰品。前两种均被视为无形财产，而类似于电话号码以及车牌号这类具有一定价值的无形财产归类为无体物并无异议。网络上相同种类的数字资产也应被视为无形财产。网络游戏中的装备等物品并非真实存在的有形实体，如游戏中的宝刀等。需要注意的是，这些虚拟物品并非可以被视作现实世界中的有形实体，因为它们只是电子数据。然而，这些在虚拟世界中存在的物品确实具有一定的价值，并可以通过特定的方式进行交换，因此，可以将它们视为无形财产。② 第三种是货币类，包括 Q 币、“金币”，③ 以及以比特币、泰达币等为代表的虚拟货币。该种虚拟财产比较特殊，一般来讲可以分为传统非加密货币和新型加密货币两大类。前者如 Q 币等网络虚拟代币，而后者则主

---

① 参见林旭霞：《虚拟财产权性质论》，载《中国法学》2009 年第 1 期。

② 参见陈兴良：《虚拟财产的刑法属性及其保护路径》，载《中国法学》2017 年第 2 期。

③ 参见江波：《虚拟财产司法保护研究》，北京大学出版社 2015 年版，第 31 ~ 33 页。

要是指以比特币为代表的采用去中心化区块链技术的数字货币。需要明确的是，虚拟货币与央行发行的法定货币有着根本上的区别，二者之间不可混淆。被告人因窃取游戏内的 Q 币而被判定犯有盗窃罪，裁判理由是虚拟财产的实质是电磁化的有价证券。网络游戏中的虚拟金币被视为一种网络空间中的虚拟资产，实际上是游戏提供商确定并收费提供给玩家，用于兑换游戏娱乐产品的电磁信息。持有者凭借这些信息可以换取以货币形式计价的游戏娱乐产品，就像观众凭有效的电影票可以进入电影院观影一样。因此，这种虚拟财产与一般的有价凭证具有相同的性质，两者之间唯一的区别在于表现形式：一种是电磁信息，另一种是实体凭证。基于这一观点，虚拟财产被视为一种数字化的有价凭证。①

1. 虚拟财产的特征

网络环境中存在的虚拟财产是数字形式的信息资源，具有相对独立性和排他性，用于模拟现实事物。因此，虚拟财产具有以下特点：

第一，虚拟财产存在于网络环境或网络空间中。网络空间是一个抽象却又实实在在的数字社会领域，其划分依据是数字编码和网络地址。技术术语所描述的网络空间即通过比特——0—1 数字对事物及其关系进行编码，从而构建的一个独立于真实世界但具有实在性的数字社会空间。② 虚拟财产是在互联网设备上生成和存储的各种信息，在网络空间中传输，呈现为文字、数字、声音、图形和图像等形式，具有客观存在性，而非虚幻或虚构的。

第二，虚拟财产的本质在于利用数字化手段模拟真实对象。以计算机为工具，虚拟财产呈现出一种数据组合，其特殊之处在于其必然包含视觉效果，让人们在视觉上能够感知到某种实体，无论是物体、人物，还是文字、图像。另外，这种虚拟事物仿佛是现实世界中真实事物的模拟和生动再现，

---

① 参见卢方主编：《经济、财产犯罪案例精选》，上海人民出版社 2008 年版，第 340 ~ 341 页。

② 参见齐爱民、刘颖主编：《网络法研究》，法律出版社 2003 年版，第 6 页。

呈现出令人信服的真实感。这种虚拟财产被归类为虚拟物或虚拟物品，正是因为具备了这一特点。这种仿真并非简单的复制，在现实世界中不存在一一对应的被复制或映射对象。在现实世界中，如果某个对象被复制或者映射，就不能称为“虚拟”。就像数码相机拍摄的照片存在于网络中、MP3 文件存储在电脑中一样，这并不属于本书所讨论的“模拟”或“虚拟”的范畴。

第三，虚拟财产具有独立性。虚拟财产并非依赖于网络供应商提供的网络空间或平台，也与其他网络用户的资源有所不同，这是虚拟财产交易的基础。同时，虚拟财产的价值必须独立于现实财产。一些数字形态的财产，比如，电子货币，虽然可以作为一种支付手段通过网络进行交易，但它们只是现实财产的数字化表现形式，其价值依赖于现实货币的支持，缺乏独立于现实货币的价值特征。

第四，虚拟财产可以排他享有。在现实世界中，对人类有用的物质世界是无限广阔的，只有特定的部分才能被个体独占为其财产。虚拟财产在某些领域也被垄断。虽然互联网是一个无法被界定的范畴，但储存在其中的网页、网站却是可以被排他性享有的，因此它们被视为虚拟财产。①

2. 虚拟财产的民事法律属性

数字化环境下的虚拟财产权涵盖了个体对经指定程序生成的数字信息所拥有的权利。研究虚拟财产的权利，必须明确以下问题：

首先，虽然虚拟财产已经纳入《民法典》进行保护，但对于虚拟财产的具体保护措施和管理机制尚未形成完善的体系。《民法典》第 127 条规定，法律对数据、网络虚拟财产的保护有规定的，依照其规定。尚未被纳入现行法律范畴，虚拟财产权未被确立为法定权利。然而随着信息技术的迅速发展，特别是网络游戏业的蓬勃发展，围绕虚拟物品和游戏资源的利益分配问题日益突出，虚拟财产紧密联系着现实社会的利益关系。众多观点涌现，与虚拟财产的所有权、买卖相关的需求也日益增长。虚拟财产的法律地位和虚

---

① 参见林旭霞：《虚拟财产权性质论》，载《中国法学》2009 年第 1 期。

拟财产权的法定性逐渐获得实质性和广泛的理论支持。

其次，虚拟财产权是对数字信息的特定控制权。在确定虚拟财产权的范围时，需摒弃其为网络用户所独有的观点。权利的归属与权利的行使应当被视为两个不同层面的问题。合法的权利获取行为决定了虚拟财产归属于哪一个主体。

最后，在学术界中，关于虚拟财产权的本质存在各种不同观点，包括但不限于新型财产权利说、物权说、债权说、知识产权说。在法学领域中，物权、债权以及知识产权的区分是十分明确的。基于对客体的直接支配性与请求履行性的标准，可以明显区分具有支配权属性的物权与知识产权，以及具有请求权属性的债权。数字信息是虚拟财产权的客体，与那些需要通过抽象思维才能感知和利用的精神产品不同。所以虚拟财产权不是知识产权，[①] 对其特性的研究应聚焦于虚拟财产权与传统财产权利体系的联系，探讨虚拟财产权是否属于物权或债权。

本书认为虚拟财产权属于物权，主要理由如下：

首先，虚拟财产权是一种绝对权利。虚拟财产权的特征在于其具有支配性，而不是请求履行性。因此，虚拟财产权被赋予了“可以对每个相关方产生效力”的属性，所有的运营方、用户以及参与网络活动的其他个体都必须尊重这一权利。所以，虚拟财产权是一种绝对权利。

其次，网络运营商与用户之间的协议并非毫无意义。虚拟财产并非由网络运营商与用户的合同直接产生，合同只是其产生的一个相关因素。用户可以行使虚拟财产权，并且有权向运营商主张合同权益。

再次，虚拟财产并非自动归运营商或用户所有。权利是否具有合法性决定了相关方是否可以拥有虚拟财产权。举例来说，游戏中最初设定的虚拟场景、人物和物品，如普通树木、建筑等，都算作游戏运营商最初获取的虚拟

---

① 参见林旭霞：《虚拟财产解析——以虚拟有形财产为主要研究对象》，载《东南学术》2006 年第 6 期。

财产。这意味着，一旦运营商获得了游戏的运营权限，就能拥有游戏中最初创建的虚拟财产的所有权。在网络游戏中，大部分独具价值的虚拟物品是玩家通过购买、交易、赢得或赠送等方式逐渐获得的。因此，运营商和游戏玩家在获取虚拟财产权方面都有其法律依据。

最后，虚拟财产权在符合物权基本属性的情况下，也呈现出与实际财产不同的特殊性。在线空间的特定性使得虚拟财产的存在具有其独特的意义，一旦脱离了特定的程序和系统，其价值便会丧失。由于虚拟财产种类繁多，不同虚拟财产的权利内容也存在差异，比如，在某些在线游戏中，由于受到游戏规则的约束，玩家可能只享有有限的交易和处分权。再如，某些虚拟财产可能存在使用期限，如长时间不登录的 QQ 号可能会被注销。然而，这些权利的具体差异只能表明不同物权客体的内在属性导致权利内容和形式的不同。虚拟财产的物权特征变得更加突出。

3. 虚拟财产的刑事法律属性

在司法实践中，虚拟财产的民事诉讼和刑事犯罪常常交织在一起。与我国刑法学界侧重于讨论虚拟财产有关个案不同，我国民法学界对虚拟财产的财产属性和权利属性进行了深入的学理探讨。我国民法学界的研究结果显示，虚拟财产与实际的物质财富有所不同，它并非存在于物理空间，并且无法用现实世界的标准度量或衡量，因此并非具有实体或有形的属性。然而，虚拟财产的本质特征和独立性使其与有形财产有所区别，因此应将虚拟财产归属于无体物的范畴。① 在我国的民法学领域，虚拟财产被明确定义为一种财产形式，并不存在争议，争议的焦点在于虚拟财产的法律性质，这一争议也直接影响到案件的处理方式。

在曾某某案中，法院认为虚拟财产在民法中属于财物，但并非刑法所定

① 参见林旭霞：《虚拟财产权研究》，法律出版社 2010 年版，第 79 ~ 80 页。

义的财物。[①] 如果坚持法秩序统一性原理，在民法中认定虚拟财产为财物，那么就会确认刑法中的虚拟财产具有财物的性质。在考虑刑法的解释时，必须要审视与民法保持独立还是保持一致的议题，这个问题涉及刑法与民法之间的关系，也牵涉刑法在整个国家法律体系中的定位。对此，在刑法理论上存在刑法独立性说与刑法从属性说的争论。[②] 刑法独立性说认为，刑法应当被视为一种独立的法律体系，具有自主的规范和制裁方式。相反，按照刑法从属性说，刑法被认为是从属于民法以及其他部门法的法律，并没有自身独立的禁止性规范，只有制裁这一方面才是真正属于刑法的核心内容。在刑法从属性说的观点下，对于刑法用语的理解应当与民法保持一致。而根据刑法独立性说的观点，对于刑法术语的解释应与民法截然不同。一般认为目前仍以刑法独立性说为主导，然而在解释刑法术语时，仍需参考民法以及其他相关法律的规定，特别是在特定情形下，应当直接参照其他法律、法规。诸多刑法用语若在民法和其他部门法中有具体规定时，应保持一致的理解。如果某一用语在民法以及其他部门法中已有法定解释，那么就应直接采用该解释来确定相应用语在刑法中的含义。实际上，民法和其他相关部门法的规定被视为刑法的前置规定，因此其法律术语的解释在刑法中具有约束力。在某种情况下，如果刑法的术语与其他法律的术语不一致，那么应该让刑法有适当的规定。举例来说，我国刑法所定义的信用卡，其内涵并非与金融法中的信用卡相同。金融法所述信用卡与借记卡有着清晰的界定：前者允许透支，而后者则不支持透支。然而，刑法所提及的信用卡，并非仅指具有透支功能的狭义上的信用卡，同时也包括了没有透支功能的借记卡。2004 年 12 月 29 日全国人民代表大会常务委员会发布了《关于〈中华人民共和国刑法〉有关信用卡规定的解释》，其中明确规定，“刑法规定的‘信用卡’，是指由商业

---

① 参见陈兴良、张军、胡云腾主编：《人民法院刑事指导案例裁判要旨通纂》（下卷），北京大学出版社 2013 年版，第 730 ~ 731 页。

② 参见［意］杜里奥·帕多瓦尼：《意大利刑法学原理》（注评版），陈忠林译评，中国人民大学出版社 2004 年版，第 4 页。

银行或者其他金融机构发行的具有消费支付、信用贷款、转账结算、存取现金等全部功能或者部分功能的电子支付卡”。由此解决了信用卡在金融法与刑法中内容不一致的问题。

曾某某案的判决涉及对罪刑法定原则的理解，该判决认为在民法领域中，虚拟财产可以被解释为财物，因为《物权法》对物的定义具有一定的开放性。但我国刑法学界亦有学者指出，刑法规定受罪刑法定原则约束，未经明文规定，虚拟财产不能被视作财物，否则有类推解释之嫌，如有观点认为对盗窃虚拟财产行为适用盗窃罪法条属于明显的类推解释。[①] 其认为虚拟财产和作为财产犯罪对象的财物在法律上有着完全不同的性质。将虚拟财产视作财物处理不仅混淆了物权、债权、知识产权之间的关系，颠覆了财产犯罪的有关规定，也彻底超越了财产的表达范畴。在这一情境下，需要对虚拟财产的多元法律属性进行准确定位。

在法律上，虚拟财产通常被定义为电磁数据，被称为电磁记录或信息。[②] 事实上，电磁数据存在于多种法律关系中，可以成为物权法、债权法和知识产权法的客体。而虚拟财产是电磁数据的一个组成部分，具有财产性和排他性。

其实，将虚拟财产定义为刑法中的财产是否属于类推解释，在不同的国家应当区别对待。日本刑法将虚拟财产解释为财物，具有类推性质，可能导致不符合罪刑法定原则的问题。然而，在我国《民法典》中，并没有将作为物权客体的物局限于无体物的范畴，而是包括了所有的动产和不动产。因此，在我国刑法中，将无体物认定为财物并非类推解释。因此，只需法秩序统一性原理，将虚拟财产视作财物在刑法中的界定完全符合逻辑。在我国的

---

① 参见曲新久：《中德比较视角下扩张解释与类推适用的区分》，载梁根林、[德] 埃里克·希尔根多夫主编：《中德刑法学者的对话——罪刑法定与刑法解释》，北京大学出版社 2013 年版，第 198 页。

② 参见 [德] 乌尔里希·齐白：《全球风险社会与信息社会中的刑法：二十一世纪刑法模式的转换》，周遵友、江溯等译，中国法制出版社 2012 年版，第 284 页以下。

法律体系中，物的概念本身就是相当抽象的，因此将虚拟财产视为财物并不会超越财物的语义范畴。特别是不能仅仅以外国刑法的规定为例来判断我国刑法将虚拟财产认定为财物属于扩大解释还是类推解释。因此，判断该解释属于扩大解释还是类推解释，应参考本国刑法及相应用语，而非参照外国刑法用语。[①] 在德日等国家的刑法典中，有清晰地区分了财物与财产性利益的规定，同时也有特别规定了“电也视为财物”的条款。在这一法律框架下，财物的涵盖范围必然受到限制，因此难以将抽象物品和虚拟财产视作财物。我国刑法并未明确区分财物与财产性利益，只涉及一个抽象的财物概念。抽象概念的含义更加广泛，此外，财物一词并非简单地将有形物品和财产性利益相加，而是包括所有值得受到刑法保护的财产。因此，在不同国家，虚拟财产被解释为财物的方式可能存在差异，德国和日本等国家可能采用类推解释，而在中国可能并非如此。

4. 虚拟财产的价值认定

在我国的刑法体系中，财产犯罪通常以涉及的财产价值为依据，这是应用刑法的基本原则之一。在处理虚拟财产时，需要考虑其相对于传统财产的特殊性，这可能成为定罪和定罚的司法技术性障碍。[②] 针对具有实体形态的财产，我国司法解释规定了具体的价值计算方式。那么，如何计算虚拟财产的价值呢？这是一个必须在实践中面对的问题。从司法机关的实践看，已经有了一套虚拟财产价值认定的方法，为处理侵犯虚拟财产行为提供了合理的途径。

在孟某等人盗窃案中，法院认为作为腾讯公司、网易公司在网络上发行的虚拟货币和票证，Q 币和游戏点卡属于网络环境中的虚拟财产。使用货币购买 Q 币和游戏点卡，用户可以获取网络公司提供的相应网络服务，因此 Q

---

① 参见张明楷：《非法获取虚拟财产的行为性质》，载《法学》2015 年第 3 期。

② 参见孙道萃：《网络财产性利益的刑法保护：司法动向与理论协同》，载《政治与法律》2016 年第 6 期。

币和游戏点卡代表了网络公司所提供的服务的价值。茂立公司作为Q币和游戏点卡的代理销售商，按照合同约定的折扣，通过支付真实货币，从腾讯公司、网易公司获得Q币和游戏点卡。茂立公司获取Q币和游戏点卡是在支付相应价格的情况下完成的，这些虚拟财产不仅存在于网络世界，也象征着公司在现实中的实际财产，应当受到刑法的保护。①

数额是盗窃犯罪的关键情节，目前法律尚未规定网上盗窃Q币和游戏点卡数额的具体计算方法。网络用户可以通过参与网络游戏中的持续“修炼”，获取Q币和游戏点卡，而不仅仅是用现实货币购买。这种不同的获取方式让人们难以准确估算Q币和游戏点卡的价值。正如前文所述，网络公司通过在线发行Q币和游戏点卡来收取对网络用户提供服务的费用，这些虚拟货币实际上代表了网络公司所提供的服务的实际价值。因此，通过在实际生活中进行相应交易，可以确认Q币和游戏点卡在实际生活中所对应的财产价值。网络用户通过在在线游戏中持续“修炼”赚取的Q币和游戏点卡，仅仅是网络公司用来吸引玩家的一种手段。由于这些Q币和游戏点卡并未参与网络公司与网络用户之间的交易，因此并不会对Q币和游戏点卡的市场交易价格产生影响。具体到本案来看，被盗Q币和游戏点卡在现实生活中对应的财产数额应由网络公司与代理商之间的实际交易价格决定。犯罪行为导致受害人所遭受的财产损失与被盗赃物的价值通常情况下是成比例的。毕竟，只有在犯罪行为导致的公私财产在现实生活中受到侵害时，才是刑法所关注和保护的对象。在这起案件中，以被害单位茂立公司与腾讯公司、网易公司在合同中约定的交易价格来计算被盗Q币和游戏点卡所代表的财产数额，确实反映了茂立公司遭受的财产损失。在缺乏明确司法解释的情况下，控辩双方对盗窃Q币和游戏点卡的数额的计算方式存在分歧。控方主张应按实际支付价格认定盗窃金额，这一主张不仅合理，还获得了证据的充分支持。

孟某等人盗窃案的审理结果对今后处理类似案件具有重要的示范作用，

---

① 本案载《最高人民法院公报》2006年第11期。

该案对于侵犯虚拟财产的行为所作出的认定，成为各地法院在司法实践中的依据。在处理侵犯虚拟财产案件时，不仅可以盗窃罪论处，还可以认定构成抢劫罪、抢夺罪、诈骗罪等。一般来说，在涉及侵害虚拟财产的犯罪案件中，被告人通常会追求个人利益，因此具有从中获利的动机。虚拟财产的价值有多种计算方法，从孟某案的判决中可以提炼出以下计算方式：(1) 根据网络公司在网络上公布的销售价格进行计算；(2) 据网外用户相互交易形成的价格进行计算；(3) 以网络公司与代理商之间的交易价格为基础进行计算。此后，我国司法机关普遍认同将侵犯虚拟财产的案件定性为财产犯罪，这一点在一定程度上也为界定虚拟财产的本质提供了基础。

二、刑事诉讼涉案财产的内涵

刑事诉讼本质上是一种以实现国家刑罚权为目的的活动，在打击犯罪活动中，国家公权力的运用可能直接或间接侵害被追诉人、被害人或第三人的财产权。刑事诉讼法作为“应用宪法”和“宪法实施法”，对于财产权这一基本人权当然应当在最大程度上予以保障。

（一）刑事诉讼中的财产

《刑法》《刑事诉讼法》中多次出现“物品”“财物”“财产”等概念，其内涵和外延并不完全相同。《刑法》中的“财物”和“财产”均应当包含财产性利益，这种观点也得到了学术界的支持。[①] 财产性利益既包括积极财产的增加，也包括消极财产的减少，但一般是指普通财物以外的财产上的利益。

---

① 参见张明楷：《刑法学》(第5版)(下册)，法律出版社2016年版，第932～933页；黎宏：《刑法学各论》，法律出版社2016年版，第289～291页；周光权：《刑法各论》，中国人民大学出版社2016年版，第89页；陈兴良：《虚拟财产的刑法属性及其保护路径》，载《中国法学》2017年第2期；王骏：《刑法中的“财物价值”与“财产性利益”》，载《清华法学》2016年第3期；李强：《财产犯中财产性利益的界定》，载《法学》2017年第12期。

《刑事诉讼法》中“财物”和“财产”的含义也应当包含财产性利益。《刑事诉讼法》第141条中的“财物”与第144条、第298条中的“财产”内涵并不一致。第141条规定的“财物”不包括财产性利益，否则第144条无须单独规定。第144条中的“财产”指财产性利益，对财产性利益采取的措施也不相同，是冻结而非扣押。第145条更是将“财物”与“财产”并列规定，也印证了上述说法。但第298条中的“财产”与第245条中的“财物”含义相同，均包含了股票、债券等财产性利益。

为了表述更加科学和方便，本书以财产这一概念展开论证，主要理由在于：一是从语义学角度来看，财产的内涵和外延比财物更广。财产是指物质财富和精神财富；财物是指钱财和物资，主要是指物质财富。二是从我国民事立法来看，财产权利分为物权、债权、知识产权、股权和其他投资性权利，物分为动产和不动产，财产权能够涵盖物权，而物权则不能涵盖财产权。三是从刑事立法方面来看，《刑法》和《刑事诉讼法》的相关术语应当保持一致，以“财产”统一表述更为合理。从文义来看，违法所得的一切财物、违禁品和供犯罪所用的本人财物对当事人来说都是不合法的，故称为“财物”，“没收的财物和罚金”的表述也可以予以印证；而“被害人的合法财产”对当事人来说是符合法律规定的，故称为“财产”。似乎区分的标准是当事人是否合法持有。实际上，当事人是否合法持有不应当是区分“财物”或“财产”的标准，被追诉人也有合法财产。四是更加彰显刑事诉讼对财产权的保护。财产权与人身权已经成为人权保障的重要内容，使用“涉案财产”一词更能彰显对财产属性的重视。涉案财物应当予以保护，主要是因为该财物具有财产的价值属性，从财产权的角度更加容易凸显财物的价值。即使是作为证据的物品也具有价值属性，在证据保全结束后，也应当依法处置，或没收，或返还合法所有人。我国司法实践中存在对作为证据使用的涉案财产，未充分考虑其作为财产的价值属性，存在随意处置的现象，也应当引起我们的重视。

综上所述，应当从广义上来理解我国刑事诉讼中的“财产”，即财产包括财物和财产性利益，前者包括动产和不动产等财物，后者包括存款、汇款等财产性利益。[①]

（二）刑事诉讼中的涉案财产[②]

前文论证了刑事诉讼中“财产”“财物”等基本概念，相应的“涉案财产”“涉案财物”的表述在刑事法中也存在使用混乱的现象。我国司法实践中经常使用“涉案财物”一词，但这并不是《刑法》《刑事诉讼法》的法定概念，只是在一些司法解释和规范性文件中存在。“涉案财产”是我国2012年修正《刑事诉讼法》时首次提出的，作为更加规范的用语，逐渐得到更多人的认可。

法律并没有明确规定何为“涉案财产”。从《刑事诉讼法》第141条的规定来看，“涉案”是指与案件有关，即能够“证明犯罪嫌疑人有罪或者无罪”，与案件无关的财产则不属于涉案财产。孙国祥教授也是从这个角度对涉案财产进行的定义。[③] 但其主要从实体法的角度界定涉案财产。从刑事诉讼角度来看，涉案财产的内涵和外延要更广。有学者将涉案财产定义为可能与案件处理直接或间接相关的、受法律规制的、具有财产价值的物的总称。[④]该定义将涉案财产限定为物，无法包含存款、汇款等财产性利益。“涉案”在理论研究中一般表述为“与案件有关”“与犯罪有关”“与刑事诉讼直接相关和间接相关”“与案件处理直接相关或间接相关”“进入刑事诉讼视野”

---

① 参见万毅：《独立没收程序的证据法难题及其破解》，载《法学》2012年第4期。

② 本书以“涉案财产”展开论证，但有些司法解释等规范性文件使用的是“涉案财物”，因此下文有时会出现“涉案财产”或“涉案财物”的不同表述，但如无特殊说明，都是在同一个意义上使用。

③ 参见孙国祥：《刑事诉讼涉案财物处理若干问题研究》，载《人民检察》2015年第9期。

④ 参见陈卫东：《涉案财产处置程序的完善——以审前程序为视角的分析》，载《法学杂志》2020年第3期。

“在刑事诉讼中与犯罪事实相关”等。[①] 在前述研究的基础上，本书将刑事诉讼涉案财产界定为在刑事诉讼过程中可能与案件处理直接或间接相关的、受法律规制的财产及其孳息。因此，刑事诉讼涉案财产具有以下法律特征：

一是涉案财产具有关联性。财产与案件之间的法律上的某种联系是涉案财产最重要的特征。与案件有关是涉案财产最基本的法律特征，[②] 包括实体意义上的关联与程序意义上的关联。实体意义上的关联又称为实质性联系，违法所得、违禁品和供犯罪所用本人财物均与犯罪行为具有实质性联系，与犯罪行为没有实质性联系的财产不得查封、扣押、冻结。程序意义上的关联是指有些财产原本与案件并无实质性联系，但因被追诉人及其家属或其他利害关系人主动缴纳或国家机关保全而成为与案件有实质性联系的财产。如被追诉人及其家属用其合法财产主动退赔的财产，这些财产既非被追诉人的违法所得，也没有用于犯罪，更不属于违禁品，但因为案发后被追诉人将其违法所得挥霍，被追诉人及其家属为了赔偿被害人的损失而主动退赔，其用于退赔的合法所得实质上就转化为被追诉人挥霍的违法所得。也有些财产与案件并无实质性联系，但因被侦查机关保全而成为涉案财产，如第三人的财产可能与案件本无关系，但被办案机关作为赃物赃款扣押或者冻结了，就与案件有关了，就成了涉案财产；又如原物毁损后的替代价额，虽然其与违法所得欠缺关联性，但为了追征保全而成为涉案财产。

二是涉案财产的认定具有法定性。涉案财产法律性质的认定具有法定性，即哪些财产属于涉案财产应当由法律规定，既不能由司法解释规定，也不能由司法机关任意决定。因此，刑事诉讼中的涉案财产应当由《刑法》

---

① 参见胡宝珍、林蕾：《刑事涉案财物处理的立法缺陷与完善》，载《福建警察学院学报》2013年第4期；栾平平：《论刑事案件中涉案财产的产权归属》，载《云南大学学报（法学版）》2007年第6期；闫永黎：《刑事诉讼中涉案财产的基本范畴》，载《中国人民公安大学学报（社会科学版）》2013年第3期；王勇：《论刑事涉案财物处理程序——基于规范化的分析视角》，载《山东审判》2017年第5期；张伟、戴哲宇：《浅析刑事涉案财物的追缴及分配》，载《法学杂志》2017年第5期。

② 参见乔宇：《刑事涉案财物处置程序》，中国法制出版社2018年版，第10页。

《刑事诉讼法》等基本法律进行明文规定，并经过法定的程序来予以认定，这也是程序法定的具体体现。

三是涉案财产的认定需要达到一定的证明标准。认定是否属于涉案财产不仅要有法律依据和经过法定的程序，还要达到一定的证明标准，而不能由司法机关任意认定。在不同环节证明标准是不一样的，如在扣押程序中，只要能够证明扣押财产可能与案件有关即可；但在审查起诉环节和庭审环节，则需要查明扣押财产与犯罪行为具体有何关联，是实体性关联还是程序性关联，而不能笼统地称之为“犯罪所得”。

三、刑事诉讼涉案财产的外延

明确了刑事诉讼涉案财产的内涵以后，就需要进一步界定刑事诉讼中涉案财产的外延。德国刑法将涉案财产分为两种类型：一是犯罪工具或犯罪产物；二是犯罪所得。违禁物并非单独一类的没收标的。日本刑法将涉案财产分为组成犯罪行为之物、供犯罪行为使用或者将要供犯罪行为使用之物、犯罪行为所产生或者因犯罪行为获得之物以及作为犯罪行为的报酬取得之物，犯罪所得不能没收时，可以追征其价款。英国 2002 年《犯罪收益追缴法》中规定，“犯罪收益是指通过犯罪行为获取的财产或者获取的与犯罪行为有关的财产”。美国民事没收中的涉案财产为犯罪收益，毒品犯罪中的涉案财产为犯罪工具、犯罪收益和为实施犯罪提供了便利的财产，洗钱犯罪中的涉案财产为与犯罪有关的所有财产，恐怖主义犯罪中的涉案财产为特定犯罪人的所有财产。[①] 我国台湾地区“刑法”将涉案财产分为犯罪所得、犯罪工具和违禁品，这种三分法的规定，可以追溯至清末变法图强时期。清末 1905 年版《刑律草案（初稿）》第 31 条规定：“凡没收之物，计列如左：一、违禁之物。二、供犯罪所用及预备之物。三、因犯罪所得之物。”“违禁之物

① 参见王俊梅：《美国民事没收制度研究》，中国政法大学出版社 2013 年版，第 50 ~ 52 页。

不问何人所有，概行没收。余物以属于本犯者为限。”上述1905年版初稿文字经修改后，成为1907年版的《刑律草案》，由清末修法大臣沈家本正式上奏，但不及试行，清廷即已覆亡。

我国刑法理论通说认为涉案财产包括违法所得、供犯罪所用的本人财物和违禁品三种类型。[①]《刑事诉讼法》第298条规定的“涉案财产”的外延应大于刑法中涉案财产的外延，除了上述三种类型外，还应当包括取保候审保证金、被追诉人的随身物品、被追诉人及其家属代为退赔的款物等。

（一）违法所得

《刑法》和《刑事诉讼法》没有规定违法所得的内涵和外延，按照立法机关公布的《刑事诉讼法修正案（草案）条文及草案说明》，增设该程序的主要原因和目的在于：“严厉打击腐败犯罪、恐怖活动犯罪，对犯罪所得及时采取冻结追缴措施，并与我国已加入的联合国反腐败公约及有关反恐怖问题的决议的要求相衔接……”[②] 我国已加入的《联合国反腐败公约》第2条规定，“‘犯罪所得’系指通过实施犯罪而直接或间接产生或者获得的任何财产”。该公约第31条还补充了犯罪所得的三种转换形态：一是混合财产，即犯罪所得已经与从合法来源获得的其他财产相混合；二是替代财产，即由犯罪所得全部或部分转化的其他财产；三是收益财产，即由上述犯罪所得转变或转化而成的财产或者已经与犯罪所得相混合的财产所产生的收入或其他利益。我国学界通说认为违法所得是指犯罪分子通过违法犯罪行为所直接或者间接取得的财物。[③] 广义的违法所得除了直接所得、间接所得，还应当包括替代价额。

直接所得的内涵比较明确，要求犯罪与所得之间有直接关联性，也就是

---

① 参见孙国祥：《刑事诉讼涉案财物处理若干问题研究》，载《人民检察》2015年第9期。

② 《刑事诉讼法修正案（草案）条文及草案说明》，载中国人大网，http：//www. npc. gov. cn/zgrdw/huiyi/lfzt/xsssfxg/2011－08/30/content_ 1717832. htm。

③ 参见孙国祥：《刑事诉讼涉案财物处理若干问题研究》，载《人民检察》2015年第9期。

通常所说的“涉案”。直接所得根据其取得的原因不同，又可以分为犯罪所得之物、犯罪所生之物和处分赃款赃物所得之物。犯罪所得之物是指行为人通过实施犯罪取得的原本就存在的财物，包括犯罪行为直接取得的财物和作为犯罪行为报酬的财物。侵害财产类犯罪自然会产生违法所得，如盗窃案中被追诉人窃取的财物、赌博案中被追诉人赢得的金钱、受贿案中被追诉人收受的贿赂，都是犯罪行为所得之物；犯罪行为人接受委托实施犯罪行为而获得的报酬不同于通过犯罪行为直接取得的财产，而是属于作为犯罪行为报酬的财物。[①] 犯罪所生之物是指通过犯罪行为而生成的新的财物，该财物在犯罪之前不存在，或者以其他形式存在。如生产、销售伪劣商品案件和侵犯知识产权案件中，通过犯罪行为而产生的伪劣商品、假冒知识产权的产品等都是犯罪所生之物。

间接所得主要包括以下四种类型：第一是孳息，如偷来的母鸡所生的鸡蛋，盗窃的赃款存在银行产生的利息等；第二是用于违法活动产生的收益，如诈骗所得赃款用于放高利贷所获取的高额利息等；第三是射幸活动产生的收益，如诈骗所得赃款用于购买彩票，中奖后所获得的收益等；第四是投资或者置业产生的收益等，如贪污所得赃款用于购买房屋，房屋升值而产生的收益。当然，对于间接所得的范围也应当有所限制，不宜无限扩张，对于间接所得再产生的收益不宜认定为犯罪所得。如以诈骗所得的利息购买彩票的中奖金额，或者购买电脑的发票兑奖后的中奖金额，原则上不宜认定为间接所得。《联合国反腐败公约》中的犯罪所得包含了犯罪收益，而我国《刑法》在立法用语上却区分了犯罪所得与犯罪收益。如《刑法》第 191 条规定的“犯罪的所得及其产生的收益”将犯罪所得和犯罪收益并列表述，犯罪所得并不包含犯罪收益，这种规定与《刑法》的整体规定是相冲突的。

替代价额是指直接所得或间接所得因其取得形态本身或嗣后灭失、消费、加工、混同等原因而无法没收原违法所得客体，以行为人的合法财产进

---

① 参见张明楷：《论刑法中的没收》，载《法学家》2012 年第 3 期。

行抵偿。《德国刑法典》明确规定了替代价额属于涉案财产，可以予以没收，对应的财产保全措施是假扣押。《德国刑法典》第73c条规定，“在直接所得和间接所得已经灭失、被行为人消费或者转移至他国而无法没收时，以行为人的合法财产进行抵偿”。[①] 我国《刑法》未规定替代价额，在违法所得原物已经灭失的情况下，无法追缴涉案财产，只能责令被追诉人以其合法财产进行退赔。在违法所得灭失或者已转化为其他财产的情况下，我国目前不能对被追诉人的其他合法财产采取类似德国假扣押的保全措施。

违法所得中的“违法”可能是犯罪行为，也可能是不构成犯罪的违法行为。这样就会产生一个问题，即违法所得是仅限于犯罪行为所产生的收益，还是也包括不构成犯罪的违法行为所产生的收益。理论界主要有犯罪所得说、违法及犯罪所得说等观点。[②] 有观点认为法院在审理阶段作出实质处分的只能是犯罪所得，对于已进入刑事诉讼程序的案件，如果扣押的涉案财产系违反《治安管理处罚法》等行政法律规定的财产，对违法所得相关财物不得依照《刑法》第64条的规定处理。[③] 这种观点值得商榷，主要理由在于：第一，对于侦查机关来说，在法院审理之前难以判断犯罪分子的行为是否构成犯罪，侦查机关查封、扣押、冻结违法所得的行为就失去了正当性基础；第二，犯罪分子犯罪情节较为轻微的，侦查机关可以撤案，检察机关可以作不起诉处理，这些案件均未经法院审理，犯罪分子的违法所得也未经法院认定，如果都不能作为违法所得予以认定，也不符合实际情况。从刑事诉讼程序来看，违法所得包括三种情形：第一种是经过法院审理认定的违法所得，分为有罪判决时的违法所得和无罪判决时的违法所得；第二种是检察机关不起诉时认定的违法所得，包括法定不起诉、存疑不起诉和相对不起诉

---

① 王钢：《德国近五十年刑事立法述评》，载《政治与法律》2020年第3期。

② 参见谢雄伟：《论刑事违法所得没收的本质、内涵与计算方法》，载《法学论坛》2016年第5期。

③ 参见李长坤：《论违法所得及其他涉案财物的界定——兼论对没收程序司法解释第6条的理解》，载《法律适用》2017年第13期。

案件中的违法所得；第三种是公安机关撤销案件时认定的违法所得，包括不够成犯罪的撤销案件和犯罪情节显著轻微的撤销案件中的违法所得。这三种情形除了被追诉人被提起公诉追究刑事责任外，其他不再追究刑事责任的情况仍有存在违法所得的可能。[①] 关键是涉案财产的认定与涉案财产的没收是两个问题，所以，刑事诉讼中对一般违法所得亦应归属涉案财产依法规范处置的范畴。

（二）供犯罪所用的本人财物

供犯罪所用的本人财物是指“供犯罪分子进行犯罪活动而使用的属于其个人所有的钱款和物品”[②]。供犯罪所用的本人财物需要具备一些基本特征，如该财物权属的明确性、用于犯罪的专门性、对犯罪的重要性。有观点认为，《刑法》第 64 条所规定的“供犯罪所用的本人财物”就是指犯罪工具，如杀人用的刀、放火用的汽油等。[③] 这种观点限缩了供犯罪所用的本人财物的范围，犯罪工具不能包含犯罪构成要件之中的财物，如行贿所用的财物、走私的普通货物等。[④] 行贿所用的财物既不属于违法所得，也不属于违禁品，也不能被犯罪工具所涵盖，因为其本身属于构成要件的内容。而犯罪工具则并非如此，缺乏犯罪工具也可成立犯罪，缺乏构成要件则不能成立犯罪。例如，赤手空拳打死被害人也构成故意杀人，但行贿人必须给予国家工作人员财物才能构成行贿罪。没有犯罪工具也可能构成故意杀人罪，但是没有财物就不可能构成行贿罪。同样，走私所用的船只是犯罪工具，但走私的货物、物品本身则不是犯罪工具，而是构成犯罪行为之物。[⑤] 因此，供犯罪所用的

---

① 参见时延安、刘伟：《违法所得和违法收益的界定》，载《中国检察官》2007 年第 2 期。

② 孙国祥：《刑事诉讼涉案财物处理若干问题研究》，载《人民检察》2015 年第 9 期。

③ 参见王飞跃：《犯罪工具没收研究》，载《中外法学》2010 年第 4 期。

④ 参见刘鹏玮：《“特别没收”的司法失衡与规范重塑——以“供犯罪所用的本人财物”之没收为视角》，载《苏州大学学报（法学版）》2017 年第 3 期。

⑤ 参见张明楷：《论刑法中的没收》，载《法学家》2012 年第 3 期。

本人财物显然包括犯罪工具和包含于犯罪构成要件之中的财物。供犯罪所用的本人财物的法律特征主要包括：

第一，供犯罪所用包括供犯罪实行行为使用和供犯罪预备使用。从理论上来说，客观上不论犯罪发展到何种阶段，都存在供犯罪所用之物。如《日本刑法典》第19条规定，“下列之物可以没收：……供犯罪行为使用或者将要供犯罪行为使用之物”[①]。再如《德国刑法典》第74条规定：“凡故意犯罪的，因犯罪所得之物，或用于犯罪、预备犯罪、或准备用于犯罪之物，应予没收。”[②] 从德日的立法例可以看出，供犯罪使用之物不仅包括供犯罪实行行为使用之物，而且包括供犯罪预备使用之物。我国《刑法》虽然没有作出如此具体的规定，但也应当作出这样的当然解释。[③] 美国刑事诉讼中的犯罪工具，除了供犯罪所用之物之外，还包括便利犯罪实施或阻止犯罪侦查的财产，如毒品案件中藏匿毒品的建筑物、赌博案件中清点非法赌博资金的场所、洗钱案件中计算洗钱金额的场所等。[④] 有学者认为，犯罪完成后使用的物因与犯罪已无关系，即不能称之为供犯罪所用之物，所以不应当没收。[⑤] 如甲盗窃一些财物，将其藏在自己的住宅，此时不能将甲的房子予以没收，否则就有将没收措施无限扩大的危险。但是，也不能一概而论，例如，生产、销售伪劣产品罪，专门用来储存伪劣产品的仓库就应当没收。

第二，行为人要明确知道本人财物的用途。这就要求此类犯罪只能是故意犯罪，而不能是过失犯罪，因为在过失犯罪中行为人并不知道本人财物将

---

① 《日本刑法典》(第2版)，张明楷译，法律出版社2006年版，第12页。

② 《德国刑法典》，徐久生、庄敬华译，中国法制出版社2000年版，第83页。

③ 参见胡成胜：《我国刑法第64条“没收”规定的理解与适用》，载《河北法学》2012年第3期。

④ 参见吴协展：《美国犯罪所得民事没收法制之介绍》，载《检察新论》2009年第6期。

⑤ 参见洪福增：《刑法之理论与实践》，台北，五南图书出版股份有限公司1988年版，第455页。

要用于犯罪。[①] 德国供犯罪所用的本人财物也是限于故意犯罪。对犯罪工具的具体形态予以列举有一目了然的优势，但由于缺乏抽象原则的指导，一方面无法将形式上属于列举范围而实际上与所列类型有显著差别的物排除在外，从而无法有效保护财产权；另一方面，由于列举者的认识局限，无法通过列举的方式穷尽犯罪工具的所有具体形态。我国司法解释并未对犯罪工具规定统一的认定标准，但具体司法解释在规定没收犯罪工具时采用直接专门说。如最高人民法院、最高人民检察院《关于办理赌博刑事案件具体应用法律若干问题的解释》第 8 条第 2 款规定，“赌博犯罪分子所有的专门用于赌博的资金、交通工具、通讯工具等，应当依法予以没收”；最高人民法院、最高人民检察院《关于办理非法采矿、破坏性采矿刑事案件适用法律若干问题的解释》第 12 条第 2 款规定：“对用于非法采矿、破坏性采矿犯罪的专门工具和供犯罪所用的本人财物，应当依法没收。”上述两个司法解释都使用了“专门”这一限定词。因此，采用直接专门说既符合司法解释的立场，又符合我国现阶段法治水平，该学说具有其他学说不可比拟的优越性。[②] 对于故意犯罪中犯罪工具的认定要采用直接专门说，有利于完善产权保护。[③] 在司法实务中，我国多数判例采用最广泛意义上的关联说，如对毒品犯罪，即便车辆只是偶尔运输毒品，也要将其认定为作案工具而予以没收。[④] 虽然也有部分判例认为，运输少量毒品的汽车不宜被没收，但裁判理由是违反罪刑相适应原则而非否定其为犯罪工具。[⑤] 这与上述司法解释特别提及的“专

① 参见张勇、殷涛、蒋晓春：《“供犯罪所用的本人财物”之界定与处置》，载《人民检察》2008 年第 2 期。

② 参见王飞跃：《犯罪工具没收研究》，载《中外法学》2010 年第 4 期。

③ 参见何显兵：《论“扫黑除恶”中的没收犯罪工具》，载《东方法学》2019 年第 5 期。

④ 参见覃某某走私、贩卖、运输、制造毒品二审案，广西壮族自治区高级人民法院（2016）桂刑终 163 号刑事裁定书；杨某某、黎某某走私、贩卖、运输、制造毒品罪二审案，广东省深圳市中级人民法院（2015）深中法刑一终字第 1103 号刑事裁定书。

⑤ 参见李润华：《“供犯罪所用的本人财物”的认定与没收》，载《中国检察官》2012 年第 6 期。

门”这一限定词汇所蕴藏的专门说相悖。再如，对于故意犯罪，危险驾驶罪中的汽车和开车去寻衅滋事、聚众斗殴中的汽车，与犯罪行为具有直接的密切的联系，但因为不具有“专门”这一特点，故不宜认定为犯罪工具。

第三，供犯罪所用的本人财物不以行为人拥有所有权为前提。供犯罪所用的本人财物区分于犯罪过程中涉及的其他合法财产，是合法财产权利得到保护的首要条件。根据《中华人民共和国刑法释义》，“供犯罪所用的本人财物”是指供犯罪分子进行犯罪活动而使用的属于他本人所有的钱款和物品，如用于走私的运输工具等。[①] 供犯罪所用的本人财物原则上以应没收之物属于犯罪行为人所有，剥夺行为人对于财产权的行使自由。一种观点认为，其应限于犯罪分子本人作为唯一所有权主体的财物；另一种观点认为，应理解为犯罪分子对该财物拥有所有权，其他人是否享有该物所有权或他物权则在所不问。笔者认为，这两种观点的对立实际是两种价值的冲突，第一种观点注重个人财产权的保护，第二种观点则更重视发挥刑法的惩罚与预防功能。考虑到我国现实中完全为个人所有的财物较少，多数财物为夫妻或家庭共有，且特别没收并不属于刑罚，实践中第二种观点更为合理。另外，对于第三人善意取得的财物犯罪分子已无所有权，故而不适用特别没收，在应当没收的犯罪分子所有的财物因客观原因无法没收时，也不能替代交付。[②] 这里的第三人是指《刑事诉讼法》第 299 条第 3 款规定的“利害关系人”，即被追诉人的近亲属和其他对申请没收的财产主张权利的自然人和单位。如果涉及混合财产，即犯罪所得已经与从合法来源获得的家庭成员的财产相混合，则作为家庭成员的被追诉人的近亲属也是本案利害关系人。《刑事诉讼法》上的近亲属指夫、妻、父、母、子、女、同胞兄弟姊妹，其他利害关系人包括赃款赃物的善意取得人等。

---

① 参见王爱立主编：《中华人民共和国刑法释义》，法律出版社 2021 年版，第 101 页。

② 参见刘鹏玮：《“特别没收”的司法失衡与规范重塑——以“供犯罪所用的本人财物”之没收为视角》，载《苏州大学学报法学版》2017 年第 3 期。

原则上供犯罪所用的本人财物应属于犯罪行为人所有，以没收来剥夺行为人对于财产的所有权，但财物属于案外第三人所有或者由本人与案外第三人共有的情况下，也应当属于供犯罪所用的本人财物。《刑法》中的特别没收以刑事责任成立为前提，基于刑事责任自负原则，《刑法》上没收的适用对象只能限于供犯罪所用的本人财物，而不得没收案外第三人的财物。而《刑事诉讼法》没收特别程序中的没收包括对第三人合法财产的没收，法官只需判断该财物是否因当事人的过错而被不当地用于犯罪，至于财物是否属于被追诉人所有，在所不问。[①] 不同观点冲突的原因实际上是价值选择的不同，不同之处是更加注重个人财产权的保护还是更加注重发挥刑法的惩罚与预防功能。

（三）违禁品

将违禁品作为没收对象主要是因为违禁品除了自身具有危险性以外，还与犯罪行为发生了关联。具有危险性还不足以成为没收的理由，因为具有危险性的财物在财物持有人具有资格的情况下是可以被合法持有的。如在我国枪支对于普通公民来说具有危险性，但军人就可以持有；又如毒品对于普通人来说也具有危险性，但医院就可以将其用于医疗。因此，具有危险性的财物必须要与犯罪行为有关联，才能依照《刑法》的规定进行没收，否则只能按照《治安管理处罚法》的规定进行行政处罚。因此，对于扣押的具有危险性的涉案财产，还要审查其所有权人是否具有持有资格，如果所有权人具有持有资格，则要返还给所有权人，而并非一定予以没收。

上述涉案财产的三分法，是我国《刑法》和刑法学者关于涉案财产的分类。而《刑事诉讼法》中涉案财产的外延要大于《刑法》，除了违法所得、供犯罪所用的本人财物和违禁品外，还包括取保候审的保证金、被追诉人的随身物品、被追诉人家属代为退赔的款物、单纯作为证据使用的当事人

---

① 参见万毅：《独立没收程序的证据法难题及其破解》，载《法学》2012 年第 4 期。

或案外人的财物等。不仅包括已经查控在案的“可执行之物”，还包括尚未查控在案需要继续追缴或责令退赔的“待执行之物”；不仅包括具有财产价值的实体物，还包括非实体物及对物的相关权利。[①] 保证金也是涉案财产的一种，因为从收取到发还或者没收，都涉及保证金交纳者的利益，一旦收取，就涉及保证金处置的问题。被追诉人及其家属以其合法财产主动退赔的，此部分可以作为财产保全之物用来保障判决的执行。[②] 对于被追诉人及其家属主动退赔的款物应当进行扣押。犯罪嫌疑人的随身物品是否属于涉案财产需要进行审查后确定，属于涉案财产的，应当予以扣押；不属于涉案财产的，应当先予留存，然后参照扣押程序进行处置。

综上可知，刑事诉讼涉案财产应当从广义角度理解，既包括《刑法》上的违法所得、供犯罪所用的本人财物、违禁品，也包括《刑事诉讼法》上的取保候审保证金、被追诉人的随身物品、被追诉人及其家属代为退赔的款物、单纯作为证据使用的当事人或案外人的财物等。其中违法所得包括直接所得、间接所得和替代价额，供犯罪所用的本人财物既涉及被追诉人的合法财产，也会涉及第三人的合法财产。涉案财产范围的认定，可能会涉及被追诉人、被害人或第三人的合法权益。那么在刑事诉讼涉案财产处置过程中，如何保障被追诉人、被害人或第三人的合法财产权益值得研究。

第二节　刑事诉讼涉案财产处置

刑事诉讼涉案财产的处置分为广义上的处置和狭义上的处置。广义上的

---

① 参见向燕：《刑事经济性处分研究——以被追诉人财产权保障为视角》，经济管理出版社 2014 年版，第 153 页；王勇：《论刑事涉案财物处理程序——基于规范化的分析视角》，载《山东审判》2017 年第 5 期。

② 参见闫永黎：《侦查阶段涉案财产处置问题研究》，载《北京人民警察学院学报》2011 年第 2 期。

处置包括查封、扣押、冻结、保管、随案移送、先行处置、审前返还、追缴、责令退赔、返还被害人、执行等一系列措施。如中共中央办公厅、国务院办公厅《关于进一步规范刑事诉讼涉案财物处置工作的意见》中的“涉案财物处置”即是在广义上使用的。而其中的“先行处置”中的“处置”和“查封、扣押、冻结和处置涉案财物”中的“处置”都是在狭义上使用的。前者主要是指“出售、变现或者先行变卖、拍卖”；后者主要是指没收或返还被害人等措施。《刑法》第314条“非法处置查封、扣押、冻结的财产罪”中的“处置”也是在狭义上使用的，主要是指“隐藏、转移、变卖、故意毁损”。《刑事诉讼法》中并没有“处置”这一概念，而是使用“处理”，如第245条第3款的“对查封、扣押、冻结的财物及其孳息作出处理”，这里的“处理”是指《刑法》第64条规定的处理措施，主要是指没收或者返还被害人。本书在广义概念上使用“处置”，实际上是一种强制处分。强制处分是国家机关追诉犯罪时不经被处分人同意而进行的，伴随着对重要权利、利益的制约和处分。强制处分以对象为区分标准可以分为对人强制处分和对物强制处分。对物强制处分主要包括搜查、扣押、保管、没收等。[①] 因此，刑事诉讼涉案财产处置又可以定义为在刑事诉讼过程中未经被处分人同意而对被处分人涉案财产进行的限制或剥夺财产权的处分。刑事诉讼涉案财产处置具有以下特征：

第一，涉案财产处置本质上是一种强制处分。涉案财产处置属于对物强制处分。传统观点将强制处分定性为单纯的诉讼行为，诉讼行为是诉讼过程中启动诉讼、进行诉讼和终结诉讼的各个行为，其依次完成并最终形成整个刑事诉讼程序，财产保全、证据保全以及逮捕犯罪嫌疑人等均是诉讼行为。[②] 对于上述诉讼行为，除有法律特别规定之外，原则上不受法院事后的司法审

---

① 参见［日］绿大辅：《日本侦查程序中的强制处分法定主义》，肖萍译，载《国家检察官学院学报》2014年第2期。

② 参见林钰雄：《刑事诉讼法》（第8版）（上册），2017年自版发行，第310页。

查。事实上，排除法院审查正是提出诉讼行为论的根本目的，因为法院审查将会导致诉讼拖延，诉讼行为应当与本案裁判一并接受法院审查，单个诉讼行为不需要分别接受审查以判断其是否合法和正当。因此，对于诉讼行为，除了法律明确规定予以救济外，可以在终局裁判时一并进行救济。强制处分固然属于诉讼行为，但并不表示强制处分毫无实体性质，如德国学者 Niese 整体检讨传统诉讼行为论时指出，强制处分是具有双重性质的诉讼行为，如羁押既是刑事诉讼中的诉讼行为，又是为约束受羁押人自由权进行的实体处分，从实体权利来说，羁押干预的是人的基本权利，扣押财产亦是如此。德国学者 Amelung 甚至认为，应当以"刑事诉讼上之基本权干预"来替代"强制处分"这一传统用语，以此来构建对强制处分的救济体系。这种学说对强制处分救济体系的影响比较大，由于强制处分是公法的内容，紧扣宪法基本权体系，因此强制处分与公法上的其他基本权干预行为相同，不但受法律保留原则与比例原则的约束，并且违法强制处分也应当有救济的渠道。①

第二，涉案财产处置发生在刑事诉讼的整个过程。涉案财产处置包括查封、扣押、冻结、保管、拍卖、变卖、随案移送、审理、执行一系列处分措施，贯穿整个刑事诉讼过程，从侦查机关的财产保全、审前处置到检察机关的审查起诉，法院的审理和执行，均存在涉案财产处置行为。

第三，涉案财产处置是限制或剥夺所有权或占有权的处分。根据强制处分对公民基本财产权利干预程度的不同，可以将其分为实体性强制处分行为和程序性强制处分行为。② 对于刑事诉讼涉案财产处置来说，涉案财产处置是未经被处分人同意而对其财产进行的处分，根据是否转移所有权或占有权为标准，可以分为对涉案财产的实体性强制处分和程序性强制处分，前者主要包括没收、返还被害人等剥夺被处分人财产权的处置措施，具有终局性；

---

① 参见林钰雄：《刑事诉讼法》（第8版）（上册），2017年自版发行，第310页。

② 参见谢佑平、万毅：《刑事诉讼法原则：程序正义的基石》，法律出版社2002年版，第139页。

后者主要包括查封、扣押、冻结、保管等限制被处分人财产权的处置措施，具有过程性、暂时性。

本节分别对涉案财产实体性强制处分和程序性强制处分进行研究。

一、涉案财产实体性强制处分

刑事诉讼涉案财产实体性强制处分，是指国家机关追诉犯罪时，不经被处分人同意而对其涉案财产进行的转移所有权或占有权的处分。刑事诉讼涉案财产实体性强制处分主要规定在《刑法》第 64 条，理论上又称为特别没收。

（一）特别没收的内涵界定

特别没收是指在刑事诉讼过程中依法剥夺与犯罪行为具有关联性的财产的所有权或占有权，并将其返还给原物所有人或者无偿收归国有的一种终局性的涉案财产处置措施。其特征具体表现为以下三个方面：

首先，特别没收适用的前提条件是行为构成犯罪。这是特别没收作为刑事实体性强制处分的本质体现，否则，如果行为不构成犯罪，那么对涉案财产的处置要么是行政处罚，要么是民法中的处分。这里的犯罪是指根据《刑法》的规定在应然层面构成犯罪，而不是人民法院判决后的实然层面的犯罪。如果行为人在实施犯罪行为后因逃匿、死亡等原因无法对其定罪量刑，不影响特别没收的适用，我国 2012 年修正《刑事诉讼法》时增设的没收特别程序是对该观点最好的佐证。

其次，特别没收是犯罪的法律后果。行为人犯罪以后就需要刑法对其进行全面的否定性评价，既有定罪量刑过程中限制人身自由方面的否定性评价，也有涉案财产处置过程中剥夺违法所得等涉及财产权利的否定性评价。因此，特别没收的对象与犯罪行为有着紧密的关联性，对于违法所得、供犯罪所用的本人财物和违禁品等，需要通过刑法进行全面彻底的剥夺，然后根据其权属性质再决定予以没收或返还被害人。

最后，特别没收区别于一般没收和没收特别程序。一方面，特别没收与一般没收的性质不一样。一般没收属于刑罚，特别没收则属于一种独立处分，下文将着重论及。另一方面，特别没收也不同于没收特别程序。虽然二者都有“特别”一词，但依据不同，特别没收由《刑法》来规定，没收特别程序由《刑事诉讼法》来规定。没收特别程序的“特别”是指被追诉人不在案时针对违法所得的没收程序，相对于被追诉人在案时的没收程序而言，强调的是程序的特别；特别没收中的“特别”是相对于没收财产刑（一般没收）而言的，强调的是对被追诉人违法所得的没收。

（二）特别没收的本质属性

学界关于特别没收的性质分歧比较大，主要有刑罚说、保安处分说、折中说、独立说等。① 独立说认为，特别没收既非刑罚，也不具有保安处分性质，更不是一种非刑罚处罚方法，而应当将其定性为一种独立的强制处分，如我国台湾地区 2016 年施行的“刑法”效仿《德国刑法典》，改变之前特别没收的附加刑性质，将其定性为刑罚及保安处分以外的一种独立法律效果，从而可以开展无罪责没收、第三人没收、单独宣告没收等。因此，也有学者称其为“一举从 DOS 版转型到 WIN 版”的“百年变革”。② 本书赞同独立说，认为特别没收本质上是独立于刑罚、保安处分以及非刑罚处罚方法的一种实体性强制处分，主要理由在于：

第一，特别没收是一种刑事实体性强制处分，而不是民事实体处分或行政实体处分。有学者认为特别没收具有附带民事诉讼的色彩。③ 也有学者认为特别没收视对象不同分别属于不同性质的处分措施。④ 这些观点都带有一定的局限性，未能系统考量特别没收在刑法中的位置。特别没收应当定性为

---

① 参见张明楷：《论刑法中的没收》，载《法学家》2012 年第 3 期。

② 参见林钰雄：《刑事诉讼法》（第 8 版）（下册），2017 年自版发行，第 610 页。

③ 参见黄风：《等值没收及可追缴资产评估规则探析》，载《比较法研究》2015 年第 5 期。

④ 参见张明楷：《论刑法中的没收》，载《法学家》2012 年第 3 期。

一种刑事实体性强制处分，因为我国《刑法》将特别没收规定在第四章“刑罚的具体运用”中“量刑”一节下，特别没收的这一立法位置说明其是人民法院在审判案件中定罪量刑时一并适用的，而无论是民事处分措施还是行政处分措施，其适用的前提都不必然是犯罪。因此，将特别没收定性为民事处分或者行政处分，存在扩大其适用范围之嫌。同理，将特别没收定性为民事处分或者行政处分会弱化其程序保障，民事处分和行政处分的适用程序都不及刑事诉讼程序严格。将特别没收定性为民事处分或者行政处分也会遇到追诉时效上的尴尬，我国相关法律规定的民事诉讼时效和行政诉讼时效期间一般都短于刑事追诉时效，如果把特别没收视为民事处分或者行政处分，将可能出现有的案件尚在刑事追诉时效期间内应当追究刑事责任，但涉案财产却因超出民事诉讼时效或者行政诉讼时效而无法适用特别没收的尴尬情况，这种状况显然不利于公平正义的实现。特别没收适用的对象是犯罪行为，故其性质也因此质变为犯罪的法律后果，即刑事实体性强制处分。①

第二，特别没收不属于刑罚。刑罚是一种具有剥夺性痛苦的制裁措施，以有责为前提，刑罚的正当化根据决定了刑罚需要在责任的限度内作出具体裁量。特别没收与刑罚的理论基础完全不同，刑罚的理论基础是“无罪责无刑罚”的罪责相适应原则，具有惩罚性质，使被追诉人的合法财产被剥夺；而特别没收的理论基础是“任何人不得从犯罪中获利”，不具有惩罚性质，是基于涉案财产的违法来源或者违法使用而对这种违法状态的取缔，是对失序的财物法律状态的修复。特别没收与刑罚适用的前提不同，特别没收适用的前提是有犯罪行为，被追诉人未达刑事责任年龄不予刑事处罚，犯罪嫌疑人、被告人死亡不追究刑事责任，但其违法所得应当予以没收。特别没收没有犯罪类型的限制，只要能够产生违法所得就可以。而刑罚的适用则以被追诉人构成犯罪且追究其刑事责任为前提。二者的适用对象也完全不同，特别没收适用于违法所得、供犯罪所用的本人财物和违禁品，刑罚则适用于被追

---

① 参见胡成胜、王莉：《论特别没收的本质属性》，载《湖北社会科学》2017年第11期。

诉人的合法财产，所剥夺或者限制的都是被追诉人合法的人身、财产权利。因此，特别没收无法归属于刑罚，只是一种独立的针对涉案财产的强制处分，无论能否追究行为人的刑事责任，只要能够查证行为已经构成犯罪，就能够没收行为人的违法所得等涉案财产。

第三，特别没收不属于保安处分。保安处分是指国家基于维护社会的秩序与安全的需要，除行使刑罚权之外，对于具有社会危险性的特定的行为人，适用医疗等具有司法处分性质的保安措施。对于具有重大危险性之人，一方面以积极的矫正或社会治疗，另一方面以消极的监禁与隔离等手段加以处遇；同时，也可经由此种刑罚与保安处分的双轨制，来避免为达到预防犯罪的目的而科处超越其刑事责任的刑罚。如此一来，既不至于违背刑事责任的基本原则，伤害到刑罚的本质，又能达到保障社会安全的目的。[①] 我国《刑法》虽然没有明确规定保安处分制度，但理论界认为我国也存在若干保安处分措施。[②] 有些学者将特别没收视为保安处分。[③] 实际上，特别没收与保安处分具有不同的特点：一方面，特别没收和保安处分的根据与目的不同。保安处分的适用是出于社会防卫的需要，并且以特定行为人具有社会危险性为根本性条件。虽然特别没收对犯罪所得的剥夺以及对犯罪工具和违禁品的没收在客观上也存在消除犯罪诱因以及阻断犯罪的促进因素，进而防止再犯以达到保障社会安全的功能，但是特别没收的适用与否并不以犯罪行为所彰显的社会危险性为转移。换言之，相关财产一经认定为涉案财产并且符合相关的必要条件就应当予以没收，而不问行为人社会危险性的有无与大小。此观点最典型的例证就是犯罪嫌疑人死亡的情况，死者自然再无社会危险性可言，更无社会防卫之必要，然而在相应条件具备的情况下，同样可以将涉案财产予以没收，由此可见，特别没收与保安处分在制度设置的根基和

---

① 参见林山田：《刑罚学》，台北，商务印书馆股份有限公司1983年版，第335～345页。

② 参见时延安：《隐性双轨制：刑法中保安处分的教义学阐释》，载《法学研究》2013年第3期。

③ 参见陈兴良：《本体刑法学》，商务印书馆2001年版，第733页。

目的上存在根本性差别。另一方面，特别没收和保安处分的适用条件不完全吻合。鉴于保安处分制度的建立是为了弥补刑罚在预防犯罪及社会防卫方面的不足，规定了保安处分制度的大多数国家在设置保安处分的适用条件时都不局限于犯罪的完整成立。也即是说，对于实施了犯罪行为，同时具有再犯罪危险性的人，可以在判处刑罚的同时适用保安处分。然而，从我国《刑法》对特别没收制度的规定来看，特别没收的适用只能以成立犯罪为前提。由此一来，将特别没收在性质上归入保安处分在其他国家可能行得通，但在我国，鉴于部门法的严格分工，会造成欠缺罪责行为中涉案财产的没收遗漏，进而带来社会防卫的漏洞。

第四，特别没收不属于非刑罚处罚方法。从《刑法》第 37 条对非刑罚处罚方法的规定来看，非刑罚处罚方法的适用前提是犯罪情节轻微不需要判处刑罚，非刑罚处罚方法性质上属于刑罚的替代方法。从理论应然性的角度讲，由于应受刑罚惩罚性是犯罪的本质特征，这就意味着犯罪一定对应着相应的刑罚。然而，现实中犯罪情形多种多样，犯罪行为的情节轻重同样千差万别，不同的行为和情节是否有实际适用刑罚的必要性不能一概而论，犯罪情节轻微的某些情形可能不需要实际判处刑罚。同理，同样是不需要判处刑罚的犯罪行为，根据情节的差异也会有不同的处理方式，情节轻微的可以定罪免刑，情节较为轻微不需要判处刑罚但定罪免刑仍不足以对犯罪分子起到惩戒、教育作用的，可以在定罪免刑的同时辅以非刑罚处罚方法以最大限度实现罪刑相适应。由此可以认为，非刑罚处罚方法无论是在适用根据上还是功能定位上都是作为刑罚的替代措施而存在的，其适用是以应当判处而实际没有判处刑罚为前提的。而特别没收在功能上是对涉案财产非法状态的取缔或剥夺，其适用以涉案财产的存在为前提，不以是否对犯罪人判处刑罚为转移，即特别没收既可以在实际没有对行为人判处刑罚的情况下独立适用，也可以在对行为人实际判处了刑罚的情况下一并适用。因此，特别没收与非刑罚处罚方法在功能定位和制度设置上的差别决定了不宜将特别没收归入非刑罚处罚方法。

综上所述，特别没收在性质上不同于刑罚、保安处分和非刑罚处罚方法。不可否认的是，无论特别没收与刑罚、保安处分以及非刑罚处罚方法存在多大的区别，它们必有一定的共同点，比如，这几项制度都是作为刑法对犯罪的处理机制而存在的。刑罚是通过事后惩罚而打击、预防犯罪；保安处分是通过事前的刑事预防机制而化解和防止犯罪；非刑罚处罚方法作为刑罚的替代措施辅助惩戒犯罪情节轻微不需要实际判处刑罚者；而特别没收制度的目的则在于通过取缔或剥夺涉案财产的非法状态来修复遭犯罪行为破坏的安定平和的法治秩序。归根结底，这几项制度从不同的角度针对不同的情形打击、预防犯罪以保护全体公民的基本人权，而这也是刑法中任何制度设置的根源。正因为如此它们也难免在功能上存在一定的交叉或相似之处，但是，我们不能因此而混淆不同制度之间的本质区别，忽略其各自的独立品性，进而造成理解和适用中的混乱。

（三）特别没收的具体形式

根据《刑法》第64条，特别没收包括没收、返还被害人、追缴、责令退赔四种处置措施。对于没收和返还被害人，学界一般认为是转移所有权的实体性强制处分，但对于追缴和责令退赔的性质则争议较大，其实质上是限制所有权的程序性强制处分，追缴和责令退赔到案的涉案财产需要进一步审查其权属性质后再作出是没收还是返还给被害人的实体性处分。关于没收作为一种实体性强制处分，前文已作了详细论述，这里主要就返还被害人、追缴、责令退赔进行分析。

第一，返还被害人是一种实体性强制处分。涉案财产属于被害人合法财产的，应当予以返还，返还具有终结效力，是一种实体性处分措施。返还被害人财产包括诉讼程序终结前的先行返还和诉讼程序终结后的返还。前者指刑事诉讼程序尚未终结，但如果没有必要再留置扣押物，应当将扣押物返还给权利人。如在交通肇事案件中，肇事的车辆已经勘验、检查完毕，取证工作已经结束，就没有必要再扣押车辆。后者又可以根据诉讼程序终结的阶段不同分为侦查机关撤销案件、检察机关作出不起诉决定、审判机关作出终审判决三种情形，因此侦查机关、检察机关和审判机关都有权作出返还决定。对于被害人的合法财产，只有在权属明确无争议的前提下才能先行返还。如果在权属性质不明时仓促返还，或是存在多个权利人时不当返还，都可能会引发更多的问题，甚至是国家赔偿。而对于行为人使用违法所得与合法收入共同购置的不可分割的财产，需要返还的，则应当等到人民法院最终判决以后再予以返还。

第二，追缴应当定性为一种程序性强制处分。理论界关于追缴的性质存在等同扣押说、等同没收说、上位概念说等观点。等同扣押说认为，追缴系侦查机关在诉讼过程中采取的强制措施，能够防止犯罪嫌疑人隐匿、转移财物，并使得法院最终判决返还被害人合法财产、没收犯罪物品时有财物可供执行。追缴只是没收的前置程序，追缴回来的财物，在查明是犯罪分子非法所得的情况下，将其中被害人的合法财产予以返还后，剩下的予以没收。① 追缴只具有程序性意义，不具有实体处分的性质。追缴之后，根据实际情况决定是否予以没收，从而实现对追缴物的实体处分。② 在刑事诉讼实务中，追缴实际上被理解成了扣押的同义词。③ 追缴行为本身并不涉及对违法所得财物的最终处置，认为追缴是将犯罪分子的违法所得强制收归国有的观点是片面的，错误地将追缴与没收混为一谈。④ 等同没收说认为，追缴是将犯罪分子的违法所得强制收归国有。⑤ 追缴与没收的对象可以合二为一，没收的

---

① 参见胡成胜：《我国刑法第 64 条“没收”规定的理解与适用》，载《河北法学》2012 年第 3 期。

② 参见张磊：《论我国经济犯罪收益追缴制度的构建》，载《政治与法律》2009 年第 5 期。

③ 参见袁坦中、刘建：《论刑事诉讼法中追缴的性质》，载《中国刑事法杂志》2010 年第 4 期。

④ 参见曲升霞、袁江华：《论我国〈刑法〉第 64 条的理解与适用——兼议我国〈刑法〉第 64 条的完善》，载《法律适用》2007 年第 4 期。

⑤ 参见胡康生、郎胜主编：《中华人民共和国刑法释义》，法律出版社 2004 年版，第 62 页。

对象既可以是犯罪所得，也可以是用于实施犯罪的财产，追缴亦然。[1] 上位概念说认为，追缴是查封、扣押、冻结、没收和返还被害人的上位概念，追缴是指国家司法机关在刑事诉讼中对犯罪行为人通过非法手段获取的现金、物资及其他财产和经济利益依法予以追回，并返还被害人或者予以没收的司法行为。[2] 追缴的概念之所以存在上述分歧，主要是因为刑事立法对追缴的含义界定不清，司法实践在多重意义上使用追缴的概念。通过分析这些观点可以发现，追缴当然可以从广义上进行理解，域外也有类似规定，如英国2002年《犯罪收益追缴法》中的"追缴"就是广义上的追缴。但是在我国《刑法》第64条的语境中，追缴应当从狭义上理解为一种具体的刑事处分措施，否则将无法协调其与"没收"和"上缴"之间的关系，甚至完全排除了"没收"和"上缴"存在的余地。追缴的含义应当界定为"追回、收缴"，作为没收或者返还之前的程序性措施，强调对于涉案财产的收集和实际控制。违法所得被追缴到案以后，再根据财产的性质决定是返还给被害人，还是在没收后上缴国库。从狭义上理解追缴，完全可以适用《刑法》其他条文中关于追缴的规定。《刑法》中，除了第64条以外，还有5个条文涉及"追缴"一词。这些条文规定的"追缴"都可以理解为狭义的追缴，即在追缴之后，再予以没收或返还被害人，实现对涉案财产的实体性处分。

第三，责令退赔也应当定性为一种程序性强制处分。有学者认为，由于责令退赔适用于赃款赃物已被用掉、毁坏或挥霍即无法退还的情形，因此责令退赔强调的是对原财物权利人应进行的赔偿，这是犯罪分子违法所得的相关财物不存在时的处理，属于最终的实体处分。[3] 本书认为，责令退赔应当是和追缴并列的一种程序性强制处分，不是对于涉案财产的实体性处分。首先，责令退赔本质上是一种训诫措施，虽然其目的是实现对已经挥霍、损毁

---

① 参见王利荣：《涉黑犯罪财产之没收与追缴》，载《中国刑事法杂志》2011年第5期。

② 参见杜芳：《论刑事追缴程序》，载《求索》2009年第1期。

③ 参见曲升霞、袁江华：《论我国〈刑法〉第64条的理解与适用——兼议我国〈刑法〉第64条的完善》，载《法律适用》2007年第4期。

的财物的“退赔”，但重点在“责令”，即司法机关工作人员对于被追诉人的责成与命令，因此也就不可能直接实现对于涉案财产的实体性处分。其次，责令退赔对被追诉人的威慑作用是极其有限的，被追诉人可能由于各种原因没有抓住或者主动放弃这样的机会，不能退赔或者没有退赔，因此也不可能是对涉案财产的实体性处分。最后，退赔的财产是没收还是返还给被害人，需要经过必要的刑事程序之后才能决定，之前的责令退赔只是对于涉案财产的程序性处理。

综上来看，刑事诉讼涉案财产实体性强制处分是从法律上剥夺被追诉人或第三人对涉案财产的所有权或占有权，[①] 主要是指没收和返还被害人两种措施。追缴和责令退赔应当认定为程序性强制处分，追缴和责令退赔的程序与《刑事诉讼法》中关于查封、扣押、冻结的程序等同。

二、涉案财产程序性强制处分

刑事诉讼涉案财产程序性强制处分主要是指国家机关追诉犯罪时，不经被处分人同意而对其涉案财产进行的限制所有权或占有权的处分。刑事诉讼涉案财产程序性强制处分“主要指财产保全措施”[②]，包括《刑事诉讼法》中的查封、扣押、冻结等财产保全措施以及前文讲到的追缴、责令退赔等措施。

（一）财产保全的内涵

刑事诉讼财产保全是指为了保证没收判决的执行，以一定的强制性手段暂时限制或剥夺涉案当事人对财物的控制、使用、处分等财产性权利。刑事诉讼财产保全是对涉案财产的临时性处分，其目的在于保障涉案财产特别没

---

① 参见吴光升：《刑事涉案财物处理程序研究》，法律出版社2018年版，第67页。

② 陈卫东：《涉案财产处置程序的完善——以审前程序为视角的分析》，载《法学杂志》2020年第3期。

收能够得以有效执行，保全措施的种类包括“追缴、财产管制、诉讼中间出售等”①。我国台湾地区又称之为“没收的保全程序，分为扣押与假扣押”②。财产保全属于程序性强制处分，是实体性强制处分的前置程序，是审前涉案财产处置的核心内容，即司法机关在对被追诉人判决前对涉案财产采取查封、扣押、冻结等强制性侦查措施，或通过其他强制性手段进行保全。为了确保没收的终局裁判于未来可执行，没收程序必须规划暂时性的保全措施，先行将没收标的置于国家的支配之下。财产保全作为一种侦查措施具有以下特征：

一是强制性。侦查权作为一种国家权力，以国家强制力为后盾，具有所有国家权力共有的强制性特征。在这一意义上，行使侦查权过程中实施的侦查行为可以被认为都具有先在的强制性。不过，这种强制性只是强调以国家强制力作为行为的后盾，并不能解释为侦查措施的特征。只有当具体的侦查行为表现为一种具体的强制性方法时，这种侦查措施才具有了强制性。刑事诉讼涉案财产处置也是强制性侦查措施，表现为对被追诉人财产权益作出不同程度的限制。除此之外，其强制性还体现在该类措施的实施无须征得被追诉人的同意。如果涉及对第三人的财产性权益的限制，同样也不需要征得财物持有人的同意，这同样反映了侦查措施的强制性。

二是侵权的风险性。易对相对人合法权益造成侵害是强制性侦查措施的又一基本特征。但这个风险是无法完全避免的，为了司法权的有效行使，就难以完全避免对公民财产权造成司法侵害的风险。正是这一特征，决定了我们在设计和运用强制性侦查措施时应当充分考虑尽可能避免或者减轻侦查权对公民权益的侵害。公民基本权益必须得到有效保障的理念为现代民主社会所普遍尊崇。然而，强制性侦查措施是“采用强制性手段，对当事人的重要

① 陈卫东：《涉案财产处置程序的完善——以审前程序为视角的分析》，载《法学杂志》2020年第3期。

② 林钰雄主编：《没收新制（二）——经济刑法的新纪元》，台北，元照出版有限公司2016年版，第327页。

生活权益造成侵害的侦查行为”[①]，侵害公民的基本权益成为强制性侦查措施区别于任意性侦查措施的重要特征。理解强制性侦查措施的侵权性特征，不能离开无罪推定原则。依据无罪推定原则，一个涉嫌犯罪的公民，在法院依法宣告其有罪之前，如同其他无罪的人一样，其基本权益依然在法律的保护之下。在诉讼过程中，仅仅因为刑事司法机关行使司法权的需要，对其尚未失去法律保护的人身权利或财产权利进行限制甚至剥夺，就具有了司法侵权的性质。对被追诉人和被害人如此，对案外第三人更是如此。案外第三人持有的某项财物即使确实为赃物，在法院宣告该项财物为赃物之前，对财物持有人持有、控制、支配该项财物的权利进行限制、剥夺，同样也具有侵权性。

三是适用的限制性。强制性侦查措施因其属于对强制力的现实动用，如果被滥用或者误用极易侵犯公民的基本权益，基于此，各国法律对于强制性侦查措施的适用都规定了比任意性侦查措施更为严格的限制，主要包括限制强制性侦查措施适用的主体、条件以及程序等。例如，“在大陆法系国家，强制性侦查行为只有在符合法律规定的实体要件和程序要件，并且一般应当经法官事先批准后才能进行。英美法系国家对于强制性侦查行为的控制采取‘动态抑制’的方式，不仅原则上必须事先经过法官批准，要求令状本身必须具备特定性，而且在执行令状之后仍须受到法官的审查”[②]。我国《刑事诉讼法》也对强制性侦查措施的适用规定了相应的条件和程序，其中以适用逮捕羁押措施最为严格。不过，对于五种强制措施以外的其他强制性侦查措施的适用，特别是关于财产保全的查封、扣押、冻结等措施，目前《刑事诉讼法》尚无或者仅有非常粗疏的限制性规定。

---

① 李建明：《强制性侦查措施的法律规制与法律监督》，载《法学研究》2011 年第 4 期。

② 蒋石平：《论侦查行为的实施原则》，载《西南民族大学学报（人文社科版）》2007 年第 7 期。

（二）财产保全的性质

涉案财产程序性处置的目的是保证刑事诉讼的顺利进行，通常发挥着证据保全和财产保全的作用，是一种对物的强制措施。但财产保全在性质上完全不同于证据保全，长期以来我国以证据保全代替财产保全，存在不少弊端，有必要对二者的性质进行辨析：

一是财产保全与证据保全的目的不同。财产保全的目的在于保障将来涉案财产没收判决的执行，而就证据保全而言，其设立之目的在于保存证据材料以备将来在本案诉讼中法院可以利用其作为认定事实的依据。证据保全是预先进行的证据调查程序，与正式的证据调查程序具有同一性质。当然，当涉案财产作为证据使用时，则存在财产保全与证据保全竞合的可能，但这只是偶然现象，而非逻辑上的必然现象。财产保全的范围远远大于证据保全的范围，毕竟财产利益的范围无穷无尽，并不以动产和实物为限。①

二是财产保全与证据保全的方法不同。财产保全是为了剥夺被追诉人的违法所得等涉案财产，因此在刑事诉讼中主要采用查封、扣押、冻结等强制性措施。对于扣押的动产可以让被追诉人在缴纳等价的金额后予以返还，任由被追诉人处置。但证据保全过程中，因为扣押物为证据之物，具有不可替代性，就没有返还的空间。财产保全既然为实体权利实现的前提保障，其后果对当事人影响重大，因此需要通过提供担保的方式防止当事人权利受到不当侵害。而证据保全为当事人证明权的保障，因此无须提供担保。②

三是财产保全和证据保全的法律效果不同。财产保全的对象在判决生效后一般是没收或返还被害人，而证据保全的对象在发挥证明作用后，除了违禁品需要没收之外，还需要对其权属性质进行审查，决定没收还是返还。

---

① 参见林钰雄主编：《没收新制（二）——经济刑法的新纪元》，台北，元照出版有限公司2016年版，第383页。

② 参见段文波、李凌：《证据保全的性质重识与功能再造》，载《南京社会科学》2017年第5期。

（三）财产保全的形式

从诉讼理论看，刑事诉讼财产保全根据保全内容可分为财物保全与行为保全两种。[①] 民事诉讼中，2012 年《民事诉讼法》修改新增行为保全制度，财产保全制度已无法涵盖行为保全的内涵，故以“保全”代之。[②] 故本书所称财产保全的形式实际上包括财产保全和行为保全两种。财产保全的对象以涉案财产是否存在可以分为原物和替代价额，相应的财产保全措施也分为扣押和假扣押，扣押是针对原没收客体的保全措施，假扣押是针对替代价额的保全措施；行为保全的种类包括假处分、中间禁令和财产管制等。

一是财产保全。域外国家的财产保全包括扣押和假扣押两种形式。扣押是一种典型的财产保全措施。前文论及，我国《刑法》规定的追缴应当是一种程序性强制处分，立法者在更大程度上把追缴视为程序性措施，贯穿于刑事诉讼的侦查、审查起诉和审判阶段。“追缴属于财产保全手段，是指司法机关根据刑事诉讼法的相关规定，对被追诉人的违法所得，在办案过程中发现的已转移、隐藏的赃款赃物追查下落后予以扣押在案的程序性措施。”[③] 在刑事诉讼中，追缴通常被理解为查封、扣押、冻结等强制性措施的同义词，是保证特别没收和没收财产刑执行的保全措施。

扣押在狭义上理解是指扣留、拘留，如扣押人质、扣押赃物等。从广义上理解，包括了查封、冻结，法国、德国和日本等国家将限制对其财产行使处分权的强制措施统称为扣押。本书从广义的角度理解扣押，“扣押是指为保全应当没收之物，而由国家对其予以暂时扣留、占有的强制处分措施”[④]。

---

① 参见吴光升：《刑事诉讼财产保全制度论要》，载《中国刑事法杂志》2016 年第 4 期。

② 参见占善刚：《证据保全程序参照适用保全程序质疑——〈中华人民共和国民事诉讼法〉第 81 条第 3 款检讨》，载《法商研究》2015 年第 6 期。

③ 陈卫东：《涉案财产处置程序的完善——以审前程序为视角的分析》，载《法学杂志》2020 年第 3 期。

④ 万毅：《程序正义的重心：底限正义视野下的侦查程序》，中国检察出版社 2006 年版，第 238 页。

扣押是一个集合名词，根据客体的形态差异，扣押可以分为查封、冻结等不同形式。其中，动产的扣押以转移占有为前提；不动产的扣押无法亦无须转移占有，可由扣押机关对不动产予以查封；而对于银行账户上的存款、股票、有价证券等，则由扣押机关以冻结的方式予以扣押。国家并不因为扣押而取得对该涉案财产的所有权，由司法机关在终局性处理时决定没收还是返还被害人。因此，扣押是一种程序性强制处分，不具有终局效力。

涉案财产的扣押在保障刑事诉讼顺利进行的同时，也要注意扣押作为一种强制性处分措施，是以干预当事人财产权为内容的，其直接指向的对象或者说客体是公民的财产权，扣押功能的实现是以限制或剥夺公民的财产权利为代价的。“扣押，乃为取得物之占有的强制处分，所干预者主要是宪法所保障的人民之财产权。”① 扣押对公民基本权利的威胁和刑事诉讼中的其他刑事强制措施一样，扣押在公法上属于干预人民受宪法保障的基本权之行为，此种干预行为同时受法律保留原则以及比例原则的约束。这种干预具有两个方面的特征：一方面，扣押既可能直接剥夺公民财产权的全部权能，也可能仅仅限制公民财产权的部分权能；另一方面，扣押对财产权的干预，不仅体现在对公民财产所有权的直接干预，也可能体现为对公民财产所有权的间接干预。②

域外法治发达国家和地区都对扣押的实体要件和程序要件进行了严格限定，要求扣押措施的启动必须具备一定的实体要件，并遵守法定的程序要件。

扣押虽然具有禁止处分、禁止占有和使用的法律效力，但权利人仍得保留并自由行使其未被限制的部分权利，如收益权、赔偿请求权等。扣押仅仅是一种程序性强制处分，而非实体判决，因此，权利人原则上并不丧失对扣

① 林钰雄：《搜索扣押注释书》，台北，元照出版有限公司2001年版，第133页。

② 参见万毅：《刑事诉讼中的扣押：规范分析与法律解释——以两个关键词为例》，载《法学》2008年第7期。

押物的所有权，仍然可以该物品为标的参与其他民事活动，如对于冻结在银行的存款，当事人仍享有收益权。美国刑事诉讼中，除了扣押，财产保全措施还有未决诉讼提示和诉讼中间出售。未决诉讼提示是指联邦执法机关认为需要没收有关不动产时，可以根据有关法律，申请法院将此不动产属于涉案财物而可能被未决诉讼没收之事项进行公告，并在不动产登记簿加以注明的一种保全性措施。这种未决诉讼提示并不禁止不动产所有人使用与转让该不动产，它的目的在于将该不动产可能被没收之事项告知其他人，避免其他人在案件结束前获得该不动产后又以善意不知情为由提出抗辩。诉讼中间出售是指法院根据检察机关的申请，在拟没收财物损耗或被告人停止提供担保而损害拟没收财物的价值时，允许检察机关在判决前出售拟没收财物，以保存其价值。①

假扣押也是一种财产保全形式，是针对替代价额采取的一种财产保全措施。在德国法上，假扣押“是指为了阻止债务人实施转移、隐匿财产等不当行为，而对债务人的财产或人身作出限制处分的中间裁判”。② 在刑事诉讼中适用财产保全附带民事诉讼适用假扣押制度的国家较为常见，而在审前阶段可进行假扣押的主要有意大利、德国、俄罗斯等国家。“《德国刑事诉讼法》第111b条第二项是假扣押的授权基础规定，据此，若有理由认为没收替代价额之前提条件存在，则可为保全目的而进行假扣押。”③ 刑事假扣押虽然是独立的干预处分，但其在实际适用上有两个重要特性：一是执行时大量借用民事诉讼法上的假扣押规定，二是大部分与财产保全扣押的规范相

---

① 参见吴光升：《未定罪案件涉案财物没收程序之若干比较——以美国联邦民事没收程序为比较视角》，载《中国政法大学学报》2013年第2期。

② 李龙、李一鑫：《民事行为保全的功能定位与制度重塑》，载《江西社会科学》2020年第1期。

③ 林钰雄主编：《没收新制（二）——经济刑法的新纪元》，台北，元照出版有限公司2016年版，第340页。

同。可见，德国的财产保全也可以在审前阶段适用，但法律控制非常严格。[①]我国刑事法律中没有规定假扣押，有学者认为责令退赔有假扣押的作用，[②]即以被追诉人的合法财产退赔被害人的损失。但责令退赔的内涵与假扣押完全不同，责令退赔一般为法院的裁判行为，并没有进行财产保全。司法实践中，在审前程序中除了被追诉人自愿退赔的情况外，还存在公安机关让被追诉人退赔的情况，如在职务侵占、合同诈骗等经济犯罪案件中，公安机关要求被追诉人退赔被害人的损失，甚至退赔的金额远远超出涉案财产，以此换取取保候审或从轻处理。一方面，公安机关对于退赔的款物无法律依据进行扣押；另一方面也是为了回避责任，公安机关对于被追诉人退赔的财产并不采取扣押措施，而是让被追诉人直接退赔给被害人。

假扣押聚焦于金钱债权而非特定的标的物。因此，原物已经灭失或者本来就属于无形财产或收益的，比如，某些旅游招待行为只能通过货币等来进行衡量。[③] 我国台湾地区曾经引起轰动的“大统混油案”涉及的扣押手段与假扣押本质上是一致的。2013 年 10 月，我国台湾地区的大统长基食品厂股份有限公司（以下简称大统公司）被曝光使用欺诈手段生产食用油。接着，当地彰化“地检署”提起诉讼指控大统公司违反食品卫生管理法规，并以诈骗及取财罪名起诉了公司董事长高某利。为了防止被告人转移财产逃避应有的处罚，当地“地检署”发布了“扣押令”，函请各银行冻结大统公司和其代理人高某利在我国台湾地区 12 家金融机构开立的账户和保险箱，包括活期、定期、支票、综合、黄金等账户，禁止取款、转账、扣款和其他支付活动，仅允许开立一个账户供高某利日常开销。此外，针对大统公司和高某利名下的不动产，“地检署”也向相关的地政事务机关提出了禁止转移、转让和处置的申请，涵盖了大统公司的 10 处土地、3 栋房屋，以及高某利名下

---

① 参见闫永黎：《刑事涉案财物处理之保全程序研究》，载《北京警察学院学报》2016 年第 2 期。

② 参见张明楷：《论刑法中的没收》，载《法学家》2012 年第 3 期。

③ 参见王士帆：《德国犯罪利得之扣押与假扣押》，载《月旦法学杂志》2015 年第 241 期。

的10处土地、6栋房屋。据推测，被扣押的财产总价值达到了几十亿元新台币。经审查发现，大统公司涉嫌贩卖假油，“地检署”称，其赚取的非法所得多达18.5亿元新台币，要求法院没收。[①]

透过此案例，我们能更清晰地理解相关保全措施的定位。无论是扣押或假扣押，均在于临时限制一定资产金额，以确保未来刑罚执行不会失控。假如不及时实施这种先发制人的保全措施，一旦被追诉者通过转移资产的手段将其全部耗尽，受损的社会关系将难以修复，最终的刑事惩罚将陷入“无所作为”的尴尬境地。尽管司法政策倾向于维护私人财产权利，这并不意味着允许涉案企业和个人逃避责任。也许有人会对前述案例的处理方式提出疑问，认为其与冻结并无本质不同。该疑问的重点在于，查封、冻结、扣押等财物处理手段的功能设定究竟为何，是否可以与假扣押等机制相提并论。我国《刑事诉讼法》并未使用“假扣押”等专业术语，而是将严格定义的“扣押”行为与冻结、查封一起纳入侦查措施部分。因此，这些保全手段强调整理和收集证据材料，而非强调有效衔接没收机制。[②]

二是行为保全。行为保全是指为了保护诉讼一方的合法权益，保证判决的执行，在诉讼前或诉讼过程中责令诉讼另一方为一定行为或不为一定行为的强制措施。[③] 这种对行为的保全，在大陆法系国家称为假处分，而在英美法系国家称为中间禁令。行为保全虽然也是保全，但是和财产保全在制度目的、功能上是有一定差别的。[④] 行为保全可分为两种。第一种是不作为形式的行为保全，如财产管制措施。中间禁令又称为临时性禁令（interim injunction），我国的行为保全被认为是与中间禁令目的和功能相同的一种制度设计，二者程序规定多处一致，但也存在差异：一是当事人的证明义务存在差

① 参见孙皓：《保全、没收与分配：针对财产权的刑事程序架构》，载《财经法学》2021年第4期。

② 参见吴光升：《刑事诉讼财产保全制度论要》，载《中国刑事法杂志》2016年第4期。

③ 参见范跃如：《试论我国行为保全制度及其构建与完善》，载《法学家》2004年第5期。

④ 参见张卫平：《中国民事诉讼法立法四十年》，载《法学》2018年第7期。

异；二是审查模式存在差异；三是法官自由裁量权的规制存在差异。[①] 自1994年开始，江伟教授和肖建国教授在大陆法系假处分和英美法系中间禁令的基础上，创造性地提出了行为保全制度，并积极倡导其入法。[②] 第二种是作为形式的行为保全，如《日本刑事诉讼法》第99条规定，法院可命令应予以查封物品的所有人、持有人或者保管人提交该物品。[③] 这种命令虽然最终可导致扣押结果，但就该命令而言，其保全对象并非特定财物，而是相关人员的行为。《德国刑事诉讼法》第132条规定，在未达到签发逮捕令的前提条件时，为了保障刑事诉讼程序的进行，对在该法效力区域内无固定居所或住所的、有重大犯罪嫌疑的被指控人，可责令其对可能的罚金、程序费用提供适当担保，被指控人不服从的，可扣押他的交通工具和随身携带的其他物品。此条规定所保全的对象实际是被指控人的担保行为。

三、实体性强制处分与程序性强制处分的关系

刑事诉讼涉案财产的实体性强制处分和程序性强制处分既有联系又有区别，二者均属于强制处分，处分对象均是被追诉人、被害人和第三人的涉案财产，处置效力均是对被追诉人、被害人和第三人财产权的限制或剥夺，但在法律渊源、法律效果等方面存在一些不同。

（一）实体性强制处分和程序性强制处分的共同点

一是性质均属于强制处分。根据前文分析，涉案财产实体性强制处分是未经被处分人同意而转移其财产所有权或占有权的处分，程序性强制处分是未经被处分人同意而限制其财产所有权或占有权的处分。因此，二者均属于

---

① 参见张培：《新西兰中间禁令与我国行为保全措施比较研究》，载《法律适用》2017年第15期。

② 参见任重：《我国诉前行为保全申请的实践难题：成因与出路》，载《环球法律评论》2016年第4期。

③ 参见《日本刑事诉讼法》，宋英辉译，中国政法大学出版社2000年版，第25页。

对物的强制处分，均具有强制性、侵权的风险性和适用的限制性等。

二是对象均为涉案财产。二者的处置对象均是被追诉人、被害人和第三人的涉案财产。不仅包括可能作为违法所得、犯罪工具和违禁品而予以没收、返还的赃款赃物，还包括单纯作为证据使用的当事人或第三人的合法财产；不仅包括已经查控在案的涉案财产，还包括需要继续追缴或责令退赔的涉案财产；不仅包括具有财产价值的实体物，还包括非实体物及对物的相关权利。①

三是效力均为对涉案财产所有权或占有权的干预。既有转移所有权或占有权的干预，也有限制所有权或占有权的干预；既有对非法财产的干预，也有对合法财产的干预。均可能侵犯被追诉人、被害人和第三人的合法财产权益。

（二）实体性强制处分和程序性强制处分的区别

一是法律依据不同。实体性强制处分的法律依据是实体法，即刑法；程序性强制处分的法律依据主要是程序法，即刑事诉讼法。我国的追缴和责令退赔虽然规定在实体法中，但实际上是程序性强制处分。有些国家和地区也将一些特别法规定作为实体性强制处分和程序性强制处分的依据。

二是功能目的不同。程序性强制处分具有保全功能。而实体性强制处分只要认定了涉案财产性质并且具备相关条件就一定要予以没收或返还被害人。

三是干预程度不同。一般认为没收与返还被害人均是对涉案财产的终局性处置，属于一种实体性强制处分，从法律上剥夺犯罪行为人或相关人员对涉案财产的所有权或占有权，具有终局性效力。而扣押、追缴与责令退赔应

---

① 参见向燕：《刑事经济性处分研究——以被追诉人财产权保障为视角》，经济管理出版社2012年版，第153页；王勇：《论刑事涉案财物处理程序——基于规范化的分析视角》，载《山东审判》2017年第5期。

当认定为程序性强制处分，具有禁止处分和禁止占有、使用的法律效力，具有临时性效力。

第三节　刑事诉讼涉案财产处置程序

前文述及，刑事诉讼涉案财产处置包括实体性强制处分和程序性强制处分，前者主要是特别没收，后者主要是财产保全。刑事诉讼涉案财产处置需要遵循一定的程序，本节主要研究刑事诉讼涉案财产处置程序的特征、要素和类型。

一、涉案财产处置程序的特征

根据不同的诉讼阶段，刑事诉讼涉案财产处置程序可以分为侦查阶段、审查起诉阶段、审判阶段的涉案财产处置程序，裁判确定后的救济程序，执行阶段的没收执行程序等。不同的阶段，处置的具体内容也不相同。侦查阶段主要是涉案财产的保全程序，如扣押及后续的保管、移送等程序，也有先行返还被害人等实体性强制处分程序；审查起诉阶段，对于作出不起诉决定的案件也应当对涉案财产作出处置，如解除扣押、返还被害人或移送相关主管机关处理；审判阶段主要是作出特别没收的裁判，也可以对涉案财产进行保全，被追诉人、被害人或第三人对裁判不服的可以提出上诉或申请检察院提出抗诉；执行阶段主要是对涉案财产没收或返还，执行过程中也可以采取扣押等保全措施。因此，刑事诉讼涉案财产处置程序是指刑事诉讼过程中司法机关依照法定程序保全和没收涉案财产的活动。刑事诉讼涉案财产处置程序是一种对物之诉，具有以下基本特征。

（一）涉案财产处置程序是刑事诉讼程序的重要组成部分

涉案财产处置程序是司法机关代表国家对被追诉人涉案财产进行处置的

程序。涉案财产处置程序是特别没收和财产保全的程序规定，是属于刑事实体法和程序法所调整的具有明显刑事性质的程序，体现了国家公权力对涉案财产的诉讼化处置，有效弥补了现有法律对被害人及社会公益的损失救济的不足，从经济层面对犯罪作出了否定性评价。刑事诉讼涉案财产处置程序是对刑事诉讼程序的架构和完善，是刑事诉讼程序的重要组成部分。虽然涉案财产处置程序定性为刑事诉讼性质，但因为不涉及定罪量刑，也不适用无罪推定原则，且财产权可以回转，所以在权利保障方面相较于被追诉人的定罪量刑程序可以有所缩减，如适用较低的证明标准等。因此，也有学者将其定性为准刑事诉讼程序。①

（二）涉案财产处置程序是审理涉案财产权属性质的程序

随着刑事法治的进步和完善，被追诉人的人权保障更加精细化。我国刑事诉讼立法体现了权利保障从笼统化向精细化过渡的趋势。从定罪量刑的合并到定罪与量刑的分离，从刑事责任的追究以限制人身权为主、财产权为辅到涉案财产处置程序的逐步完善，有利于改变传统“重人不重物”的固有思想理念，实现对涉案财产的规范处置。只有与案件有实质性联系的财产才可以作为涉案财产没收或返还被害人，是否具有实质性联系需要经过涉案财产权属性质的调查核实才能确定，以防止对公民合法的财产权造成侵害。财产与案件之间的实质性联系是刑事诉讼涉案财产处置程序的关键和核心。诉讼客体是要求法院处置涉案财产的诉讼请求，诉讼对象是涉案财产而非被追诉人。因为在被追诉人死亡、逃匿的情况下，检察机关仍可以针对其涉案财产处置向法院提出诉讼请求。

（三）涉案财产处置程序是多方参与的程序

涉案财产处置程序从诉讼起始阶段就需要对涉案财产加以考察，是具有

---

① 参见吴光升：《刑事涉案财物处理程序研究》，法律出版社2018年版，第194页。

连续性的渐进活动。涉案财产处置程序具有刑事诉讼程序的一般属性，是具有程序价值的诉讼活动。该程序性不仅体现在涉案财产的实体性处分，更体现在涉案财产的程序性处分。案外第三人对涉案财产权属性质提出异议的，则第三人也享有诉讼的主体资格。被害人对涉案财产也可以行使诉权，只不过在刑事诉讼中，这一权利主要由检察机关代为行使，但如果被害人对涉案财产处置存在异议，其也享有诉权，应当保障其能够参与诉讼维护自己的合法权益。

二、涉案财产处置程序的要素

前文论及，刑事诉讼涉案财产处置程序本质上是一种刑事对物之诉，陈瑞华教授将民事诉讼中的诉权理论引入刑事对物之诉。[①] 刑事诉讼是指检察机关和当事人为实现特定诉讼利益而提出特定诉讼请求，法院就此作出司法裁决的行为。检察机关所行使的是国家诉权，当事人所行使的则是一般诉权。在刑事诉讼涉案财产处置程序中，检察机关享有向法院提出涉案财产处置的诉讼请求的权力，该程序具有刑事对物之诉的基本要素。

（一）处置程序的主体是司法机关

在对物之诉中，启动者是检察机关，检察机关对被追诉人的违法所得及其他涉案财产进行没收享有诉权，在提起公诉时应当就涉案财产提出诉讼请求。法院对涉案财产权属性质调查认定后予以处置，判决没收或返还被害人。在审前程序中，刑事诉讼涉案财产处置根据决定机关的不同，主要有法官决定模式、侦查机关决定模式和混合模式。法官决定模式也称为法官保留原则，即将强制处分的决定权委托给法官行使，并且也仅有法官能够行使，检察官只能申请。采用法官保留原则的目的在于防范政府滥权，保障人权。但因为分权制衡，难免会妨碍追诉效率，这也是法官保留原则的缺点。侦查

① 参见陈瑞华：《刑事对物之诉的初步研究》，载《中国法学》2019 年第 1 期。

机关决定模式，又可分为检察官决定与司法警察决定两种模式。侦查阶段，犯罪嫌疑人的保全和证据的搜集与保全，时机往往稍纵即逝，申请与决定分离容易错失先机。侦查机关决定模式虽有助于提升侦查效率，但对于基本权利的保障较为不足。基于单一模式存在的难以克服的缺点，各国就强制处分多采混合型的立法模式。对于没收和返还等刑事诉讼涉案财产实体性强制处分，一般来说应当采法官保留原则，但也存在例外，如对于权属关系清晰的涉案财产，检察机关可以决定先行返还；对于违禁品，侦查机关也可以先行没收。

（二）处置程序的诉讼标的是请求没收涉案财产

与定罪量刑之诉不同的是，对物之诉的诉讼标的是请求对被追诉人的涉案财产予以没收。这种诉讼请求包括三个重要组成部分：一是请求确认被追诉人的违法犯罪行为；二是请求认定涉案财产系被追诉人通过违法犯罪行为所获取的；三是请求确认涉案财产符合依法没收的条件。为了保证法院没收判决的执行，需要采取财产保全措施，保全的对象也是涉案财产。

（三）处置程序具有独特的诉讼构造

我国的没收特别程序建立在被告人逃匿或者死亡的前提下，这种诉讼并不存在被告人的参与。在公告期之内利害关系人提出参与请求的案件中，检察机关一旦提起没收违法所得的申请，法院通常所面对的并不是传统的控辩双方争讼的局面，而是检察机关与利害关系人就违法所得范围和涉案财产权属的争讼。因此，在有利害关系人申请参与的案件中，检察机关作为申请方，利害关系人作为异议方以及法院作为审判方，就构成了新的三方诉讼构造。在没收普通程序中，检察机关在提出定罪量刑的公诉意见时，同时就涉案财产处置提出处理意见。如果没有第三方就涉案财产归属提出异议，法院应就涉案财产应当没收还是归还被害人进行判决。如果有第三方就涉案财产归属提出异议，则构成新的诉讼构造。[①]

（四）处置程序适用民事诉讼的证明机制

刑事诉讼主要涉及对被追诉人的定罪量刑，涉及人身权、自由权等基本权利的保障，因此遵循无罪推定原则，由检察机关对所指控的定罪量刑事实承担证明责任，并且要达到事实清楚，证据确实、充分的标准。检察机关对于被告人涉嫌犯罪的事实，以及对于涉案财物系违法所得的事实，要承担证明责任，但这种证明不需要达到最高证明标准，而只需要达到优势证据或者高度可能性的程度，大体相当于民事诉讼的证明标准。同时，无论是被告人的近亲属，还是其他对所要没收的涉案财物主张民事权利的利害关系人，在检察机关对涉案财物系违法所得的证明已达到前述证明标准的情况下，假如要提出新的诉讼主张，如某些涉案财物系被告人合法财产，属于本人合法财产，或者属于善意第三方的合法收益等，就需要承担举证责任，承担相应的败诉风险。这些利害关系人唯有将这些主张证明到具有高度可能性的程度，才能将证明责任重新转到检察机关一方。[②]

三、涉案财产处置程序的类型

前文论及，本书所述的刑事诉讼涉案财产处置从广义上来理解包括没收、返还和扣押，因此对应的处置程序也应从广义上来理解，包括没收程序、返还程序和扣押程序三种类型。

（一）没收程序

没收程序是剥夺被处分人财产权的一种刑事诉讼程序。没收程序的概念

---

① 参见方柏兴：《论刑事诉讼中的“对物之诉”——一种以涉案财物处置为中心的裁判理论》，载《华东政法大学学报》2017 年第 5 期。

② 参见陈瑞华：《刑事对物之诉的初步研究》，载《中国法学》2019 年第 1 期。

更不确定，范围更加广泛，立法技术也更为复杂。[①] 没收的实体法与程序法一体两面，相互搭配、交错适用。没收程序可以分为没收普通程序和没收特别程序。其实体法依据为《刑法》第 64 条，其程序法依据为《刑事诉讼法》第 245 条和第五编第四章“犯罪嫌疑人、被告人逃匿、死亡案件违法所得的没收程序”，前者为普通程序中的没收，本书称之为没收普通程序；后者为特别程序中的没收，本书称之为没收特别程序。也有学者根据被追诉人是否到场，将之区分为对席案件的刑事对物之诉和缺席案件的刑事对物之诉。[②] 相对于没收普通程序来说，没收特别程序的规定较为完善，本书不作重点讨论，但会借鉴没收特别程序中的合理做法，完善没收普通程序。

没收程序的适用对象包括被追诉人、被害人以及第三人；适用阶段包括侦查、审判、救济及执行等，如侦查阶段为了保全没收或追征目的的扣押或假扣押程序问题，审判阶段的第三人参与诉讼程序等问题；没收程序还必须考虑《刑事诉讼法》以外的其他“法规范”面向，如《刑法》《民事诉讼法》等，如民事、刑事保全处分之竞合与有限顺序问题，没收财产额度不足时的执行参与分配问题，还有优先返还被害人的附加立法考量等问题，正是没收程序规定之所以复杂的基本原因。[③] 没收程序包括以下要素：

一是没收的决定程序。前文已经论及，特别没收的对象主要是违法所得、供犯罪所用的本人财物和违禁品，特别没收不同于没收财产刑。没收程序可以分为两个环节：一是涉案财产权属性质的认定环节，即对涉案财产属于违法所得还是合法财产是被追诉人的合法财产还是被害人的合法财产，作出司法认定；二是涉案财产处置环节，即在司法认定的基础上作出没收还是返还被害人的裁决。因此，没收的决定机关是法院。

二是没收的执行程序。应当没收之物已经被扣押的，判决生效后，扣押

---

① 参见林钰雄：《刑事诉讼法》（第 8 版）（下册），2017 年自版发行，第 610 页。

② 参见陈瑞华：《刑事对物之诉的初步研究》，载《中国法学》2019 年第 1 期。

③ 参见林钰雄主编：《没收新制（二）——经济刑法的新纪元》，台北，元照出版有限公司 2016 年版，第 327 页。

物的所有权归属于国家，不需要另行执行；应当没收之物未被扣押的，判决生效后，需要执行机关根据没收判决强制执行。英国犯罪收益追缴的执行机关是刑事资产局，刑事资产局的官员可向高等法院申请扣押、没收犯罪所得。大陆法系国家的刑事法律大多规定由检察官负责执行。

三是没收的救济程序。英美法系国家以民事没收为主，除了有强化其程序措施的法律依据及法院审核机制外，还提供当事人对自己犯罪事实进行答辩或与犯罪无关财产进行抗辩等机会；提供保证金或其他经法院认可的保证方式，得以撤销冻结命令等。大陆法系国家以刑事没收为主，受刑事诉讼无罪推定原则、检察官负有举证责任等规定的限制，基于明确性原则、比例原则、避免严苛刑罚等考量，在可能特定的犯罪行为及与其具有关联财产的范围内，确保没收成效的程序规定。

四是没收的证明程序。没收程序的诉讼标的是请求没收涉案财产，因此，没收的证明对象包括三个方面：一是作为没收前提的犯罪行为，二是涉案财产的权属性质，三是涉案财产与犯罪行为之间存在实质性联系。没收的证明也不需要达到“案件事实清楚，证据确实、充分，排除合理怀疑”的最高标准。因为对物之诉中对错误没收违法所得的救济相对于对人之诉来说更容易。因此，没收程序中的证明标准可以采用民事证明标准。没收程序中的证明责任原则上由检察机关承担，但是，在被害人或第三人参与诉讼的情况下，应当由对涉案财产主张财产权利的被害人或第三人承担相应的举证责任。第三人主张权利的，其地位相当于民事诉讼中的有独立请求权的第三人。

（二）返还程序

返还程序是返还被害人合法财产的一种程序，审前返还不及时可能侵害被害人合法财产权益，但返还不当也可能会侵犯被追诉人合法财产权益。对于正当程序研究来说，被追诉人合法财产权益的保护是研究的重点，同时涉及对被害人合法财产权益的保护。返还程序分为通过法院判决的返还程序和审前返还程序两种。前者是通过庭审查明涉案财产权属性质后，属于被害人合法财产的，法院作出返还被害人的处理决定，否则即作出没收的处理决定。后者是在审前程序中由侦查机关或检察机关对涉案财产作出处理决定。鉴于庭审程序中返还被害人合法财产与没收一同处理，故本书主要就审前返还程序进行研究。审前返还程序具有一定的合法性和正当性。一些不需要向法院提起公诉的案件，如被撤销的案件或不起诉的案件，根本不需要经过审判程序，通过判决返还也不可能。扣押是为了保证没收的执行，而暂时对涉案财产进行占有的强制处分，可能会影响原所有人的占有、使用等权益。但由于刑事诉讼大多旷日累时，为了不影响所有权人的合法权益，对于无留存必要且无第三人主张权利的涉案财产，应当在审判前返还给被害人。对于扣押与案件无关的财物及时返还的，不是本书讨论的范围。审前返还程序的要素如下：

第一，审前返还的决定程序。域外法治发达国家一般允许在判决前及时返还被害人合法财产。如《日本刑事诉讼法》第 124 条规定，在侦查过程中，对于返还被害人的理由充分，且没有扣押必要的涉案财产，在听取检察官与被告人或辩护人的意见后，应当将涉案财产及时返还被害人。[①] 英国 2002 年《犯罪收益追缴法》第 42 条规定，在刑事没收中对于法院作出的限制令，任何受到该命令影响的人，都可向刑事法院申请撤销或变更限制令，从而实现返还财产的目的。审前返还需要具备一定的实体要件：一是无扣押必要；二是无第三人主张权利。对于返还对象是被害人或所有权人尚有疑虑，特别是相关刑事诉讼、民事诉讼尚未最终确定返还对象时，则难以期待扣押物的返还。在扣押物无法区分或分割，且有多位被害人主张其合法财产权益时，其诉讼利益难以保证。[②] 从申请人的适格主体来看，基于损害恢复

---

① 参见王福华、李琦：《刑事附带民事诉讼制度与民事权利保护》，载《中国法学》2002 年第 2 期。

② 参见李杰清：《没收犯罪所得程序法制与实务》，中国检察出版社 2016 年版，第 77 页。

的立法目的，如果扣押物为被追诉人的合法财产，但又作为证据使用，其证明作用完成后应当返还给被追诉人。如果扣押物为赃物，在无第三人主张权利时，返还的适格主体应当是被害人。此所谓的被害人应当属于与扣押物相关案件的被害人。有第三人主张权利的，应当保障第三人的权利行使。

第二，审前返还的执行程序。审前返还的执行一般由侦查机关或检察机关负责。侦查机关、检察机关作为审前处分行为的执行机关，应当按照法院的裁决结果处分涉案财产，只能在法院裁决范围内对涉案财产进行处分，不能擅自改变法院的裁决内容。如法院裁决准许向被害人返还特定财产，侦查机关、检察机关应当在法院确定的期限内向被害人返还财产。

第三，审前返还的救济程序。针对审前返还错误的救济，如果侦查机关、检察机关未按照法院裁判处分涉案财产，权利受到损害的被追诉人、被害人和第三人可以申请法院重新审理，这是一项程序性救济手段，系在财产处分程序中，被追诉人、被害人和第三人等认为侦查机关、检察机关对涉案财产的处分违反法律规定侵犯其财产权利时，向法院申请救济的一项独立的刑事司法程序。如果是对法院所作的裁判不服，可提起上诉或申请抗诉。

第四，审前返还的证明程序。审前返还被害人合法财产需要符合一定的条件，这些条件是审前返还的证明对象，主要包括涉案财产是否属于被害人合法所有、有无第三人对涉案财产的权属性质提出异议、审前返还是否会影响诉讼进行三个方面。这些条件的证明责任由检察机关承担，但利害关系人对涉案财产权属性质有争议的，应当由利害关系人举证，并由检察机关审查利害关系人的诉求是否合法。审前返还程序的证明标准可以采用民事证明标准。

（三）扣押程序

扣押虽然是程序性强制处分，但扣押本身仍然需要遵循一定的程序，包括决定、执行、救济和证明等。

第一，扣押的决定程序。扣押的决定模式根据决定机关的不同，分为法院决定模式、检察机关决定模式和侦查机关决定模式。[①] 法院决定模式是域外法治发达国家的常见做法，由法院对扣押行使司法审查权。检察机关决定模式是指检察院享有刑事扣押决定权的模式。侦查机关决定模式是指侦查机关享有刑事扣押决定权的模式，我国的扣押就是由侦查机关自行决定，侦查机关集刑事扣押的决定权与执行权于一身，尚未建立扣押的司法审查制度。

第二，扣押的执行程序。除紧急情况外，执行扣押时应当将扣押证出示给依法有权在场之人。这既是扣押机关证明自身权力正当性的最好手段，对于当事人来讲也属于一种程序告知。扣押时应通知被扣押人及见证人到场，执行过程应遵循比例原则。扣押终结及处置涉案财产时，应当制作扣押笔录，记载实施扣押的时间、地点及其他必要事项，并令依法有权在场之人签字盖章。从保障公民基本权利的角度讲，所有的扣押都要以获得法官的令状及司法授权为前提。扣押物的保管属于扣押执行的后续行为，也应当遵守扣押执行程序的要求。

第三，扣押的救济程序。域外法治发达国家基本都规定了被追诉人、被害人和第三人对扣押的司法救济程序。英国非法扣押的救济程序比较完善，包括扣押的非法证据排除和司法审查等。如果一方当事人对法官的扣押决定不服，可以向地区法院申请司法审查。[②] 在德国，检察官或警察扣押涉案财产后，如果法官认为扣押是不合法的，可以命令将该物品返还给所有权人。[③] 除上述司法审查机制外，对于通过非法扣押取得的实物证据，还可以通过非法证据排除规则寻求救济。

---

① 参见谭秀云：《刑事扣押决定权归属的三种模式及其批判》，载《河北法学》2018 年第 3 期。

② 参见［英］约翰·斯普莱克：《英国刑事诉讼程序》，徐美君、杨立涛译，中国人民大学出版社 2006 年版，第 62 页。

③ 参见［德］托马斯·魏根特：《德国刑事诉讼程序》，岳礼玲、温小洁译，中国政法大学出版社 2004 年版，第 107 页。

第四，扣押的证明程序。扣押的证明对象是财产是否为涉案财产，证明责任由侦查机关承担，扣押的启动要达到一定的证明标准。域外法治发达国家和地区的法官在签发扣押令状时，均要审查令状申请是否达到一定的证明标准。[①] 美国要达到“相当理由”（probable cause）的标准，英国要达到“合理理由”（reasonable grounds）的标准，[②] 德国要达到“合理根据”的标准，法国以达到“查明事实真相所必要”、日本以“必要时”、意大利以“确有理由”、俄罗斯以“足够的理由”为证明标准。英美法系国家的扣押证明标准相对于大陆法系国家的证明标准更为严格。英美法系国家的诉讼程序侧重于保障公民的基本权利，对于扣押要求达到“相当理由”的标准。扣押行为是否合宪，“相当理由”是判断的核心要素。

---

① 参见谭秀云：《刑事扣押的“相当理由”证明标准及其规制路径》，载《证据科学》2018 年第 2 期。

② 参见中国政法大学刑事法律研究中心组织编译：《英国刑事诉讼法（选编）》，中国政法大学出版社 2001 年版，第 265～266 页。

第二章 程序正当性原理在刑事诉讼涉案财产处置中的应用

在清晰界定刑事诉讼涉案财产处置程序相关概念的基础上，有必要进一步论证程序正当性原理如何在刑事诉讼涉案财产处置程序中具体应用。刑事诉讼涉案财产处置程序具有刑事诉讼程序的性质，也可能会侵犯被追诉人、被害人或第三人的财产权利，涉案财产规范处置是司法公正的应有内涵，因此应当遵循正当程序的要求。本章将程序正当性原理应用于刑事诉讼涉案财产处置中，提炼出刑事诉讼涉案财产处置程序的理念原则、功能要素和基本特征等。

第一节 刑事诉讼程序正当性的基本原理

法律程序并非都是正当程序，本节在考察正当程序的基本涵义和要素特征的基础上，指出刑事诉讼程序正当性理念的主要内容。

一、正当程序的含义

程序正当性的理念最早在西方法律中产生。如同法律存在善恶之分，法律程序也存在优劣、善恶，这是法律程序的价值判断问题，法律程序并非一定是正当法律程序。①

（一）正当程序的发展历程

正当程序是正当法律程序的简称，正当法律程序最早出现于英国1215年《大宪章》并非偶然，英美法系更加注重程序，“非经合法审判和非依国家法律不得……”被视为正当法律程序最早的表述。真正第一次在法律中出现“正当法律程序”这一术语是14世纪中期的《伦敦威斯敏斯特自由法》。正当法律程序的基本要求也随着理论研究的不断深入而逐渐完善。16世纪，英国法官科克对正当法律程序的内涵进行了较为系统的阐述，他认为正当法律程序至少包括两项基本要求：第一个要求是法官要中立，即任何人不得在自己的案件中担任法官；第二个要求是法官应平等给予双方当事人充分陈述意见的机会，并在充分听取双方当事人意见的基础上制作裁判文书。

随着英国殖民地版图的扩张，正当法律程序的理念也从英国传入美国，正式在美洲大陆生根发芽。美国联邦宪法在18世纪末将其确立为一项基本原则，“未经正当法律程序，不得剥夺任何人之生命、自由或者财产”成为经典表述，并被联邦各州的宪法所采纳，从而为美国人权保障奠定了最重要的基石。第二次世界大战后，正当程序理念被国际社会所广泛接受，《公民权利和政治权利国际公约》《欧洲人权公约》等都确立了正当法律程序原则。正当法律程序的内涵更加丰富，从早期的法官中立参与诉讼逐渐发展到剥夺某种个人基本权利时必须保障其享有被告知（notice）和陈述自己意见并得到倾听（hearing）的权利。②

在美国，正当法律程序根据实体性权利和程序性权利的保障不同，可以分为实体性正当程序和程序性正当程序。实体性正当程序主要对立法机关和

---

① 参见孙笑侠：《程序的法理》，商务印书馆2005年版，第18页。

② 参见［日］谷口安平：《程序的正义与诉讼》（增补本），王亚新、刘荣军译，中国政法大学出版社2002年版，第4页。

政府的权力进行了限制，要求立法机关在制定涉及剥夺公民生命、自由或财产的法律时，应当树立公平、正义、理性的基本理念，防止立法机关随意出台剥夺公民权益的法律，否则法院可以宣布其无效。程序性正当程序则是对法律实施的方法和过程进行的限制，要求据以解决利益争端的程序必须是公正、合理的。[①] 程序性正当程序体现了程序正义的基本观念，其所表达的价值就是程序正义。[②] 如无特别说明，正当法律程序仅指程序和过程的正当。[③]

（二）正当程序的衡量标准

不同的学者对正当程序的衡量标准不同，20 世纪中期以来，在程序正义理论研究方面最有成就的法学家应当是罗尔斯、萨莫斯和贝勒斯等人。

罗尔斯在其所著的《正义论》一书中，将程序正义分为三种形式，即纯粹的程序正义、完善的程序正义和不完善的程序正义。纯粹的程序正义是指程序是判决结果是否正当的唯一标准，程序之外不存在任何判决结果是否正当的标准，如在赌博游戏中，程序规则如果是正当的，则结果无论如何都是正当的，参与赌博的人都能够接受。完善的程序正义是指程序不是判决结果是否正当的唯一标准，在程序之外还存在着衡量结果是否正当的某种标准，并且满足这个标准的结果得以实现的程序也是同时存在的，如切蛋糕理论，只要设定切蛋糕的人最后领取就能够保证均分结果的实现。不完善的程序正义是指虽然在程序之外存在着衡量正义的客观标准，但完全满足这个标准的结果得以实现的程序却不存在，主要体现在刑事诉讼中，如在审判程序中，虽然存在判决是否正当的客观标准，但能够完全实现判决正当的程序却

---

① 参见王以真主编：《外国刑事诉讼法学》（新编本），北京大学出版社 2004 年版，第 13 页。

② 参见陈瑞华：《程序正义论》，中国法制出版社 2010 年版，第 14～16 页。

③ 参见王以真主编：《外国刑事诉讼法学》（新编本），北京大学出版社 2004 年版，第 14 页。

不存在，即使程序要件非常完善，也难以完全避免判决错误的结果。[①] 为了解释判决结果的正当性，罗尔斯在关于程序正义的论证中隐含了一个前提条件：除了判决结果正当性的标准之外，还存在着程序自身的正义标准，只要程序自身是正义的，即使判决结果是错误的，人们和社会公众也是能够接受的。

萨莫斯在《法律程序的估价与善用——为“程序价值”申辩》一文中，提出衡量程序正义有两种价值标准：第一个标准，程序是否具备产生“好结果”的能力。所谓“好结果”是指通过法律程序运作产生的结果符合和平、安全、正义等公众普遍能够接受的实体价值标准。第二个标准，法律程序本身是否能够实现程序理性、人道、尊重人格尊严和隐私等价值，而不考虑它是否具备“好结果”效应。对于第二个标准，萨莫斯将这种用以判断法律程序本身是否为善的价值标准称为程序价值，并据此提出了程序价值的十项基本内容：程序参与性、正统性、和平性、协议性、公平性、及时性、终结性、人道性及尊重个人的尊严、保护个人隐私、程序法治、程序理性等。[②]

贝勒斯在其《程序正义》一书中指出，程序利益是指程序的内在价值，是程序自身所具有的独立的价值，它的实现不依赖于程序的结果，而是程序自身设计是否符合正义理念。贝勒斯指出了程序内在价值的七项要素：参与原则、和平原则、公平原则、自愿原则、及时原则、可理解原则、止争原则。[③] 日本学者谷口安平在《程序的正义与诉讼》一书中讨论程序正义时，声明其研究范围限定在非刑事程序的领域，他认为与民事诉讼不同的是，在国家作为追诉者具有压倒性优势的刑事程序中，如何保障被告人的人权构成

① 参见［美］约翰·罗尔斯：《正义论》，何怀宏等译，中国社会科学出版社 1988 年版，第 84 ~ 90 页。

② 参见陈瑞华：《通过法律实现程序正义——萨默斯“程序价值”理论评析》，载强世功、李光昱主编：《北大法律评论》（第 1 卷 · 第 1 辑），法律出版社 1998 年版，第 187 页。

③ 参见陈瑞华：《走向综合性程序价值理论——贝勒斯程序正义理论述评》，载《中国社会科学》1999 年第 6 期。

了程序正义的特殊内容。[①] 但其提出程序正义的内容对于刑事程序来说具有一定的借鉴意义，如他认为程序正义包括在宪法保障和在诉讼制度上的表现，后者又包括确保利害关系者参加的程序、关于参加场所的程序保障、程序参加的结果展示等。

上述学者的观点都是对程序正义衡量标准的讨论，提出的判断标准大同小异。关于衡量正当程序的标准，从古到今有着不同的认识，“在古代是根据神的意愿进行判断，在中世纪是根据王权进行判断，在今天则是根据通过民主程序而表现出来的民意进行判断”[②]。对于正当程序的衡量标准，本书认为分为内在和外在两个标准，内在标准又称为正义标准，即程序内在的品质或善；外在标准又称为功利性标准，即法律程序达到外在价值目标的有用性和有效性。因此，这两种标准又分别被称为正义性标准和功利性标准。

（三）正当程序的原则和价值

从正当程序内涵的发展来看，早期正当法律程序最为基本的要求体现为自然公平的两个基本原则：第一个原则，任何人都不得在与自己有关的案件中担任法官；第二个原则，必须给予诉讼当事人充分的机会来陈述各方的理由。[③] 虽然正当程序的内涵不断丰富，但它还应包括以下两个原则：第三个原则，裁判者在裁判时应当说明作出决定的理由；第四个原则，形式正义，即对相同的案件给予平等的对待。后面两项原则的确立旨在限制裁判者的自由裁量权，使其符合正义的标准。

程序正义具有独立于实体正义的内在的法律价值：第一，当事人应当处

---

① 参见［日］谷口安平：《程序的正义与诉讼》（增补本），王亚新、刘荣军译，中国政法大学出版社2002年版，第8页。

② ［日］谷口安平：《程序的正义与诉讼》（增补本），王亚新、刘荣军译，中国政法大学出版社2002年版，第9页。

③ 参见［英］彼得·斯坦、约翰·香德：《西方社会的法律价值》，王献平译，中国人民公安大学出版社1990年版，第97页。

于平等的诉讼地位，也就是说与裁判结果有直接利害关系的人与代表国家进行追诉的机关之间诉讼地位平等，能够平等地进行理性的辩论、说服和交涉，并且辩论的结果能够影响裁判结果；第二，程序正义可以吸纳不满，当事人通过充分发表意见，反驳对方的观点，受到中立裁判者的判决。前者可称为程序正义所具有的“维护尊严效果”，后者则可称为程序正义所具有的“司法公信力”。[①] 如果涉及对公民生命、自由、财产等基本权利的剥夺和限制，则剥夺和限制的法律程序必须是正当的，必须符合正义的基本标准，否则结果的正当性就很难被接受。从普遍意义上讲，只要程序是正当的，则通过正当程序作出的裁判结果就容易被接受，与正确性和合法性没有必然的关系。

作为法律决定形成过程的法律程序，尽管存在于所有建立了法律制度的社会之中，但并不是所有的法律程序都具有正当性或者具有完全的正当性，从而能够为人们所普遍接受和信任。这就是法律程序的存在与法律程序的正当性之间的区别，也就是法哲学上的事实（what it is）和价值（what it should be）在法律程序问题上的体现。[②]

二、正当程序的要素和特征

（一）正当程序的要素

前文论及，在价值层面，衡量法律程序是否正当有着最基本的标准。但在具体操作层面，法律程序必须具备一些基本的要素。对于一个正当法律程序来说，某些程序要素是最基本的和必不可少的，也是不可放弃的，否则人们会认为该程序是不公正和不可接受的，此程序得出的结果无论正确与否都

---

① 参见陈瑞华:《刑事诉讼的前沿问题》（第3版），中国人民大学出版社2011年版，第178页。

② 参见陈瑞华:《程序正义论纲》，载陈光中、江伟主编:《诉讼法论丛》（第1卷），法律出版社1998年版，第21页。

无法被接受。[①]

有学者以哈贝马斯的交往行为理论为视角，总结出正当程序的三个核心要素：一是排除偏见，在程序上毫无偏见地对待当事人。二是听取意见，在程序上为当事人提供表达意见和为自己辩护的机会。三是说明理由，作出的决定应当说明理由从而使当事人能够通过反思进行自我控制。[②] 陈瑞华教授认为程序正义的基本构成要素包括程序主体的参与性、对等性，程序本身的合理性、及时性、终结性和裁判者的中立性。[③]

也有学者将正当程序的要素归纳为十个方面：第一，参与，是指当事人能够参与到程序中并影响结果，参与价值同公开、平等有着天然的联系。第二，正统，是指法律程序在政治、道德、法律上体现出的正统性，如果一种程序政治上没有民主、道德上没有善、法律上没有权威，就可能缺乏正统性。第三，和平，它意味着程序“为当事人双方提供不用武力解决争端的方法”。第四，人道，是指对人性最基本的尊重，包括对人的尊严的尊重和对个人隐私的尊重等。第五，合意，是指程序参与者能够充分发表意见，并就争议问题能够达成一致意见。第六，中立，是指决定者要不偏不倚，在态度、利益和外观方面均保持超然状态。第七，自治，是指程序的决定要能够排除外部干扰，只根据程序内的所有信息进行判断，排斥程序外的其他因素。第八，理性，是指在法律程序中证据分析与法律推论不能凭直觉、任意和随机，而是要符合理性的要求。第九，及时，是指裁判要避免草率和拖拉，能够及时解决争端。第十，止争，也就是程序的终结性，即法院应作出解决争端的最终决定。[④]

关于正当程序的要素，学界虽有不同的观点，但综合来看，正当法律程

---

① 参见江必新：《论行政程序的正当性及其监督》，载《法治研究》2011 年第 1 期。

② 参见江必新：《论行政程序的正当性及其监督》，载《法治研究》2011 年第 1 期。

③ 参见陈瑞华：《刑事诉讼的前沿问题》（第 4 版），中国人民大学出版社 2013 年版，第 181～186 页。

④ 参见孙笑侠：《程序的法理》，商务印书馆 2005 年版，第 107～116 页。

序至少应包括以下几个要素：第一，裁判者应该是中立的；第二，确保利害关系人能够参与；第三，参与的当事人能够平等对话；第四，参与的当事人能够充分表达自己的诉求；第五，程序能为当事人所理解；第六，充分尊重当事人的处分权；第七，维护当事人的人格尊严；第八，当事人不至于受到突袭判决。

（二）正当程序的特征

正当程序的特征是其在运作过程中所呈现出来的不同于其他程序的最基本的表征。有学者概括出正当法律程序五个方面的特征：一是分化。分化是指某种结构或功能演变成两个以上的组织或角色的过程。[①] 程序的决定者将决定权分解在程序之中，通过角色分配，使程序参与者在参与过程中实现不同角色之间的制约配合，由此奠定了分化在程序中的重要位置。二是"蒙眼布"。正当程序既要防止决定者的恣意，又要确保在结果未知状态下程序的选择自由，就需要设置"蒙眼布"，有意识地将结果和法律外的目标阻隔开来。三是直观的公正。因为公正首先必须是看得见的公正。[②] 既然结果难以确定，那只能通过直观公正的方式来支撑结果的妥当性。四是平等参与并充分交涉。正当程序能够保证程序参与者根据证据规则进行直接、充分、平等的对话交流，这就意味着要建立制度性的妥协机制，毕竟正当程序就是交涉过程形成的制度化成果。五是鲜明的形式理性，即相同的案件能够得到同样的处理。

概括来说，正当程序就是构建一个平等的平台，法律事件涉及的人通过角色分化参与进来，能够充分地、理性地发表自己的意见，既然结果不能控制，至少要在程序上直观公正，以此来支撑结果的妥当性，裁决者排除感情

---

① 参见季卫东：《法治秩序的建构》，中国政法大学出版社1999年版，第16页。

② 参见［美］戈尔丁：《法律哲学》，齐海滨译，生活·读书·新知三联书店1987年版，第209页。

因素的影响，中立地裁判。

三、刑事诉讼程序正当性理念

刑事诉讼原理研究中最基础的内容就是诉讼理念，其所追求的正义理念是刑事诉讼的首要价值。刑事诉讼理念可以分为实体正义理念和程序正义理念。

（一）实体正义理念

刑事诉讼的实体正义理念包括三方面的要求：第一，实施犯罪的人被判决有罪；第二，无辜的人不被定罪；第三，有罪的人得到与其罪刑相当的惩罚。这三个要求分别对应于惩罚犯罪、保护无辜和罪刑相适应。[①] 由于第三个要求总是附随于第一个，实际上只有两个方面的要求。惩罚犯罪与保护无辜之间的关系可以反映出刑事诉讼的实体价值取向，惩罚犯罪优先还是保护无辜优先是传统理念和现代法治理念的重要区别。惩罚犯罪理念自古以来一直占据刑事诉讼的主导地位，而保护无辜理念自近代以来越来越占据上风，域外法治发达国家关于保护无辜者权利的制度设计主要包括无罪推定原则和证明标准制度。无罪推定已经成为刑事诉讼中的帝王原则，地位类似于民法中的诚实信用原则。

（二）程序正义理念

刑事诉讼的程序正义理念产生的前提是刑事判决的可错性。从认识论的角度来看，无论一个社会奉行的法律价值如何，也无论采取何种程序来认定案件事实，认识错误总是难以避免的。对于正确反映案件事实的判决，执行是没有问题的；但对于那些错误的生效判决，法治社会却依然不能拒绝对它们的执行。对此，就涉及错误判决的正当性问题，也就是说错误的判决如何

① 参见宋英辉主编：《刑事诉讼原理》，法律出版社2003年版，第14页。

能够得到社会和当事人的接受。在刑事诉讼中，程序正义和实体正义同时得到实现是获得判决正当性的理想状态，事实上基于人类认识的有限性，这种理想状态是不可能完全实现的。但错误判决的正当性只能从程序正义中寻求。程序正义最基本的要求是，与诉讼结果有利害关系的人有机会参与到诉讼中，能够提出自己的诉求和反驳对方的主张；法官在判决时能够充分地说明理由；诉讼参与人不服裁判时还享有救济的权利。

基于上述实体正义理念和程序正义理念，有学者将刑事诉讼原则概括为程序法定原则、依法独立行使司法职权原则、国家追诉原则、无罪推定原则、程序参与原则、有效辩护原则、适度原则、程序公开原则、社会参与原则、诉讼及时原则、一事不再理原则与禁止双重危险原则等。而在审前程序和审判程序中又有一些特殊的原则，如审前程序中包括司法权保障原则、令状原则、任意侦查原则与强制侦查法定主义等；在审判程序中包括直接、言词审理与传闻证据规则，集中审理原则，证据裁判原则，自由心证原则，不利益变更禁止原则等。①

第二节　刑事诉讼涉案财产处置确立程序正当性理念的应然性

刑事诉讼涉案财产处置程序不是一个纯粹的财产权保障程序，而是刑事诉讼活动的重要组成部分。刑事诉讼活动应当符合正当法律程序的要求，不仅要考虑对人身权利的保障，而且要考虑对财产权利的保障。刑事司法机关实施的涉案财产处置活动可能会侵犯相关权利人的财产利益，因此，在刑事诉讼涉案财产处置程序的制度设计和实践运行中应确立程序正当性理念。

---

① 参见宋英辉主编：《刑事诉讼原理》，法律出版社2003年版，第70～166页。

一、涉案财产处置程序具有刑事诉讼性质

刑事诉讼涉案财产处置行为包括涉案财产的实体性强制处分和程序性强制处分，前者是包括没收、返还被害人合法财产在内的转移涉案财产所有权或占有权的处分，后者是包括扣押等在内的限制涉案财产所有权或占有权的处分。刑事诉讼涉案财产处置程序包括扣押程序、返还程序和没收程序，其本质上都具有刑事诉讼性质。理由在于：

首先，涉案财产处置行为属于国家行为，涉及国家强制力的实施。没收和返还都是转移涉案财产所有权或占有权的强制处分，扣押是限制涉案财产所有权或占有权的强制处分，都是国家为了恢复社会秩序所采取的行为，均具有强制性，需要依赖国家强制力的实施，属于国家行为。

其次，涉案财产处置行为是对公民基本权利的干预，涉及财产权的剥夺和限制。涉案财产处置行为是对涉案财产的强制处分，不论是实体性强制处分还是程序性强制处分，都是对公民基本权利的干预，是一种裁判活动。

再次，涉案财产处置程序是检察机关代表国家就涉案财产处置提起的诉讼。仅仅有国家行为和对基本权利的干预这两个要求，还不足以认定涉案财产处置程序具有刑事诉讼性质，还要看提起诉讼的主体及诉讼请求，因为行政程序也具有国家强制力，民事诉讼程序也涉及对基本权利的干预。也有学者认为涉案财产处置程序的证明标准低于定罪量刑程序，应当将其定位为一种准刑事诉讼程序。[①] 事实上证明标准的高低也不能成为刑事诉讼程序和民事诉讼程序的区别标准，刑事诉讼中扣押程序的证明标准也比较低。没收程序因其处置的对象是涉案财产而区别于对被追诉人的定罪量刑程序，因此有学者称之为刑事对物之诉。刑事对物之诉与民事对物之诉有着本质的区别，后者在我国刑事诉讼中主要指附带民事诉讼。被害人提起的附带民事诉讼或者检察机关提起的附带民事公益诉讼，都属于对被追诉人因其犯罪行为所造

---

① 参见吴光升：《刑事涉案财物处理程序研究》，法律出版社2018年版，第194页。

成的经济损失所提起的民事侵权之诉，与刑事诉讼涉案财产的处置没有必然的联系。[①] 刑事审判中的返还被害人财产程序属于刑事诉讼程序没有疑问，但对于审前返还程序属于行政性质还是刑事诉讼性质存在争议。[②] 本书认为审前返还程序也具有刑事诉讼性质，程序设计上也应以被害人申请、举证，法院或检察院进行司法审查为前提，司法机关对被要求返还的财产的归属和赔偿数额作出判断后，再由财产的控制单位执行，这样有利于减少司法资源的耗费。

最后，涉案财产处置的执行程序依移送执行而启动，而不是依当事人申请。没收的执行由法院执行部门负责，法院刑事审判部门在判决生效后向执行部门移送而启动执行，不需要相关当事人依据生效判决申请执行。返还和扣押的执行也都是国家依据职权启动，不需要当事人或第三人的申请。当然当事人或第三人对涉案财产权属性质认定有争议时，也可以主动申请返还，但当事人申请不是返还被害人或第三人合法财产的必要条件。而民事诉讼的执行程序则主要是依靠当事人申请才可启动。

二、涉案财产处置具有侵犯公民财产权的危险性

刑事诉讼的任务之一是实现对犯罪的追诉，作为实现国家刑罚权的工具，依赖于国家权力的强制运用，贯穿刑事诉讼的整个过程。当国家权力戴上“合法性”的面纱之后，似乎就具有了“正当性”。既有对公民人身权利的干预，也有对公民合法财产权利的干预。刑事诉讼涉案财产处置的正当程序就是阻止国家权力侵入私人财产领域的一道有力屏障。在刑事诉讼中，涉案财产处置中的实体性强制处分和程序性强制处分均是对公民基本权利的干预，在干预过程中也均存在侵犯被追诉人、被害人和第三人财产权的危

---

① 参见陈瑞华：《刑事对物之诉的初步研究》，载《中国法学》2019 年第 1 期。

② 参见高源：《刑事涉案财物先行返还程序论析》，载《湖南科技大学学报（社会科学版）》2020 年第 3 期。

险性。

（一）涉案财产处置是对公民基本权利的干预

只有在国家使用强制力时，才存在被追诉人、被害人或第三人不自愿的问题。《刑法》《刑事诉讼法》中的财产保全和特别没收程序，以及相应的扣押程序、返还程序和没收程序等，既有属于暂时处分的程序性强制处分，也有属于终局剥夺的实体性强制处分，均是国家以公权力限制或剥夺人民受宪法保障的权利的干预处分。[①] 一方面，实体上必须遵守法律保留原则、比例原则等，否则即属违法、违宪的对基本权利的干预；另一方面，程序上必须遵守保障权利原则、程序公开原则、权力制约原则、程序参与原则、权利救济原则等，否则也违反正当程序要求。简而言之，刑事诉讼涉案财产处置程序是整个基本权利干预体系的重要一环。

（二）实体性强制处分可能会侵犯公民财产权

对于实体性强制处分来说，主要是返还被害人合法财产和没收，是转移被追诉人、被害人和第三人所有权和占有权的处分。其一，返还被害人合法财产容易侵犯当事人、第三人的财产权利。对于权属关系清晰的涉案财产，不及时返还将会侵犯被害人的合法财产权利。但对于权属存在争议的涉案财产，返还被害人财产时往往会侵犯被追诉人的合法财产权利。存在多名被害人时，如果只返还部分被害人的财产，也可能会侵犯其他被害人和第三人的合法财产权利。其二，没收也容易侵犯当事人、第三人的财产权利。在实体权利方面，主要是受没收范围的限制，或考虑财产保全可能会对相关人员的生活或生产产生重大不利影响，法律明确规定有些财产不能采取财产保全措施。在没收程序中，诉讼一方为国家，另一方为被追诉人，诉讼地位不平

---

① 参见林钰雄主编：《没收新制（二）——经济刑法的新纪元》，台北，元照出版有限公司 2016 年版，第 328 页。

等，诉讼手段不对等，诉讼双方具有天生的不平等性，被剥夺财产权益的被告人处于弱势地位。特别是没收供犯罪所用的本人财物，实际上是将被追诉人的合法财产强制收归国有，无疑是一种对已有利益的剥夺，因此域外法治发达国家对于犯罪工具的没收均适用比例原则予以限制。综上可见，实体性强制处分也可能会侵犯被害人和第三人的合法财产权利，如应当返还被害人的财产未及时返还或予以没收，错误没收第三人的合法财产等。因此，实体性强制处分具有侵犯公民财产权的风险。虽然对财产权的错误剥夺可以通过执行回转进行救济，但这并不能减少返还和没收对当事人和第三人财产权利的侵犯。

（三）程序性强制处分也可能会侵犯公民财产权

涉案财产程序性强制处分很容易侵犯财产权利，根据权利主体的不同，可分为侵犯当事人的财产权利和侵犯案外第三人的财产权利。侵犯当事人的财产权利主要体现在知情权、程序参与权、救济权利缺乏规定，导致当事人无法知晓自己的财产权利受到侵犯，或者知道财产权利受到侵犯但无权参与诉讼维护权利，在其权利受到侵犯后无救济渠道。侵犯案外第三人的财产权利主要体现在错把第三人善意取得的财产当作涉案财产，或者把近亲属的财产当作被追诉人的财产采取保全措施。由于家庭成员的共同生活关系、财产权权能的可分离性，以及善意取得制度的存在，再加上执法人员的有限理性，在对涉案财产采取财产保全措施时，难免会出现损害案外第三人合法权益的现象。

三、涉案财产规范处置是司法公正的应有内涵

刑事诉讼涉案财产处置包括实体性处置和程序性处置，前者涉及实体公正，后者涉及程序公正。公正是对刑事诉讼涉案财产处置程序的基本要求。

一方面，从实体意义上看，涉案财产规范处置是司法实体公正的基本内涵。没收、返还等实体性强制处分涉及被追诉人、被害人和第三人对于特定

财产的实体性权益。刑事司法的实体公正不仅体现在定罪正确、量刑恰当，而且体现在涉案财产处置的合法、规范、公正。随意扩大或者缩小追赃范围，随意没收、返还涉案财产，都可能侵犯被追诉人、被害人或第三人的财产权，并因此严重损害司法的实体公正。

另一方面，从程序意义上看，涉案财产规范处置也是刑事司法程序公正的应有内涵。为了打击与预防犯罪，法律必须授予司法机关搜查、查封、扣押和冻结涉案财产的权力，这些措施因为国家强制力的介入而具有强制性。但是，这些强制性侦查措施客观上可能给公民合法财产权造成或轻或重、或直接或间接的侵害。因此，刑事司法的程序公正又要求司法机关采取强制措施时必须遵循比例原则和适当原则，尽可能避免或者减少对于合法财产权益的损害。按照刑事诉讼程序正当化的要求，规范刑事诉讼涉案财产处置程序，应当遵循刑事诉讼的基本原则，即谦抑原则、平衡原则、法定原则、比例原则。[①]

综上可知，刑事诉讼涉案财产处置行为适用刑事诉讼的理念，在侦查、审查起诉直至审判、执行阶段国家公权力都可能会侵犯被追诉人、被害人或第三人的财产权，涉案财产规范处置是司法公正的应有内涵，因此，刑事诉讼涉案财产处置有必要通过正当程序予以限制。但由于程序性强制处分和实体性强制处分对财产权干预的程度不同，且手段与目的迥异，所应践行的正当法律程序也应当有宽严之别，在保障权利的同时应兼顾诉讼经济，避免本案诉讼拖延。如根据正当法律程序，理论上检察官或法官对违法所得没收保全时，应给予第三人陈述意见、申辩、请求调查有利证据及获得律师协助等权利，如该第三人不服，也应有救济渠道，以维护公民的财产权及诉权。但是在司法实践中，检察官或法官先行践行正当法律程序，在第三人接到通知后，即有将其所有物或财产上权利予以变卖或转移的风险，反而丧失没收保全的先机而无法进行扣押或禁止其处分。因此，合理的解决方式是区别侦查

---

① 参见熊秋红：《刑事诉讼涉案财物处置程序检视》，载《人民检察》2015 年第 13 期。

及审判的不同阶段而采取不同的处理模式。扣押等程序性强制处分可以先行予以扣押或禁止其处分，如当事人对保全不服，可陈述意见、申辩、请求调查有利证据及获得律师协助等。对于没收或返还等实体性强制处分，则应规定更严格的正当法律程序。

第三节 刑事诉讼涉案财产处置正当程序的理念与原则

理念和原则对于构建正当程序具有重要的指导作用。刑事诉讼涉案财产处置程序应当坚持保障人权与打击犯罪并重的理念、财产权利保障与人身权利保障并重的理念。基于程序正当性理念的涉案财产处置程序构建，需遵循保障权利原则、程序公开原则、权力制约原则、程序参与原则、权利救济原则等。

一、涉案财产处置正当程序的理念

刑事诉讼旨在以适当的方式确定国家对刑事被告人有无刑罚权，以限制、剥夺被告人的特定权利为目的。涉案财产处置是通过一定的程序，以国家公权力来限制或剥夺被追诉人、被害人和第三人财产权利的活动。因此，涉案财产处置与刑事诉讼适用同样的理念，即刑事诉讼涉案财产处置应当遵循保障人权与打击犯罪并重的理念、财产权利保障与人身权利保障并重的理念。

（一）保障人权与打击犯罪并重的理念

保障人权与打击犯罪并重是现代刑事司法活动的基本价值取向，也是刑事诉讼的重要理念。刑事诉讼涉案财产处置作为刑事诉讼活动的重要组成部分，也应当坚持保障人权与打击犯罪并重的理念，就是要做到剥夺被追诉人的违法所得与保障被追诉人的合法财产并重。刑事诉讼既要解决对被追诉人刑事责任的认定和追究的问题，也要处置涉案财产，即限制和剥夺被追诉人因犯罪行为而获得的财产利益，如扣押、返还、没收等强制处分，这些处分都涉及对被追诉人基本权利的干预。从公共利益的角度进行考量，国家权力对公民基本权利进行合理的限制具有一定的正当性。在刑事诉讼过程中，扣押、返还、没收等强制处分是对被追诉人财产权进行的干预，可能会侵害被追诉人的合法财产权益，包括直接侵害和间接损害。因此，刑事诉讼涉案财产处置的首要理念是保障人权和打击犯罪并重。

（二）财产权利保障与人身权利保障并重的理念

随着刑事诉讼法的不断完善，人身权利保障得到了更多的关注，而财产权利保障却没有与时俱进。涉案财产处置难题一直没有进入刑事诉讼法学研究的主流范围，被立法机关所正视。财产权也是公民权利的重要组成部分，应当得到足够的重视。财产权是受宪法保护的基本权利，是刑事诉讼中人权保障的重要内容。我国依法治国实践的深化要求树立财产权利保障和人身权利保障并重的理念，对财产权利易受威胁和侵犯的涉案财产处置领域应给予更多的关注和研究。程序性保障是刑事诉讼财产权保障的重要方式，非法证据排除规则是重要的程序性制裁措施，扣押应与非法证据排除挂钩，并达到一定的证明标准，否则所得的证据可能被排除。①

二、涉案财产处置正当程序的原则

正当程序具有特定的内涵，刑事诉讼涉案财产处置正当程序应当遵循保障权利原则、程序公开原则、权力制约原则、程序参与原则、权利救济原则等。

---

① 参见王秋玲：《刑事搜查扣押中的被追诉人财产权保障与非法证据排除》，载《法学杂志》2019 年第 4 期。

（一）保障权利原则

刑事诉讼的发展历史就是一部被追诉人权利保障不断发展完善的历史。被追诉人对权利保障的追求是推动刑事诉讼发展的精神和力量，它使刑事诉讼越来越文明。刑事司法权包括刑事处罚权和刑事追诉权，前者是实体层面的权力，后者是程序层面的权力，均要求法律有明文规定，也就是法定原则。法定原则在程序意义上体现为程序法定原则。罪刑法定原则和程序法定原则均有利于维护公民的个人权利和自由，保障公民免受任意的刑事处罚和国家追诉。在刑事诉讼中对被追诉人进行追诉，必须按照法律的明确授权，遵循严格的法律程序。正当程序的基本要求是保护被追诉人的合法权利：一是在刑事诉讼过程中的陈述权、申辩权、被告知权和其他程序权利；二是决定作出后的救济权。刑事涉案财产处置包括对涉案财产的实体性强制处分和程序性强制处分，前者包括返还、没收，属于实体意义上的强制处分，需要实体法上的明确规定；后者如扣押等，属于程序意义上的强制处分，需要程序法上的明确规定。对于涉案财产处置来说，首先，保障权利原则应当由刑法和刑事诉讼法进行规定，而不得由司法解释进行明确。其次，刑法应当明确追缴、责令退赔、返还和没收的性质，明确返还和没收属于实体性强制处分，追缴和责令退赔属于程序性强制处分；刑事诉讼法应当将扣押等纳入强制侦查措施体系之中，受强制侦查法定原则的约束。

（二）程序公开原则

程序公开原则从本质上来说，就是让人民群众能够直接感受到公平正义的实现过程，而不是暗箱操作。因此，该原则一直被视为程序正义的基本标准和要求。现代刑事诉讼中，程序公开的最基本要求就是保障当事人的知情权，并给予其充分的表达意见的机会，只有这样，被追诉人才能有效地参与诉讼。[1] 程序公开的目的在于满足公众的知情权。在涉案财产处置程序中，程序公开原则要求处置的依据、过程和结果向被追诉人、被害人和第三人公开，以便其知悉并有效参与和监督刑事司法权力的运行。我国现行刑事诉讼立法在干预或剥夺被追诉人的财产权时对被追诉人、被害人和利害关系人在程序公开上的保障显然不够。被追诉人对涉案财产处置情况享有知情权，也就是说司法机关采取财产保全和特别没收等强制处分措施时，均要依法告知被追诉人及利害关系人。如扣押，域外一些国家和地区均规定扣押时要出示扣押证，扣押证上必须载明扣押的具体案由，即究竟基于何种案件而进行扣押。即使是在被追诉人或利害关系人同意扣押时，侦查机关也必须事先征求其同意。在没收和返还程序中，也要充分告知被追诉人和利害关系人，否则其对于处置决定不服的应当进行救济。

（三）权力制约原则

刑事诉讼法是公法，公法的一个基本任务就是合理界定和限制国家权力，保障公民个人权利。我国的法院、检察机关和公安机关是互相配合、互相制约的，以保证准确有效地执行法律。刑事诉讼涉案财产在审前程序中的扣押、先行返还等处置措施由办案机关自行决定、执行，权力缺乏制约。而没收程序则存在不完善、执行缺乏监督等问题，也容易导致被追诉人的财产权受到侵犯。刑事诉讼涉案财产处置程序中的权力制约原则体现为：一是要合理配置公检法三机关的权力，如没收执行机关应当与审判机关分离，由公安机关或司法行政机关负责涉案财产的没收。二是要以权力制约权力，如侦查阶段对涉案财产的处置要加强司法审查，以检察权制约侦查权。三是以权利制约权力，赋予被追诉人、被害人和第三人更多的程序参与权，从而实现对权力的有效制约。四是加强对权力的监督，强化被追诉人、被害人和第三

---

① 参见万毅：《刑事诉讼中被追诉人财产权保障问题研究?》，载《政法论坛》2007 年第 4 期。

人的知情权。

（四）程序参与原则

程序参与原则是指受刑事司法权力运行结果影响的利害关系人有权参与刑事司法权力的运行过程，表达自己的意见，并对刑事司法权力运行结果的形成发挥有效作用。程序参与原则强调的是参与刑事诉讼的过程，而不是简单的到场。“人们有理由期望法院在作出关系他们切身利益的判决之前，充分地听取他们的意见”①，这是司法民主和正义的底线要求。在刑事诉讼涉案财产处置程序中，被追诉人、被害人或第三人应当被赋予参与诉讼程序的权利。对被追诉人来说，审判阶段和刑事诉讼的其他阶段都应当获得听审的权利，其价值基础就在于保障被追诉人的参与权。如对于查封的物品，法律允许在判决生效前予以变卖、拍卖和变价，但这涉及对被追诉人财产权益的影响。德国法律规定紧急变卖必须依法听取被追诉人、涉案财产的所有人和利害关系人的意见，其对于拍卖决定不服时可以申请法院裁判。虽然规定了利害关系人可以参与诉讼，但未明确赋予被追诉人听审权，被追诉人在财产权遭到严重干预和影响时却不能参与，被完全排除在处分程序之外，这对保障被追诉人的财产权是极为不利的。

（五）权利救济原则

“有侵害必有救济”“无救济则无权利”等法谚均说明了权利救济的重要性，对公民权利侵害的救济是维护公民幸福和社会稳定的保障。权利救济原则是宪法和法律赋予公民的权利在救济程序中的体现，主要包括公力救济优先原则、及时救济原则、充分救济原则、司法最终救济原则等。在刑事诉讼涉案财产处置程序中，权利救济既包括被追诉人的权利救济，也包括被害

---

① ［美］迈克尔·D. 贝勒斯：《法律的原则——一个规范的分析》，张文显等译，中国大百科全书出版社 1996 年版，第 35 页。

人或第三人的权利救济。从刑事诉讼涉案财产处置中权利救济原则的要素来看，包括救济范围、救济程序与救济责任追究，这三个方面相辅相成，明确救济范围是救济机制发挥作用的前提，厘清救济程序是救济机制运行的保障，有效的责任追究是救济机制发挥实效的坚强后盾。[①] 刑事诉讼涉案财产处置中的权利救济可以分为内部救济和外部救济，内部救济主要是刑事诉讼的上诉、抗诉等，外部救济主要是国家赔偿。刑事诉讼涉案财产处置是一个动态发展的过程，在后一个处置程序中及时发现前一个处置程序中的问题，对于及时救济来说非常重要。

司法实践中还经常存在没收完成后，出现新的被害人或第三人向司法机关表示自己对系争财产享有权利的情况，因此事后救济机制的建立就显得尤为重要。依据发生时间节点的差异，这类情况也可以区别对待。若裁判确定力尚未产生，则可以通过上诉程序进行救济。如果涉案财产权已经被移转，则可以通过再审程序等进行救济。由于财产权的分配决策已经完成，为防止司法资源的浪费，上述救济程序的启动应当具备一定的条件：第一，申请人与涉案财产具有利害关系，从而具备了参与诉讼的必要性。第二，申请人基于合理原因缺席了刑事诉讼程序。第三，申请行为需要在一定的期间内完成。被害人或者第三人在无法及时行使自身追索请求权的情况下，必然要面临失权的风险，这与诉讼时效、刑事追诉时效等具有异曲同工之处。救济机制应当是一种备而不用的程序手段，一般情况下，司法机关应当尽可能地确保利害关系人及时参与到刑事诉讼进程中，特别是诸如“e租宝案”之类的被害人众多的金融类犯罪案件，以避免程序机器的反复启动。[②] 唯有如此，刑事诉讼中财产权利的保障才能与法的安定性相得益彰，以维系此类事后撤销机制的查漏补缺功能。

---

① 参见李亮：《刑事诉讼涉案财物的救济机制》，载《国家检察官学院学报》2016年第3期。

② 参见盛佳慧：《e租宝事件的背后》，载《中国集体经济》2016年第15期。

第四节　刑事诉讼涉案财产处置正当程序的要素、特征与功能

刑事诉讼程序正当性原理应用于涉案财产处置程序之中，需要进一步研究刑事诉讼涉案财产处置正当程序的要素、特征和功能。

一、涉案财产处置正当程序的要素

刑事诉讼涉案财产处置程序涉及对公民财产所有权和占有权的限制与剥夺，包括没收、返还被害人等实体性强制处分和扣押等程序性强制处分。这些强制处分都涉及对公民财产权的干预，因此相应的扣押、返还、没收等处置程序也应当具备正当程序的基本要素。对照正当程序的要素，我国刑事诉讼涉案财产处置程序应当具备以下基本要素：

首先，刑事诉讼涉案财产处置程序中，裁判者应当是中立的。从司法实践来看，滥用扣押问题已经成为刑讯逼供、高羁押率之外的另一重大问题。虽然司法实务部门已认识到这一问题并采取了相应措施，但审前程序中的查封、扣押、冻结等财产保全行为依旧采取内部审批方式，明显违反司法公正理念。检察机关的侦查监督以及人大代表等参与的外部监督并没有发挥应有的作用。有学者认为检察机关在刑事诉讼中的基本立场是追诉犯罪，不宜作为刑事涉案财产处置的最终判定主体，由中立的法院作为处置涉案财产的主体才是符合程序正义要求的做法。[①] 这种观点失之偏颇。查封、扣押、冻结等程序性强制处分措施是侦查机关的侦查措施，也是限制公民财产权的重要措施，应当由第三方来进行审查。但不一定要由法院作为中立的第三方来进行决定，只要不是侦查机关自行决定即可。主要理由如下：一方面，我国的

---

① 参见乔宇：《刑事涉案财物处置程序》，中国法制出版社 2018 年版，第 54 页。

司法体制决定了检察机关在侦查监督中的地位和作用，目前在逮捕这种较为严厉的限制人身自由的强制措施尚由检察机关审查决定的情况下，将程序性处置措施交由法院进行审查并不合适。《刑事诉讼法》规定检察机关可以行使部分侦查权，即国家司法工作人员涉嫌渎职侵权犯罪的 14 个罪名由检察机关进行侦查，对于该类案件，查封、扣押、冻结涉案财产的司法审查，可以由法院进行。但对于检察机关侦查的审判人员涉嫌渎职侵权犯罪的案件，程序性强制处分由法院来进行司法审查是否妥当值得商榷。另一方面，法院后期也将面临着对涉案财产的追缴、没收等实体性处置，财产保全对于法院来说也存在利益驱动。从域外实践来看，由预审法官来进行司法审查也存在审查流于形式等问题。

其次，刑事诉讼涉案财产处置程序中，必须给予诉讼各方当事人充分的陈述理由的权利，以及知情权、参与权、救济权等诉讼权利。知情权、参与权和救济权是程序正义理念的基本要求和基本保障。任何权利主体在其财产权受到国家权力干预时，应当享有被告知的权利。在刑事诉讼涉案财产处置程序中，权利主体包括被追诉人、被害人以及与涉案财产有利害关系的第三人。保障被追诉人、被害人和第三人的知情权、参与权和救济权等诉讼权利，一方面可以约束国家机关行使权力，防止滥用权力；另一方面可以使权利主体就涉案财产处置发表意见，提出相关证据。实践中存在被追诉人对被查封、扣押、冻结财产不知情，在涉案财产处置程序中参与度不够，第三人对涉案财产处置程序缺位等问题。

最后，刑事诉讼涉案财产处置程序中，司法机关应当及时作出决定并说明理由。司法机关的结论必须建立在充分的证据的基础上，并且应当在法律文书中说明裁判理由，使各方诉讼主体明确知晓处理结果作出的过程及理由。对于涉案财产法律性质的认定应当建立在事实和证据的基础上，而不能“一揽子”查封、扣押、冻结。对于何为“涉案”财产，应为“与案件有关”的一切财物。侦查机关在查封、扣押、冻结涉案财产时，对财产与案件的关联性应当提供证据予以证明，否则就不能采取限制财产权利的措施。有关司法机关在进行司法审查时就需要审查侦查机关提供的证据是否充分。

二、涉案财产处置正当程序的特征

正当程序的特征是指正当程序所呈现出来的不同于其他程序的表征。前文论及，正当程序具有分化、“蒙眼布”、直观的公正、平等参与、鲜明的形式理性五个方面的特征。对照这些特征，刑事诉讼涉案财产处置正当程序的基本特征也应当包括五个方面：

一是涉案财产处置程序的决定机关和执行机关应当分离。在涉案财产处置正当程序中，应当通过角色分化，将各个角色职权分离，由中立的第三方来进行决定，如涉案财产处置的决定机关和执行机关应当分离，对扣押等程序性强制处分要建立司法审查机制，没收和返还的决定机关和执行机关也应当分离。

二是涉案财产处置程序应当保障被追诉人的知情权。司法机关在采取实体性强制处分和程序性强制处分措施时，均应当告知被追诉人相关的权利义务，如涉案财产的扣押、没收或返还情况，并告知其享有诉讼参与权和救济权。

三是涉案财产处置程序应当保障被追诉人平等参与。正当程序要通过制度性的机制来保证被追诉人的程序参与。在涉案财产处置正当程序中，要保障被追诉人能够平等参与，对等沟通，充分交涉，赋予被追诉人充分的陈述权利，有效保护被追诉人的利益。被追诉人对涉案财产权属性质有异议的，应确立相对独立的庭审程序，确保被追诉人能够参与涉案财产权属性质的审理程序，并对涉案财产处置享有充分的举证、质证、发表意见的权利。

四是涉案财产处置程序应当具备完善的救济机制。“有救济才有权利”，涉案财产处置程序应当赋予被追诉人、被害人和第三人救济权利，完善被追诉人财产权利的救济程序。

五是涉案财产处置程序应当要求判决书就涉案财产处置明确表述。侦控机关应当调查核实涉案财产的权属性质，并达到一定的证明标准，就涉案财产处置提出起诉意见；法院应当就涉案财产处置进行法庭调查，并就涉案财产处置部分进行充分说理，在判决书上明确表述。

刑事诉讼涉案财产处置正当程序处置的客体是财产而非人，涉及的是被追诉人、被害人或第三人的财产权，当涉案财产处置出现错误时，仍可通过法定程序赔偿被追诉人、被害人和第三人的物质损失，财产权与人身权相比更易于进行救济。“基于涉案财产处置程序干预对象的特殊性，对正当程序作出一定的限缩，以满足刑事司法系统对效率价值的追求。”①

三、涉案财产处置正当程序的功能

正当法律程序有两个基本的功能：一是防止公权力滥用，遏制腐败；二是保障人权，保护公民的合法权益不受公权力主体滥权、恣意行为的侵犯。因此，刑事诉讼涉案财产处置正当程序既有诉讼保障的功能，又具有财产权利保障的功能。刑事诉讼涉案财产处置程序的功能与处置的功能有所区别，涉案财产处置程序的功能主要是保证刑事诉讼涉案财产处置行为的公正有效实施，进而实现诉讼保障和人权保障。

（一）诉讼保障功能

“实体法内容的实现必须经过程序法所规定的诉讼过程，实际上程序法对这个过程的调整结果也会反馈到实体法上。也就是说，诉讼的实际效果由于诉讼程序或具体过程的差异可能有极大的不同。”② 古代纠问式诉讼对于案件事实的追求走向了一个极端，为了查明案件事实可以不择手段，被追诉人作为诉讼客体成为受审讯的对象，虽偶有程序性规定，但只是规范官员推进诉讼的指令性规定，被追诉人并不直接享有程序性利益。因此，追求实体

---

① 参见陈卫东：《构建中国特色刑事特别程序》，载《中国法学》2011年第6期。

② ［日］谷口安平：《程序的正义与诉讼》（增补本），王亚新、刘荣军译，中国政法大学出版社2002年版，第6页。

真实的界限在于正当程序。“真实性并不只是经由程序产生，但却非常可能在程序中产生。”[①] 事实形成离不开程序的运作，为了确保查明案件事实，诉讼程序的设计及运作应当保障事实认定的合理性。[②] 体现在涉案财产处置程序中也同样如此，控辩双方及诉讼参与人提出证据，法官在审查涉案财产权属性质的基础上作出裁判。刑事诉讼涉案财产处置的目的是对已经遭受违法犯罪行为破坏的法治秩序的修复或者伴随犯罪的不法状态的消除，因而不必然要求以犯罪人的事后存在与否为转移。扣押和没收是对物的处分，而不是对人的制裁。[③] 我国台湾地区学者傅美惠认为，扣押作为证据的财物，其目的在于保全证据，防止证据灭失以保障诉讼的顺利进行；扣押违禁品、供犯罪所用本人之物，其目的在于保全没收的执行。证据保全和财产保全存在竞合的可能，如供犯罪所用的本人财物可能作为证据被扣押，也可能作为涉案财产被扣押。[④] 无论是财产保全等程序性强制处分，还是特别没收等实体性强制处分，其程序设计都是为了避免不当扩大保全涉案财产的范围，错误处分涉案财产，从而保障诉讼的顺利进行。

（二）人权保障功能

刑事诉讼人权保障是指正当程序权的保障，[⑤] 包括生命权、人身权和财产权。[⑥] 体现在刑事诉讼涉案财产处置程序中，保障人权就是保障被追诉人、

---

① ［德］阿图尔·考夫曼：《法律哲学》（第 2 版），刘幸义等译，法律出版社 2011 年版，第 302 页。

② 参见洪浩、迟大奎：《法律适用及其正当程序》，载《人民司法（应用）》2016 年第 4 期。

③ 参见王利荣、谢玲：《论〈联合国反腐败公约〉视野下的“没收违法所得”》，载《重庆理工大学学报（社会科学版）》2017 年第 2 期。

④ 参见傅美惠：《侦查法学》，中国检察出版社 2016 年版，第 241 页。

⑤ 参见易延友：《刑事诉讼人权保障的基本立场》，载《政法论坛》2015 年第 4 期。

⑥ 参见孙长永、兰跃军：《论侦查程序中犯罪嫌疑人与被害人人权保障的平衡》，载《现代法学》2010 年第 6 期。

被害人和第三人的财产权利。刑事诉讼涉案财产处置的正当程序对于保障被追诉人、被害人和第三人合法财产权利均具有重要的作用。处分行为都应当经过正当程序实施，如涉案财产处置的决定机关与执行机关应当分离，被追诉人、被害人和第三人的知情权、参与权、救济权应当得到保障，处分决定的作出需要达到一定的证明标准。但在保障被追诉人的人权与保障被害人的人权存在冲突时，应当优先保障被追诉人的人权。我们知道，矛盾是普遍存在的，但矛盾又可以分为主要矛盾和次要矛盾，矛盾又有主要方面和次要方面。如此分析，对于被追诉人的人权保障和被害人的人权保障来说，前者是主要矛盾或矛盾的主要方面，后者则是次要矛盾或矛盾的次要方面。作为刑事诉讼价值的人权保障首先指被追诉人的人权保障，一方面是因为国家追诉行为极易侵犯其人权，另一方面，在有些案件中只有被追诉人而没有被害人。

第三章　刑事诉讼涉案财产处置正当程序的域外考察

“不知别国法律者，对本国法律便也一无所知。”[①] 从前文分析来看，刑事诉讼涉案财产处置程序主要包括扣押程序、返还程序、没收程序，本章也主要从这三个方面对域外法治发达国家和地区的涉案财产处置正当程序进行比较考察，分析其优劣，从而为构建我国刑事诉讼涉案财产处置的正当程序提供借鉴。

第一节　扣押程序

域外法治发达国家和地区的扣押程序中，扣押的决定和执行往往由不同的机关实施，同时又具备比较完善的救济程序，因此，本节主要从扣押的决定程序、执行程序、救济程序三个方面进行考察。

一、扣押的决定程序

扣押的决定程序主要体现在扣押的适用范围、司法审查、证明标准等方面，本书主要从这三个方面对英美法系、大陆法系的相关程序予以考察分析。

---

① ［日］大木雅夫：《比较法》，范愉译，法律出版社2006年版，第67页。

（一）扣押的适用范围

域外法治发达国家和地区关于财产保全的规定层次较为丰富，除了扣押之外还包括财产管制、中间禁令、未决诉讼等。如英国的刑事扣押具有以下四种类型：第一，令状扣押。如英国2002年《犯罪收益追缴法》详细规定了财产保全性扣押的令状主义决定程序。第二，紧急扣押。英国立法和司法实践中产生了一种由警察自行决定搜查、扣押，无须获得法官令状的扣押方式，如英国2000年《反恐怖主义法》规定，巡警官以上的警察可以授权在封锁区域进行搜查、扣押，在紧急情况下，巡警官及以下的警察也可以决定搜查、扣押。第三，附随扣押。是指在进行一个原本不是搜查、扣押的侦查行为的时候，为了发现可供扣押的证据或违禁品，执行人员无须令状进行的搜查、扣押。[①] 如英国1984年《警察与刑事证据法》第1条规定，警察在有合理根据怀疑可能发现被盗物品或者违禁物品时，可以拦截任何人或车辆，进行外部衣服的表层检查，发现可以怀疑为被盗物品等的，即可扣押。第四，同意扣押。英国1984年《警察与刑事证据法》详细规定了警察扣押与犯罪有关的物品的情况。该法第22条规定，下列情况下警察对扣押的物品有权予以留置：一是出于刑事调查目的，如果该物品要在某犯罪审判场所用作证据，或者用于法庭调查，或者用于与某犯罪相关的调查。二是有合理理由相信该物品是因实施犯罪而取得的物品，为了确定它的合法所有者。三是被扣押的物品可能用于致任何人人身伤害，损坏财产，干扰证据，或者用于协助逃离警察羁押和合法监禁。

除了扣押之外，英国刑事法院可以对相关的财产签发限制令（restraint orders），禁止特定人对其所持有的可实现财产进行处置。该限制令的作用在于对可能成为没收对象的财产进行冻结，其性质属于没收前对物的保全措施，类似于民事诉讼中的冻结令。限制令可以在以下五种情况下签发：第

① 参见袁坦中：《试论我国刑事扣押的定义与类型》，载《社会科学家》2008年第7期。

一，已展开犯罪调查且有合理根据相信被告人从犯罪行为中获利。第二，刑事诉讼程序已经开始但尚未结束，且有合理根据相信被告人从犯罪行为中获利。第三，在未签发没收令或者被告人在逃的情况下，检察官或资产追缴管理局局长根据英国2002年《犯罪收益追缴法》第19条、第20条、第27条、第28条申请重新审议但尚未结束，或者法院相信此种申请将被提出，并且有合理根据认为被告人从犯罪行为中获利。第四，在已签发没收令的情况下，检察官或资产追缴管理局局长已根据英国2002年《犯罪收益追缴法》开始申请对获利数额重新审议但尚未结束，或者法院相信此种申请将被提出，并且有合理根据认为法院计算出的被告人非法获利额将会超过相关数额。第五，在已签发没收令的情况下，检察官或资产追缴管理局局长已根据第22条开始申请对可支配额重新审议但尚未结束，或者法院相信此种申请将被提出，并且有合理根据认为法院计算出的被告人非法获利额将会超过相关数额。[①]

英国民事追缴的财产保全措施包括签发财产冻结令（property freezing order）和临时接管令（interim receiving order）。[②] 财产冻结令是禁止任何人对被冻结的财产进行处置的命令。临时接管令是扣押、保管或保存财产并指定临时接管人的命令。前提条件为：第一，临时接管令申请所涉及的财产是可追缴财产或包含可追缴财产的财产，或者即使不是可追缴财产，也应是关联财产。第二，如果申请所涉及财产是关联财产，执法机关在采取一切合理措施之后仍无法确定财产持有人的身份，在签发临时接管令时，执法机关必须指定临时接管人。临时接管人应当是执法机关以外的人员，主要负责财产的管理及处置。法院所签发的追缴令必须授权民事追缴托管人（trustee for civil recovery）对被冻结或扣押的财产进行管理和处置。托管人按照追缴令

① 参见黄风、梁文钧：《英国〈2002年犯罪收益（追缴）法〉中的刑事没收制度》，载《中国司法》2007年第6期。

② 参见乔玲：《英国的民事追缴制度及其对我国的启示》，载《公安学刊》2010年第1期。

所规定的方式管理财产，其职责包括保障依追缴令所扣押、保管的财产的安全；如果财产非现金，则负责对财产进行变卖，并最终向执法机关交付实际追缴的财产。对混合财产中可追缴财产的处置，追缴令可以仅对其中的可追缴财产起作用，关联财产持有人仍可拥有其财产，而可追缴财产将被转交民事追缴托管人保管。

英国的现金追缴程序保全措施包括扣押和留置（detention）。财产警务人员或海关工作人员可以扣押其合理怀疑为可追缴或意图被用于不法行为的现金，被扣押的财产不能低于法定最低额，扣押时间不能超过 48 小时。如果需要继续对现金进行调查，就必须向法庭提出留置的申请，留置令的期限为 3 个月。对于扣押、留置的决定，在利益相关人提出下列归还现金的要求时，可以对扣押、留置的决定进行变更、撤销或者部分变更、撤销：第一，违法行为受害者申请归还现金。第二，第三人申请归还现金。第三，现金被扣押者申请归还现金。

美国刑事诉讼中的财产保全措施包括扣押（seizure）、未决诉讼（lis pendens）、中间出售等。美国联邦最高法院通过对第四修正案案件的裁决，构建了一套富有鲜明特色的、纷繁细密的搜查扣押法律体系。[①] 早期普通法规定的依令状搜查的客体仅限于赃物，后来搜查扣押的范围扩大到走私物、危险物品、违禁物及犯罪工具，但对于单纯证据则不能扣押。[②] 1967 年 Warden v. Hayden 案中，美国联邦最高法院废止了单纯证据法则，进一步扩大了扣押范围。但并不是所有的涉案财物都可扣押，大多数法院认为，对于替代性财产，在审前既不能采取财产管制措施，也不能采取扣押措施。美国对不合理搜查扣押的极度关注，源于殖民地时期空白令状（general warrant）的惨痛经历，因此詹姆士·麦迪逊提交的第四修正案草案几乎没有作任何修

---

① 参见《美国联邦宪法第四修正案：令状原则的例外》，吴宏耀等译，中国人民公安大学出版社 2010 年版，第 8 页。

② 参见王兆鹏：《美国刑事诉讼法》，北京大学出版社 2014 年版，第 88 页。

改，就获得了各州的批准。根据《美国联邦刑事诉讼规则》，有权发出扣押令状的机关只能是地区的有权治安法官或该地区备案的州法官，[①] 检察官无权签发。美国签发扣押令状采用两种形式：一是根据宣誓证明书签发令状；二是根据口头证词签发令状。警察要向联邦治安法官或州法官提交经宣誓的请求报告和签发令状的理由。如果联邦治安法官或州法官相信存在请求签发令状的理由或者有合理根据认为它存在，应当签发令状，令状中应明确要扣押的财产或人员，明确和描述被搜查人员的名字或地点。确定是否存在合理根据可以全部或部分依据传闻证据。在对请求报告作出决定前，联邦治安法官或州法官可以要求该提交请求报告的人亲自到庭，可以在其宣誓后对该提交请求报告的人或其提供的证人进行询问。上述活动应当由法院书记员记录或者使用录音设备记录下来并作为请求报告的组成部分。

根据美国宪法第四修正案，令状必须对被扣押的物品详细描述。杰克逊法官认为，“对搜查与扣押应该由一个中立且不徇私舞弊的官员决定，不应由办理此案并急切破案的侦查人员作出，如若那样便是忽视宪法，宪法即成为一纸空文，公民及其处所便可由公权力任意处置了”[②]。实务中大部分的扣押是以未取得扣押令状的方式进行的，主要有三种例外方式，同意搜索（consent search）、附带搜索（search incident to a lawful arrest）、一目了然（plain view）。政府一旦扣押了涉案财产，就必须安全地保管并执行与没收有关的法案。《美国法典》第 26 章第 881 节和第 18 章第 981 节[③]提供了一些关于保管的指引，其中第 881 节授权的保管机关仅仅是总检察长，第 981 节授权的保管机关包括财政部长、邮政部长。[④] 除了扣押之外，美国刑事诉讼

① 参见魏莲芳：《美国民事没收法述评》，载《四川警官高等专科学校学报》2006 年第 2 期。

② 王弘宁：《我国搜查与扣押制度的完善——从中美搜查与扣押制度比较研究谈起》，载《法学杂志》2016 年第 7 期。

③ See 26 U. S. Code § 881; 18 U. S. Code § 981.

④ See David J. Taube, *Civil Forfeiture*, 30 Am. Crim. L. Rev. 1025, 1048 (1993).

中还规定了未决诉讼提示和诉讼中间出售。未决诉讼提示是指联邦执法机关认为需要没收有关不动产时，可以根据有关法律，申请法院将此不动产属于涉案财物而可能被未决诉讼没收之事项进行公告，并在该不动产登记处加以注明的一种保全性措施。这种未决诉讼提示并不禁止不动产所有人使用与转让该不动产，它的目的在于将该不动产可能被没收之事项告知其他人，避免其他人在案件结束前获得该不动产后又以善意不知情为由提出抗辩。诉讼中间出售是指法院根据检察机关的申请，在拟没收财物损耗或被告人停止提供担保而损害拟没收财物的价值时，允许检察机关通过判决前出售拟没收财物，以保存其价值。①

美国刑事诉讼法还规定了行为保全。行为保全是为了保护诉讼一方的合法权益，保证判决的执行，在诉讼前或诉讼过程中责令诉讼另一方为一定行为或不为一定行为的强制措施。这种对行为的保全，在大陆法系国家称为假处分，而在英美国家称为中间禁令。② 行为保全对象可分为两种，第一种是不作为形式的行为保全，如财产管制措施。根据《美国滥用毒品防治与控制法》③ 规定，检察机关可申请联邦法院在审前发布管制令或禁止令（restraining order or injunction），要求财物占有人以交纳保证金、指定管理人、看守人等形式，保证不转让、消耗该财产或有其他妨碍民事没收判决执行的一种财物保全措施。其特点是联邦执法机关并不亲自占有涉案财物，而是由所有人或其他人占有。财产管制措施一般不超过 90 天。审前财产管制措施可适用于第三人的财产，但能否适用于替代性财产存在争议。联邦第四巡回法院认为所有可被没收的财物都可作为审前财产管制措施的适用对象，而不管其与犯罪行为是否有直接联系，理由是根据刑事没收对象的溯及力原则（The Relation Back Doctrine），当被告人与犯罪行为有直接联系的财物不存在时，

---

① 参见吴光升：《未定罪案件涉案财物没收程序之若干比较——以美国联邦民事没收程序为比较视角》，载《中国政法大学学报》2013 年第 2 期。

② 参见范跃如：《试论我国行为保全制度及其构建与完善》，载《法学家》2004 年第 5 期。

③ See 21 U. S. Code § 853（e）.

检察机关的财物没收利益就立即转移到被告人的替代性财物之上，为了保证将来刑事没收判决的可执行性，应当将替代性财产纳入审前财产管制措施的适用对象范围。对于被告人不服审前财产管制措施的救济问题，其在法院签发审前财产管制措施之前，无权要求获得通知与听证，但在法院签发措施之后，可请求法院就审前财产管制措施的恰当性进行听证①。第二种是作为形式的行为保全，如财产回调与提存令（Order to Repatriate and Deposit）。根据《美国滥用毒品防治与控制法》规定，在因被告人的行为导致需要没收或扣押的财物存放于法院管辖权之外时，联邦法院可发布财产回调与提存令，命令被告人将此财物调回管辖区，并提存于法院有关部门，或者联邦法警服务处（United States Marshals Service）、财政部长（Secretary of the Treasury）的指定账户，以便没收裁决具有可执行性。如果被告人违反此命令，就会因藐视法庭而被制裁，并被加重刑罚。②

《德国刑事诉讼法》的财产保全主要规定在第111条，刑事扣押或假扣押的目的在于保全狭义没收、利得没收的执行及保全被害人财产损失的赔偿。③ 其中第111o条和第111p条已经随着实体法财产刑规定被宣告违宪而不再适用。④《德国刑事诉讼法》第443条是关于财产扣押的规定，本质上应该是侦查程序的保全扣押的规定，与该章其余规定性质有别，且实质上因有违宪之虞而未被适用，可以忽略。⑤ 其中，第111c条为对“物”的扣押，其客体包括动产、债权、不动产及拍卖品。但非为证据所用之应扣押物的当事人，若能缴纳相当于应没收物之价额；提出担保或完成特定命令下，在诉

① See U. S. v. Jones, 160 F. 3d 641, 647 (10th Cir. 1998) and U. S. v. Farmer, 274 F. 3d 800, 804 - 05 (4th Cir. 2001).

② See 21 U. S. Code § 853 (e) (4)、(p) (3).

③ 参见《德国刑事诉讼法典》，宗玉琨译注，知识产权出版社2013年版，第87~97页。

④ 参见林钰雄主编：《没收新制（二）——经济刑法的新纪元》，台北，元照出版有限公司2016年版，第333页。

⑤ 参见林钰雄：《德国刑事没收程序逐条释义——第三人参与、单独宣告及事后程序》，载《法学业刊》2017年第4期。

讼结束前均可随时申请撤销扣押命令，以利当事人暂时使用。另第 111d 条则规定，法院为执行没收、收夺之价额，或判决宣告后为执行罚金刑及可预期的诉讼费用，可发布物的假扣押。法院为执行罚金刑或可预期的诉讼费用进行假扣押时，若该假扣押的抵押物为其辩护费用、个人或家人的生活费用所需，被告人可申请撤销。上述发布扣押（第 111c 条）或假扣押（第 111d 条）的主体，原则上只有法院，紧急时检察官亦有权发布。但对于动产以外之扣押或假扣押，通常必须在 1 周以内请法院补发命令。另对于动产的扣押，紧急时检察事务官亦有权发布扣押命令。当事人对于动产的扣押，随时都可向法院申请裁定。检察署在诉讼期间知悉被害人，应将执行扣押及假扣押事宜立即通知被害人，以确保被害人的合法权益不受侵害。①

《德国刑事诉讼法》第 111b 条第 1 项是保全没收扣押的授权基础规定。② 据此，若有理由认为没收的前提要件存在，则可对标的进行保全没收目的的扣押。这种扣押是暂时性执行名义，必须遵守比例原则，具体表现为随着保全期间经过，由第三级（最低）向第一级（最高）的证明门槛要求。首先，扣押发动时可能连证据都没开始调查，因此所称“有理由”的门槛最低（第三级），相当于发动侦查而已。也就是说，对于系争标的的合乎实体法没收前提要件，仅有“简单的嫌疑”（einfacher Verdacht）即可现行发动扣押措施，以免错失先机。但是，扣押的门槛会随着时间经过而提高，原则上扣押期间仅限 6 个月，若期间经过后仍欲维持其扣押效力者，应有“重大迫切理由”；所谓的重大迫切理由，约摸相当于羁押的重大犯罪嫌疑门槛（第一级），转换至扣押是指“双重的高度可能性”：一是被告涉嫌刑事不法行为的高度可能性，二是扣押标的符合没收要件的高度可能性。符合者可延长扣押 6 个月，此为第二级门槛。自扣押时点起算 12 个月后，就一律仅能

① 参见李杰清：《没收犯罪所得程序法制与实务》，中国检察出版社 2016 年版，第 27 页。

② 参见何永福：《刑事诉讼涉案财物处置程序研究》，西南政法大学 2017 年博士学位论文，第 94 页。

再以重大迫切理由为由而扣押。

德国的证据保全主要规定在《刑事诉讼法》第 94 条，对侦查具有意义的，可作为证据材料的标的，应当保管或以其他方式保全，标的由某人保管，但不被其自愿交出时，须扣押。根据《德国刑事诉讼法》，证据保全和财产保全是两套独立的制度，构成要件和效力有别，区分理由如下：第一，两者保全的目的不同。若两者要件俱在，当然可能同时进行，但这纯粹是扣押竞合之偶然，而非逻辑之必然。举例，山老鼠盗伐一棵扁柏，将其裁切十二块，两块扁柏因下落不明而应估算并追征其价额时，也就有保全国家金钱债权的空间。作为赃物之一的消失扁柏，虽无从证据扣押，却仍欲向盗伐人追征价额而对其财产扣押。可以说，保全没收执行的扣押物，其范围定义会比证据扣押来得广，毕竟以“财产利益”为没收、追征的标的范围无穷无尽，并不以动产或实物为限。即便同一标的出现证据扣押与保全没收扣押的竞合，虽同样限制相对人财产权，但前者的规定并不能作为后者的法律依据，此时应各有干预命令。[①] 保全扣押是以保障刑法犯罪所得没收之顺利执行为主要目的，扣押的规范定位就不能脱离刑法没收体系。扣押与没收的牵连关系，基本原则简言之：发动扣押实体要件取决于是否预期将来宣告没收、扣押什么标的取决于预期没收什么标的或追征多少财产责任，以及谁是受扣押处分之人取决于谁是被宣告没收或追征之人。所以，欲建构保全扣押体系的立法定位，应先认识并联结到刑法犯罪所得没收的规范架构。有这样的认知后，便能理解德国为何会称刑事犯罪所得之扣押法是“刑法追讨犯罪利得的程序法”。[②]

《日本麻醉药品特例法》创设了没收、追缴的保全制度。在犯罪人为逃避没收、追缴而事前处分财产的情况下，就无疑会产生没收、追缴困难的问

① 参见林钰雄主编：《没收新制（二）——经济刑法的新纪元》，台北，元照出版有限公司 2016 年版，第 368 页。

② 参见林钰雄主编：《没收新制（二）——经济刑法的新纪元》，台北，元照出版有限公司 2016 年版，第 360 页。

题。正是因为此，该法针对药物犯罪等设定了上述保全制度，以弥补以往法律的缺陷。对保全措施的设立，有的学者认为这违反无罪推定原则。但笔者认为，在现行刑事程序上，逮捕、拘留等强制措施也是得到承认的，既然连限制人身自由的强制措施都不违反无罪推定的原则，那么限制财产的措施更不应该存在问题。[①]

（二）扣押的司法审查

域外法治发达国家，扣押的决定机关与执行机关一般是分离的，西方国家采令状主义。令状（writ）一词是拉丁文 breve 的英译，引申为“信件”[②]最早的令状出现于九、十世纪，是由教皇、国王和其他统治者颁发，在英王亨利二世之前，王室令状主要是一种行政管理手段。直到十二到十三世纪，亨利二世把所有的刑事案件都收归王室法院管辖，将令状转变为一种司法程序。英国目前的刑事诉讼程序中，令状主义已经成为规制警察实施搜查、扣押行为的一项最基本的原则，主要体现在《1984 年英国警察与刑事证据法》。所谓令状主义，是指警察在进行强制性处分时，除非在紧急情况下，应当向法官申请令状。法官应当对该申请是否合法和必要进行判断并决定是否签发令状。英国令状主义的操作程序包括申请和颁发令状，申请应以书面形式提出，记载颁发令状的所有必要内容，包括提出申请的理由及其法律依据，如果有非警方人员参加扣押活动，也应在申请上写明。警察还应在宣誓后回答治安法官提出的问题。[③] 除了令状主义程序外，《1984 年英国警察与刑事证据法》还规定了扣押的特别程序，相对于令状主义程序来说，特别程

---

① 参见［日］金光旭：《日本刑法中的不法收益之剥夺——以没收、追缴制度为中心》，钱叶六译，载《中外法学》2009 年第 5 期。

② 参见［美］哈罗德·J. 伯尔曼：《法律与革命——西方法律传统的形成》，高鸿钧等译，中国大百科全书出版社 1993 年版，第 538 页。

③ 参见吴宏耀、苏凌主编：《刑事搜查扣押制度改革与完善》，中国人民公安大学出版社 2011 年版，第 7 页。

序适用的对象主要是具有私密性的材料和被排除的材料。普通令状程序一般是单方程序，仅有警方单方到场，对方当事人不能到场，特别程序则是双方程序。特别程序中令状的签发主体是巡回法官，而不是治安法官。

美国刑事诉讼程序中的警察的扣押行为受到美国宪法的限制，美国联邦最高法院的卡兹案认为，除非扣押是根据扣押令而进行的，否则本身就会被假定为不合理。米恩斯案奠定了令状原则的基础。一份令状需要合乎四个条件，首先，负责颁发令状的治安法官需要确定，存在可据以签发令状的合理根据。其次，申请人应该对申请内容进行宣誓确认。再次，令状应当符合特定化要求。最后，治安法官还应确保令状符合其他的形式要件。[①]

大陆法系通常对扣押单独规定，对于扣押要求单独签发扣押证或单独作出决定。与一般国家将搜查和扣押合并加以规定不同的是，德国法一直将搜查和扣押分开规定，因此素有“独立扣押”的概念。[②] 扣押的决定机关是法院。依照《德国刑事诉讼法》规定，保全没收之扣押的命令权限同保全证据之扣押，都是采取相对法官保留原则。保全没收之扣押，原则上应由法官决定，决定形式以书面裁定为之，并应附理由，以便相对人提起抗高救济。为了避免和保全证据之扣押混淆，扣押裁定除了载明扣押标的物之物，并应清楚揭示系争扣押目的是保全没收之扣押，因为只有这样此种扣押才有禁止移转效力，因此必须让相对人明白。[③] 例外情形下，一般标的由检察官下命扣押；若为动产，则检察官的辅助机关亦得下命扣押。除动产扣押外，检察官应于下命扣押后一周内申请管辖法院确认其合法性。法院追认的决定情形，原则上同前述法院的扣押裁定。《德国刑事诉讼法》第98条规定，是否

① 参见吴宏耀、苏凌主编：《刑事搜查扣押制度改革与完善》，中国人民公安大学出版社2011年版，第45页。

② 参见吴宏耀、苏凌主编：《刑事搜查扣押制度改革与完善》，中国人民公安大学出版社2011年版，第103页。

③ 参见林钰雄主编：《没收新制（二）——经济刑法的新纪元》，台北，元照出版有限公司2016年版，第335页。

允许扣押，原则上由法官决定，在延误就有危险时，也可以由检察官或它的辅助官员决定，但对于编辑部、出版社、印刷厂或者广播电视台房间里的扣押，只能由法官决定。

《日本刑事诉讼法》受美国正当程序的影响很大，沃伦法院从 1961 年 Mapp v. Ohio 案到 1966 年 Miranda v. Arizona 案等一系列判例的内容在日本得到了详细的传播。昭和 53 年（1978 年）最高裁判所作出的有关排除非法收集证据的判例表明了日本受美国法的影响达到了顶峰。[①]《日本刑事诉讼法》上的扣押是指法院或侦查机关取得物证或者占有应被没收之物的措施。这是一个包括查封、扣领和提交命令在内的综合性概念。查封和扣领，分为由法院实施的情况和由侦查机关实施的情况；提交命令只能由法院实施。查封，是指强制取得对物的占有的处分。查封时不需要移动被查封之物。扣领，是指对遗留物品和任意提交物获得占有的处分。提交命令，是指查封的对象物，命令该物的所有人、持有人或保管人提交该物的裁判。[②]《日本刑事诉讼法》上的扣押可以分为根据令状进行的扣押和不根据令状进行的扣押。[③]《日本刑事诉讼法》中有权请求扣押令状的是检察官、检察事务官或司法警察职员，请求必须以书面形式提出。法院在判断有必要进行扣押时，法官即签发扣押令状。[④]

（三）扣押的证明标准

扣押的启动需要一定的条件，这就涉及证明标准问题。美国治安法官签

---

① 参见［日］松尾浩也：《日本刑事程序的过去、现在与未来》，肖振国译，载《中国刑事法杂志》2010 年第 11 期。

② 参见［日］田口守一：《刑事诉讼法》，张凌、于秀峰译，中国政法大学出版社 2010 年版，第 66 页。

③ 参见［日］松尾浩也：《日本刑事诉讼法》（上卷），丁相顺译，中国人民大学出版社 2005 年版，第 74 ~ 82 页。

④ 参见吴宏耀、苏凌主编：《刑事搜查扣押制度改革与完善》，中国人民公安大学出版社 2011 年版，第 87 页。

发令状的依据是警方的申请存在“合理根据”，传统判断扣押合法性的标准为“相当理由”（proble cause），Terry v. Ohio 案中，联邦最高法院以“合理性”（reasonable）标准取代了“相当理由”标准[①]。“合理性”标准必须斟酌政府与人民利益进行判断，必须考虑强制处分的强制性及该强制处分对人民的侵害，按照当时的情形，判断警察采取该强制处分是否合理。

《日本刑事诉讼法》中，扣押是对物品的强制性占有，包括证据和可没收之物。证据之物要求证明该物与案件有关联，但对邮件、书信或电信文件存在例外。当发信人或收信人是被追诉人时则可以不受上述限制。因为扣押的要件为“对侦查犯罪由必要”，所以必须要存在具体的嫌疑事实，而且，扣押的对象必须是特定的，这可以叫作扣押的“理由”。

二、扣押的执行程序

英美法系的执行机关一般是警察机关。英国警察可以扣押搜查证涉及的所有物品，和任何他有合理根据相信是犯罪证据或是因犯罪获得的物品；搜查完毕后，负责搜查的警察应在一到达警署后即开始制作搜查记录，写明如果不是搜查证上列名的财产，应开列扣押物品清单，或说明该清单保存的地方，并写明扣押这些物品的理由等事项。搜查证上也应标明，搜查证上列名的物品是否被找着；是否由其他物品被扣押；执行的日期和时间；执行警察的姓名；是否已将副本及《权利和权利通知》副本一并交给占有人。任何已经执行的搜查证都要交给签发法官。

美国法官签发的令状一般由国家授权执法或协助执法的公务人员或者总统授权的人执行。美国持令状搜查财产的官员应当向被搜查人提供搜查令的副本和扣押财产的收据，或者将令状副本和收据留在被搜查处。如果执行时令状申请人和被搜查人在场，清单应当在他们在场的情况下制作，否则至少在一名非令状申请人和被搜查人的见证人在场的情况下制作，并由执行官员

---

① 参见王兆鹏：《美国刑事诉讼法》，北京大学出版社 2014 年版，第 197 页。

验证。令状中应当注明执行完毕后回复的联邦治安法官。如果情况标明省略书面经宣誓的请求报告是合理的，联邦治安法官可以根据电话或其他适当工具所作的经宣誓后的口头证词签发令状。正在申请令状的人应当准备称为原始令状复制件的文件，逐字将其向联邦治安法官宣读。该联邦治安法官应当将向他宣读的内容逐字记录在称为原始令状的文件上，并可以指示对令状作修改。如果该联邦治安法官相信，有关情况使省略提交书面宣誓的请求报告是合理的，存在请求签发令状的理由或者有理由认为它存在，应当通过指示请求令状人在原始令状复制件上代签联邦治安法官的名字来命令签发令状。当令状被命令签发后，该联邦治安法官应当立即在原始令状上签署并在原始令状封面上注明签发令状的准确时间。根据口头证词确定令状的合理根据，可以依据与根据经宣誓的书面请求报告签发令状时足以确定合理根据同样种类的证据。当致电人告知联邦治安法官打电话的目的是请求签发令状时，该联邦治安法官应当立即要求该证词中所依赖的每名证人和请求令状的每名人员通过发誓确定其身份。如果有录音设备，该联邦治安法官应在致电人说明通话目的是请求令状后，运用录音设备将全部通话内容记录下来。如果没有录音设备，应当以速记或普通书写方式逐字记录。如果使用录音设备记录或者以速记方式记录，该联邦治安法官应当将有关记录誊写复制，核实准确无误，并将原始记录和誊写复制件各一份提交法院。根据口头证词签发令状的内容应当和根据经宣誓的书面请求报告签发的令状相同。持令状搜查财产的官员应当向被搜查人提供搜查令的副本和扣押财产的收据，或者将令状副本和收据留在被搜查处。执行后应当及时回复，并附上书面的扣押物品清单。

《德国刑事诉讼法》以扣押标的物的种类作为划分基准：第一，动产由检察官或其辅助机关执行。执行方式包含交付保管或以封印或其他方式表示扣押。所称动产包含有价证券及电子资料，只是扣押电子资料须先保存存储装置。第二，扣押不动产（及不动产权利）由决定扣押的检察官或法官请求执行。执行方式于土地登记簿（或相当于其效力的登记簿）上进行扣押登记。第三，扣押债权及（不动产权利以外之）其他财产权利，由检察官执行。由于债权既无法同动产般取得事实上的占有，亦无法如不动产般于土地登记簿登记，因此执行方式有别。第四，扣押船舶、航空器者，原则上比照动产的执行。但因有些船舶、航空器也有登记问题，故执行方式依照登记状况不同。

德国的保全执行之扣押，一旦完成上述保全程序，不但具有公法上的保管关系，扣押标的物置于国家实力支配之下，并且因此具有德国民法上都是相对禁止移转效力。为了避免保全漏洞，保全没收扣押的效力，自应和没收宣告后的终局执行“无缝接轨”。通常，时间进行顺序是：扣押—没收—确定。在没收宣告前的阶段，是因为扣押的效力而保全财产标的；在裁判确定时点之后的阶段，标的财产的所有权或权利便从相对人终局转移到国家。问题是，没收并非一经宣告就立刻确定，仍可独立或附随于刑事本案而提起救济；在没收宣告后至裁判确定前的阶段，继续维持财产标的的保全状态，究竟其效力是来自扣押，抑或来自尚未确定的保全状态？虽然德国刑法特别赋予尚未确定之没收宣告有前述的相对禁止移转之效力，但因单靠这条实体规定还不能直接建立国家对宣告没收标的的管领权限，因此，实务上的扣押都是一路延续至裁判确定时点，以确保其与后续执行能够无缝接轨。保全证据则无禁止移转之效力，因为移转或设定负担行为原则上不会妨碍证据保全的目的，此种扣押的目的本来就不在于国家（或被害人）终局取得财产的权利，而是为了证据调查的必要，在调查证据完毕已无保全的必要，原则上也是要发还给物主。

日本刑事诉讼中扣押的执行由检察事务官或司法警察职员负责。法院为了保护被告人而有必要时，审判长可以命令法院的书记员或者司法警察负责执行。检察官、被告人或者律师在执行时可以到场，但被告人身体受到拘束的不在此限制之内。执行人应当提前将执行的时间和场所通知可以在场的人。在公务机关场所执行扣押时，应当通知该公务机关的负责人或者其代理人在场。主要内容如下：一是在查封、扣押时，必须向被处分人出示查封证或扣押证。在需要扣押财物的情况下，还必须制作扣押目录交给被扣押物的所有者等。没有扣留的必要时，被扣押的物品必须退还。所谓的退还，是指将物品返还给本来应当接受该物品的人。一旦做出退还的决定，扣押就失去效力。也可以根据所有者的请求暂时退还。所谓的暂时退还，是指扣押的效力尚未完全消失而暂时将被扣押物返还给所有人。二是在执行查封证时，可以采取开锁、开封等“必要的处分”。这里的“必要处分”是指为了达到执行的目的所必要的、社会上广泛认可的措施。三是被告人对查封的防御权。事前出示查封证有助于其了解把握侦查的内容，也可以通过事后交付扣押物品清单来掌握扣押物品的内容；其认为没有必要扣押时，可以申请退还扣押物品。[①] 法院进行的搜查和扣押，与侦查机关的侦查有所不同，一是除了可以查封、扣留以外，可以命令提交物证；二是执行查封、搜查的令状时，检察官、被告人或者辩护人可以到场。提起公诉时，仅交付扣押清单是不够的。

日本刑事诉讼中，司法警察申请令状的方式是向法官提交记载规定事项的书面资料，同时提出扣押、搜查“理由”的资料。资料的提供不局限于书面的形式，也可以采取口头陈述的方式。需要在夜间进行扣押的时候，必须在申请书中记载其主旨和理由。在扣押令状中必须记载犯罪嫌疑人的姓名、罪名、扣押物品、有效期间（原则上为7日）等。不清楚犯罪嫌疑人姓名时，可以代之以人体特征等的记录，甚至可以仅仅载明被嫌疑人不详。尽量对每一项都做出具体记载。但因为扣押物品的情况下，在搜查阶段常常不能明确确定物品的个性特征，因此，在某种程度上采取概述性记载也是不得已的办法。但即使在这种情况下，也要尽量揭示物品的形状、内容等，努力加以特定化。此外，在实务中，还可常见在列举物品之后，以“其他与本案有关的物品”的形式附上其他相关物品。关于令状的明示性通过《刑事诉讼法》第219条第1款中的记载“应查封之物、应搜查的场所、身体和物

---

① 参见［日］田口守一：《刑事诉讼法》，张凌、于秀峰译，中国政法大学出版社2010年版，第87页。

品”等和《记载规则》第155条第1款上述内容保证实施。存在例外：宪法第35条第1款，刑事诉讼法第220条第1款。因此，其一，要求在令状中写明搜查的场所、强制扣押的物品等特定内容。禁止签发一般探查性的或者探查他罪证据的一般令状（general warrant）。因为向犯罪嫌疑人出示没有特定内容的令状是没有意义的，也是在事后无法进行审查的。其二，关于如何签发令状，法律没有明文规定，但必须考虑搜查、扣押的必要性。无令状的扣押根据在于侦查机关在拘留犯罪嫌疑人时，如有必要，可以进入该人的住所搜查犯罪嫌疑人，也可以在拘留的现场进行查封、搜查或勘验。这种情况下不需要令状。所谓“在拘留犯罪嫌疑人时”，是限定在正在拘留犯罪嫌疑人的当时，还是包括预定要进行拘留的场合？紧急措施说认为，需要存在正在拘留犯罪嫌疑人这一条件；相当说认为，只要有存在证据的可能性即可，不需限定上述条件。所谓“在拘留的现场”，是涉及空间范围有多大的问题。关于这个问题，紧急措施说认为，拘留的现场限定与被拘留的犯罪嫌疑人的周边；相当说认为，在同一管理权的范围内均可进行搜查。例如，犯罪嫌疑人在起居室被拘留的场合，根据紧急措施的观点，是不能搜查寝室的。根据相当说的观点，则可以在家庭整个范围内进行搜查。此外，侦查机关可以留存犯罪嫌疑人及他人的遗留物，或者所有人、持有人或保管人任意提出的物品（任意提出物品）。从取得对物的占有的方法看，留存不是强制措施，但从持续的占有这一点看，留存具有强制性，属于强制措施的一种。日本扣押令状主义面临的课题：各种令状请求的驳回率低下，包括扣押令状。[①]

三、扣押的救济程序

扣押的救济包括扣押决定的救济和扣押执行的救济。扣押作为一种程序性强制处分，限制涉案财产的使用，很容易侵犯被追诉人和第三人的财产

---

① 参见吴宏耀、苏凌主编：《刑事搜查扣押制度改革与完善》，中国人民公安大学出版社2011年版，第125页。

权，因此当被追诉人和第三人的财产权被侵犯时，要赋予其救济的权利，因此刑事诉讼法应当明确规定扣押的救济程序，域外大多数国家刑事诉讼均设置救济程序。

英国对于非法扣押是通过非法证据排除和民事赔偿之诉来进行救济。对限制令的救济，治安法官或海关官员可以查封限制令所针对的任何可实现财产，以阻止其被转移出英国领域。对于刑事法院不签发限制令的，限制令申请人还可以提出上诉；对上诉法院的决定不服的，上诉人可以继续向上议院提起上诉。为了确保限制令的有效执行，法院还可以作出其他一些它认为适当的决定。如向有关单位和人员发出披露令，要求其提供有关资产的信息；决定对被告人披露的财产信息进行交叉盘问；命令有关人员将存放在国外的财产调回国内；命令被告人交出护照，等等。民事追缴程序中的赔偿救济措施，执法机关申请对相关财产签发临时接管令或临时管理令，而在之后的追缴程序中，法院并未认定该财产属于可追缴财产抑或关联财产，则该财产持有人可以依法向法院提出赔偿申请。财产持有人必须在规定的期间内提出。如果法院经审查认为由于签发临时接管令或临时管理令而使赔偿申请人的财产遭受损失，法院将会责令执法机关给予申请人相应的赔偿。

美国对于非法扣押的证据可以在开庭时申请非法证据排除。1914 年 Weeks v. United States 案标志着美国证据非法排除规则的诞生。联邦最高法院认为，根据不合理搜查扣押取得的证据，不能在联邦法庭上用作反对被告人的证据。1961 年 Mapp v. Ohio 开始，非法证据排除规则开始适用于各州。随着社会的发展，非法证据排除规则的适用范围受到限制，特别是 2006 年 Hudson v. Michigan 案，警察在执行司法令状过程中，在强行进入个人住宅时违反了“敲门并宣告”规则，联邦最高法院认为尚不足以构成排除搜查所得证据的正当理由。[①] 除了排除规则以外，对警察违反第四修正案进行非

---

① 参见《美国联邦宪法第四修正案：非法证据排除规则》，吴宏耀、陈芳、向燕译，中国人民公安大学出版社 2010 年版，第 3 页。

法扣押的救济途径还包括民事赔偿、对违宪警察的刑事追究和内部纪律措施。[①]

德国保全没收的扣押分为“对扣押命令本身”及“对其执行方式”两种救济途径：第一，对扣押令本身的救济，法官作出的扣押令系裁定，相对人可对法官扣押令依照一般抗告途径提起救济。对于检察官或其辅助机关作出的扣押令，无论是否请求法院追认，权利受影响相对人都可以随时就该扣押令申请法院裁判，以资救济。第二，对扣押执行方式的救济。相对人可以就扣押执行方式申请法院裁定，以资救济。

德国扣押的救济程序具有两个方面的效果：第一，非法搜查并不必然导致扣押行为无效。由于搜查和扣押是独立的两种强制处分行为，如果搜查是非法的，并不一定导致该搜查所获得的证据被排除，因此，法院需要对扣押的行为进行单独审查，考虑扣押行为是否通过暴力或欺骗进行。换句话说，非法搜查并不必然导致证据排除，而非法扣押却可以直接导致证据排除[②]。第二，紧急扣押适用独立的救济途径。搜查和扣押均采取相对法官保留原则。检察官及其辅助官员在延迟就会发生危险的紧急情况下，可以进行无令状的搜查和扣押，在这种情况下，受干预人可以随时申请法院对扣押的行为进行合法性审查。而侦查机关不用主动向法院陈报，法院本身也不能以职权主动加以审查。学界一般称其为“申请救济模式”，以与“职权救济模式”相区别。

《德国刑事诉讼法》赋予犯罪嫌疑人对强制处分提起上诉或申诉的权利。扣押分为有证扣押和无证扣押，对于法官许可采用的扣押措施，犯罪嫌疑人只能通过申诉途径。对州检察官或警察局下令执行的扣押，可以向法官上诉。这也是与德国宪法所包含的司法保护原则要求相一致。在德国，除了

---

① 参见吴宏耀、苏凌主编：《刑事搜查扣押制度改革与完善》，中国人民公安大学出版社2011年版，第64页。

② 参见杨宇冠：《非法证据排除规则研究》，中国人民公安大学出版社2002年版，第191页。

法定的紧急情况外，检察官或警察强制实施的扣押措施，必须向法官提出申请，由后者审查后发布许可令状。当然，如果检察官的申请仍不能达到法律的要求，法官就必须拒绝此申请。对于检察官和司法警察在紧急情况下采取的强制措施，犯罪嫌疑人均可以向法院提出上诉。即使有关违法的扣押行为已经得到执行，法院仍然可以将其撤销。如果扣押不是由法官决定的，而且扣押时既无当事人又无他的成年亲属在场，或者当事人或其成年亲属明确地对扣押提出了异议的，应当在3日以内提请法官对扣押进行确认；在提起公诉后，检察院或者它的一位辅助官员实施了扣押时，也应当在3日以内向法官报告，并将扣押物品交法官处理。如果三日内未得到法官确认的，扣押失去法律效力。①

日本对扣押、退还扣押物、鉴定留置的决定，可以抗告；对检察官、检察事务官、司法警察职员作出的处分不服的可以提出准抗告。准抗告对于保证实现侦查阶段的正当程序有重要的意义。2016年日本刑事诉讼法修改，进一步扩大了证据开示的对象②。检察官对于被告人、辩护人提出的证据开示请求，如查封、扣押、冻结记录等也被追加规定为证据开示对象。

第二节　返还程序

返还程序主要是返还被害人的合法财产，属于涉案财产实体性强制处分，审前返还程序很可能侵犯被追诉人的合法财产。域外国家对审前返还程序也都有明确的规定，本节主要从返还的决定程序、执行程序和救济程序三个方面进行比较研究。

---

① 参见孙长永：《侦查程序与人权——比较法考察》，中国方正出版社2000年版，第122页。

② 参见闻志强：《日本〈刑事诉讼法〉2016年修改动态》，载《国家检察官学院学报》2016年第6期。

一、返还的决定程序

返还根据诉讼阶段的不同，其决定机关也不相同，同时要求返还需要具备一定的适用条件，返还的决定程序包括返还的决定机关和适用条件。

（一）返还的决定机关

西方法治国家并不禁止对扣押的审前处分，但这一处分与扣押的启动一样，必须由法院进行审查，或者由法院以裁决的形式作出。返还涉案财产采用司法审查和令状主义原则，一般都是由法官或法院来决定是否返还，有时也有检察官决定，审查过程中还可以听取侦控机关或者犯罪嫌疑人、利害关系人意见。英国《1972 年刑事司法法》规定了命令罪犯向被害人赔偿的权力，现在被包含在 PCC（S）A2000 第 130 条中，即赔偿令（compensation order）。赔偿令本质上并不被作为惩罚性命令，甚至不是剥夺罪犯犯罪所得的一种方式。它们是为被害人提供在罪犯明显有能力偿付赔偿金时避免诉诸民事诉讼费用时的一种方便和快速的方式。PCC（S）A2000 第 148 条规定了归还令（restitution order），在物品被偷盗且罪犯就与此项偷窃相关的犯罪被定罪时，法院可以命令任何拥有或控制此物品的人将其归还给有权从他这里要求归还的人。“被盗物品”包括通过诈骗或勒索获取的物品，“与偷窃相关的犯罪”包括处理被盗物品，可能还包括共谋偷窃或协助窃贼。罪犯以外的人也可能根据第 148 条被命令归还物品，但法院只会在最清楚的案件中才会对第三方作出命令。明显适用第 148 条的情形是被定罪的窃贼或赃物处理人被抓住时拥有被盗物品。如果对于真正的所有人没有疑问，法院可以在审判结束时命令将物品归还与他。第 148 条还存在命令将罪犯拥有的且直接或间接代表了被盗物品的财物，转移给被盗物品所有权人的权力。最后，法院可以命令对被盗物品享有所有权的人，可以从罪犯被捕时拥有的金钱中被偿付不超过物品价值的数额。考虑到法院现状在 PCC（S）A2000 第 130 条规定下拥有命令赔偿的广泛权力，第 148 条规定的支付金钱的命令看来只有很有限的价值。[①]

美国在 2004 年通过了《犯罪受害者权利法案》（the Crime Victims' Rights Act，CVRA），该法案赋予刑事被害人在诉讼期间的一些权利，包括参与辩诉交易、量刑之前的法院听证等。尽管《强制被害人赔偿法案》（the Mandatory Victims Restitution Act，MVRA）在 1996 年就已经实施，但仍然要求法院有义务将返还被害人财产作为犯罪量刑的一部分。[②] 在美国遭非法搜查和扣押侵害或者被剥夺财产的人可以向财产被扣押地的地区法院以本人是该财产合法所有人或持有人为由申请返还财产。法院应当采纳对此申请作出决定所必需的有关事实方面争议的证据。如果申请被允许，应当将财产返还申请人，虽然可以附加一些合理的条件以保证在此后的诉讼中能够得到和运用这些财产。如果申请返还人的申请在大陪审团或检察官起诉后审判地区的听证时才作出或提出，也应当作为规则第 12 条规定的请求禁止的申请来对待。美国通过被害人资产返还计划（the Victim Recovery Program）返还给被害人。美国的刑事没收并没有考虑到被害人合法财产的返还问题，《美国联邦刑事诉讼规则》第 32.2（b）（2）规定，当陪审团裁决中含有适用刑事没收的决定时，刑事没收的判决应当授权检察长扣押属于没收范围的利益或财产，确定法庭认为适当的期限和条件。[③]

《德国刑法》规定对刑事涉案财物没收分利得没收和狭义没收。利得没收的目的是剥夺犯罪人通过犯罪行为所获得利益，而狭义没收是基于没收对象的社会危险性或通过没收实现预防和遏制犯罪的目的。相应地，《德国刑事诉讼法》对利得没收和狭义没收的对象审前返还作出了规定。德国立法者

---

① 参见［英］约翰·斯普莱克：《英国刑事诉讼程序》，徐美君、杨立涛译，中国人民大学出版社 2006 年版，第 583 页。

② See Scott Jones, *Forfeiture and Restitution in the Federal Criminal System: The Conflict of Victims' Rights and Government Interests*, 6 Crim. L. Brief 27, 37 (2011).

③ 参见《美国联邦刑事诉讼规则和证据规则》，卞建林译，中国政法大学出版社 1996 年版，第 71 页。

对利得没收和狭义没收的被害人求偿权作出不同规定，原因立法者认为承认狭义没收的被害人可对被扣押物主张权利的话，将与狭义没收所要维护的公共利益不相符。根据《德国刑事诉讼法》的相关规定，被害人在审前可能通过两种方式要求返还其所有的财物。一是要求返还动产。根据第 111k 条规定，对为保全证据扣押或用其他方式保全的动产，或依第 111c 条第 1 项扣押动产，在满足下列三个条件时应当归还给因犯罪而丧失该财产的被害人：刑事程序的目的实现不需要使用该财产；案件有明确的被害人；该财产的权属明确属于被害人，与第三人的请求权不抵触。当被害人对涉案动产的权利不明确时，检察官应申请法院对该动产的权属进行裁判。二是在扣押或假扣押时应优先满足被害人的请求权。在德国被害人是指因刑事不法行为直接受到财产上不利益，而可通过因此形成的民法请求权向利得人取回财产利益的人，这特别是指损害赔偿请求权人和所有物返还请求权人。根据第 111g 条规定，犯罪被害人可依据犯罪所生的请求权向第 111c 条的物品命令扣押及第 111d 条命令假扣押的管辖法院申请强制执行或假扣押执行处分，被害人一旦获得了法院对财产的强制执行或假扣押执行处分，则该处分优先于第 111c 条的物品扣押及第 111d 条的假扣押。不服作出强制执行或假扣押执行的裁决，检察官、被告人及被害人可对该裁定提出立即抗告。被害人应释明请求权是由犯罪产生，否则法院不得准许强制执行或假扣押执行处分。被害人在提出处分申请时，可使用一切证据方法，也准许以保证代宣誓来提出自己的主张。但不得采用不能即时进行证据调查证据。根据 111h 条规定，对于第 111d 已经假扣押的土地、船舶、建造中的船舶或航空器，被害人根据由犯罪所生的请求权实施强制执行或执行假扣押时，应要求其权利优先于第 111d 条假扣押执行所产生的保全抵押权。被准许前移权利的顺位，不因假扣押被撤销而消灭。顺位变更，须得管理假扣押的法官准许。《德国刑事诉讼法》第 403 条规定，被害人或其继承人可以在刑事程序中对被指控人主张由犯罪行为产生的、属于普通法院管辖的且尚未在其他法院提起诉讼的、财产权上的请求权，在地方法院进行的程序不论争论标的额大小。[①] 被害人的申请可以书面形式，或者以口头作出由书记员制成笔录的形式提出，法院审理中亦可在终结陈述开始前口头提出。申请在法庭审理开始前提出时，应当通知申请人法庭审理的地点和时间。对申请的判决等同于在民事纠纷中作出的判决。《德国刑事诉讼法》规定的赔偿被害人程序类似于我国的刑事附带民事诉讼。

《日本刑事诉讼法》第 123 条规定，扣押物没有必要留存的，不必等待被告案件终结，应当裁定予以返还。扣押物的所有人、持有人、保管人或者提交人提出请求的，可用裁定暂时返还。作出裁定时，应当听取检察官和被告人或者辩护人的意见。第 124 条规定，被扣押的赃款没有必要留存的，只有被害人有明确理由应予返还的，才不必等待被告案件终结，在听取检察官和被告人或者辩护人的意见以后，应当用裁定将该被扣押的赃物返还被害人。前款的规定，不妨碍利害关系人依照民事诉讼程序主张自己的权利。[②]

（二）返还的适用条件

域外刑事诉讼法对审前返还被害人财产规定了相应的法律条件。英国《2002 年犯罪收益追缴法》第 301 条规定，违法行为的受害者有权在民事追缴程序开始后的任何时候向治安法庭或苏格兰郡司法长官申请归还被留置或扣押的现金。为了使自己的请求获得法官的支持，他必须证明他由于违法行为而失去了属于他的现金或财产。为证明自己主张的合法性，违法行为受害者必须向法官或者苏格兰大臣证明他被剥夺的财产不是来源于不法行为，也不是可追缴的财产，并且证明这些财产属于他所有。当法官认为受害者提供的证据符合法律规定的这些条件时，可以下令将受害者的财产从追缴的现金

---

① 参见《德国刑事诉讼法典》，宗玉琨译注，知识产权出版社 2013 年版，第 272 页。

② 参见［日］田口守一：《刑事诉讼法》，张凌、于秀峰译，中国政法大学出版社 2010 年版，第 37 页。

中分出，以判还给他们。任何第三人都可以申请将他们的财产归还给他们。任何第三人都可以申请将他们的财产归还给他们，但法庭必须考虑以下四个条件是否被满足：其一，该第三人不是扣押申请中涉及的现金被扣押人；其二，现金属于第三人所有；其三，现金留置的条件不再适用；其四，现金被扣押人没有提出异议。这比被害人要求归还财产的证明要求要简单。①

《德国刑事诉讼法》第 94 条明确发还被害人财产的要求是：被害人明确，无第三人的请求权与此相抵触，并且刑事诉讼程序不再需要。《日本刑事诉讼法》第 124 条关于发还被害人财产的实体要件是没有必要扣留，要求以应返还被害人的理由明显时为限，并强调发还不应妨碍利害关系人依照民事诉讼程序主张权利。②《韩国刑事诉讼法》第 134 条确立的发还条件也是明显发还被害人的理由。③《法国刑事诉讼法》第 99 条规定了不得返还被害人财产的情形：如交还物品有碍于查明事实真相，或者有碍于保护诸当事人的权利，或者交还物品对人身、财产具有危险，则无须交还此种物品；在法律有规定应当没收物品时，可以拒绝交还物品。④《意大利刑事诉讼法》规定，在终审判决之后，应当将所扣押之物返还给权利人，除非根据法律需要将扣押之物没收。当然，返还被扣押之物并不一定要在终审判决之后，也可以在诉讼程序进行中，只要被扣押之物在诉讼程序中的功能（如证明案件事实）已经实现或者确定无法实现。如果权利人要求提前返还被扣押的物品，司法机关可以要求其缴纳保证金。如果对于被扣押之物的权利归属等问题没有争议，那么司法机关应当发布命令返还被扣押之物。如果扣押发生在非权利人之处，扣押之物也可以直接返还给权利人，但是在返还之前必须举行听证让该第三人发表意见。如果对于被扣押之物的权属发生争议，法官则应当

---

① 参见《英国 2002 年犯罪收益追缴法》，张磊、梁文钧、罗海珊译，中国政法大学出版社 2010 年版，第 39 页。

② 参见《日本刑事诉讼法》，宋英辉译，中国政法大学出版社 2000 年版，第 30 页。

③ 参见《韩国刑事诉讼法》，马相哲译，中国政法大学出版社 2004 年版，第 40 页。

④ 参见《法国刑事诉讼法典》，罗结珍译，中国法制出版社 2006 年版，第 100 页。

暂停返还而将案件转至有管辖权的初审法院的民庭解决权属争议。在有关权属争议的民事终审判决作出之前，应当保持扣押的状态。[①]

二、返还的执行程序

《英国2002年犯罪收益追缴法》规定，在刑事没收和民事追缴中的执行机关都是资产追缴局，而在现金追缴程序中，执行机关为海关人员、警务人员或者苏格兰地方检察官。如果在调查中发现现金或者现金孳息并非意图用于违法行为，即当无法满足留置的条件时，可以在通知命令留置现金的治安法庭、治安法官或苏格兰郡司法长官之后将现金归还给当事人。[②]

《美国1984年全面控制犯罪法案》（the Comprehensive Crime Control Act of 1984，CCA）规定，没收的资产被纳入司法部控制的资产没收基金（the Assets Forfeiture Fund），被用于支付与没收有关的管理、处置和调查费用等，对于资产没收具有一定的激励机制，司法实践中往往优先于被害人合法财产的返还，导致被害人的合法权利得不到有效保护。

德国返还的执行机关是检察机关。在提起公诉后的法院程序中，也就是在每个阶段的程序均有检察院参与。检察院的意见必须始终受到听询，检察院可以提出申请，还可以提出对被告人有利或不利的法律救济。检察院除了作为侦查和公诉机关的职能外，还有其作为执行机关的工作，《德国刑事诉讼法》第451条第1款规定："由检察院……负责执行"。刑罚执行包括罚金刑，以及执行自由刑和剥夺自由的矫正与保安管束。需要区别的就是执行刑罚本身由州司法行政机关负责。[③] 因此，被害人合法财产的审前返还也是由检察机关负责执行。

---

① 参见吴宏耀、苏凌主编：《刑事搜查扣押制度改革与完善》，中国人民公安大学出版社2011年版，第150页。

② 参见《英国2002年犯罪收益追缴法》，张磊、梁文钧、罗海珊译，中国政法大学出版社2010年版，第40页。

③ 参见《德国刑事诉讼法典》，宗玉琨译注，知识产权出版社2013年版，第55页。

法国实行“检警一体”模式。只有共和国检察官有权行使公诉权，司法警察受共和国检察官领导（direction），在司法警察的晋级条件中，检察长的评价是需要考虑的内容之一。[①] 共和国检察官享有与司法警察身份相关的一切权力与特权。《法国刑事诉讼法》规定，如果利害关系人申请时没有适格的司法管辖法院，归还扣押物品的责任就落到共和国检察官身上。法院严格规定了拒绝退还扣押物品的理由，即会产生危险或者依法已销毁。如果扣押物品对证明事实真相已不再有用，共和国检察官也可以先行授权司法警察退还扣押的相关物品。预审法官作出的裁定，应当通知提出归还申请的人（在其申请被驳回的情况下），或者通知检察院以及在作出归还物品之决定的情况下有利益关系的任何人。

《日本刑事诉讼法》第 497 条规定，在执行没收以后 3 个月以内，物品的权利人请求返还被没收物品时，除应当销毁、废弃的以外，检察官应当返还被没收物。第 499 条规定，接受返还扣押物的人下落不明或者因其他事由而不能返还该物品时，检察官应当依照政令规定的方式予以公告。根据第 222 条第 1 款准用的第 123 条第 1 款或者第 124 条第 1 款的规定，或者第 220 条第 2 款的规定将要返还扣押物时，依前款规定。在该情况下，该款中的“检察官”替换为“检察官或者司法警察员”。从依照前规定作出的公告之日起，6 个月内无人请求返还的，该物品归属国库。在前款的期间以内，也可以废弃无价值的物品，拍卖不便保管的物品后保管其价款。《日本刑事诉讼法》第 109 条规定，检察事务官或者法院书记官，执行查封证、附带记录命令的查封证或者搜查证时，在必要的情况下，可以要求司法警察职员予以协助。[②]

---

① 参见［法］贝尔纳·布洛克：《法国刑事诉讼法》，罗结珍译，中国政法大学出版社 2009 年版，第Ⅴ页。

② 参见张凌、于秀峰编译：《日本刑事诉讼法律总览》，人民法院出版社 2017 年版，第 124 ~ 125 页。

三、返还的救济程序

《英国2002年犯罪收益追缴法》规定，如果治安法院和郡治安裁判所认为现金不符合追缴的条件，最终没有作出没收的决定，在返还现金的同时还会产生赔偿的问题。如果现金被海关扣押，应当由海关税务司来进行赔偿。如果是被警务机关扣押，就要区分不同的情况：在苏格兰或者威尔士，从警务部门费用的警务基金中支付赔偿金；在苏格兰，则由进行扣押的警务当局或者警务地区的联合警务委员会来进行赔偿；如果是在北爱尔兰，根据《2000年北爱尔兰警察法》的规定，赔偿由郡警察局局长支付。①

《美国联邦刑事诉讼规则》规定，物品受到扣押的人认为发生了违法的搜查、扣押，或是财产受到了任意剥夺时，向财产扣押的法院发起动议，要求返还扣押物。对于动议获准者，法院应当将扣押物返还物品受到扣押的人，但可以附加合理的条件，以保证该财产能用以将来的程序。②

法国预审法官裁定不予返还物品的，利益关系人可以通过法院书记室向上诉法院预审庭申请救济。上诉期间具有中止效力。在提出上诉的情况下，检察长应当提前5日向各有关当事人通知上诉法院预审庭的开庭日期。不遵守这些规定，则引起程序无效的后果。对上诉法院预审庭的决定可以立即向法国最高法院提出上诉。在预审已经终结，审判法庭已受理案件的情况下，由审判法庭决定被扣押物品的命运。因此，从这时起，有利益的当事人的相关要求应当向审判法庭提出。在预审法官以“不予移送起诉裁定书”终结侦查的情况下，仍然由预审法官或上诉法预审庭就这一问题作出审理决定。《法国刑事诉讼法》第41－4条第3款规定：如果在（检察院）作出“不立案决定”之后，或者自最后受理案件的法庭停止管辖时开始，6个月内无人

---

① 参见《英国2002年犯罪收益追缴法》，张磊、梁文钧、罗海珊译，中国政法大学出版社2010年版，第40页。

② 参见《美国联邦刑事诉讼规则和证据规则》，卞建林译，中国政法大学出版社1996年版，第82页。

请求归还物品，或者没有作出归还物品的决定，未予归还的物品收归国家，但仍然保留第三人的权利。物品的所有人在接收寄送至其住所的催告书之后2个月期限内不要求取回物品时，也做相同处理。如果将有些物品归还可能对人员或财产造成伤害，在不予归还裁定不再受到异议或者终局确定之时，应将这些物品交给国家。预审法官还是用裁定来回答诸当事人或第三人提出的归还被扣物品的请求。①

《日本刑事诉讼法》第429条规定，对于法官和检察官作出的扣押或者返还扣押物的裁判，对裁判不服的人，可以提出准抗告。由简易法院法官作出的裁判可以提出向管辖地方法院提出；对其他法官所作出的裁判可以向该法官所属的法院，请求撤销或者变更该项裁定。② 第430条规定，对检察官或者检察事务官作出的关于扣押或返还扣押物的处分不服的人，可以向与该检察官或检察事务官所属的检察厅相对应的法院，请求撤销或者变更该处分。对司法警察职员作出的前款处分不服的人，可以向司法警察职员执行职务地的有管辖权的地方法院或者简易法院，请求撤销或者变更该处分。

第三节 没收程序

前文述及，本节研究的没收程序主要指涉案财产的没收，域外法治发达国家的涉案财产的没收与财产刑没收适用同一程序。没收程序又可以分为没收的决定程序、执行程序和救济程序。

---

① 参见吴宏耀、苏凌主编：《刑事搜查扣押制度改革与完善》，中国人民公安大学出版社2011年版，第89页。

② 参见张凌、于秀峰编译：《日本刑事诉讼法律总览》，人民法院出版社2017年版，第113页。

一、没收的决定程序

没收的决定程序主要包括决定机关和证明标准两个方面。

（一）没收的决定机关

英国刑事诉讼中，刑事没收是一种在刑事诉讼程序中针对被告人财产的剥夺制度。刑事没收与刑事诉讼密切相关，或者说以针对财产持有人的刑事诉讼为必要条件，只有当财产持有人已经被刑事法院定罪或者已经被移送到刑事法院等候判刑时，才能对其签发《2002 年犯罪收益追缴法》所规定的刑事没收令。刑事没收令可以在下列情况下签发，第一种情况是被告人已经在刑事法院被定罪；第二种情况是被告人已经在基层的治安法院被定罪，为签发刑事没收令的目的将其移送刑事法院判罚。英国刑事没收的主要特征如下[①]：第一，刑事没收不是一种刑罚，它的目的不是要剥夺被告人的任何财务，而是要让他“吐出”或者说丧失因犯罪而获得的经济利益，没收令的签发相当于判定被告人负有向国家交出犯罪收益的义务。虽然刑事没收是对刑事被告人适用的，但它对犯罪收益的认定和追缴遵循着一些特殊的规则，可以相对独立于现行刑事诉讼对相关犯罪事实的认定，甚至可以相对独立于现行刑事诉讼的进展和结果，只要相关财物被认定为属于犯罪行为的产物或者有关收益与犯罪行为相关，即可对其犯罪收益加以没收。第二，签发没收令的时间可以是在对被告人判刑之前，也可以是在判刑之后；在后一种情况下，有关的没收程序可以自定罪之日起推迟 2 年，没收程序的推迟不影响对被告人作出其他处罚判决。这样有利于获得较为充足的时间专门查证被告人的犯罪收益情况。第三，针对犯罪收益的没收程序可以在被告人潜逃的情况下进行。如果被告人在定罪后潜逃，检察官或者其他主管机关仍然可以向刑

---

① 参见黄风、梁文钧：《英国〈2002 年犯罪收益（追缴）法〉中的刑事没收制度》，载《中国司法》2007 年第 6 期。

事法院提出签发没收令的申请。即使在逃的被告人并未被定罪，但只要针对该人的刑事诉讼仍在进行，并且其潜逃期限已满两年，刑事法院同样可以根据检察官和其他主管机关的申请作出没收犯罪收益的决定。第四，没收对象不一定是产生于现行刑事审判所认定的犯罪行为的收益。对于被认定具有“犯罪生活方式”的被告人，法院在判定其是否从犯罪行为中获利以及获取了多少利益时，考虑的不是“特定犯罪行为”，而是“一般犯罪行为”，即被告人先前曾经实施过的所有犯罪行为。此外，法院可以推定该人在一定期限内获得的财产或者发生的开销均来自于犯罪收益，该期限最长可为自被告人受追诉之日起向前回溯的 6 年的时间段。

美国资产没收最初是用于打击走私犯罪，20 世纪七八十年代成为打击有组织犯罪、毒品犯罪的有力措施，随后进一步扩大到诈骗和其他白领犯罪。根据最新的统计数据，一半左右的资产没收涉及联邦白领犯罪。在过去的 20 年间，司法部通过资产没收追缴大约 30 亿美元的诈骗犯罪收益[①]。资产没收可以分为行政没收、刑事没收和民事没收。行政没收也就是无异议没收，行政执法机关可以直接没收扣押的财物。在美国联邦司法体系，近 80% 的行政没收无人提出异议[②]。如果提出异议，联邦政府有两种选择，刑事没收或民事没收。刑事没收（criminal forfeiture）[③] 也称对人诉讼（*in personam* Action），它是作为对被告人定罪后判刑的一部分，是一种刑罚措施，必须以认定被告人犯罪为前提，只能针对有罪被告人适用，而且没收的财物必须是与被认定构成犯罪的行为有关联。刑事没收最初仅限于毒品重罪、洗钱、淫秽物品运输以及与银行业有关的犯罪。但近年来，刑事没收的适用扩张到大多数联邦犯罪，包括恐怖犯罪和白领犯罪，没收的范围也很广泛。刑

---

① See Alice W. Dery, *Overview of Asset Forfeiture*, 2012 Bus. L. Today 1, 5 (2012).

② 参见吴光升：《未定罪案件涉案财物没收程序之若干比较——以美国联邦民事没收程序为比较视角》，载《中国政法大学学报》2013 年第 2 期。

③ See Black's Law Dictionary, 765, criminal forfeiture (1866) A governmental proceeding brought against a person to seize property as punishment for the person's criminal behavior.

事没收程序是规定在附属程序中的，当法院启动刑事没收的附属程序时，要告知任何可能主张没收财产利益的第三人，只有第三人的诉求解决了，法院才会进入一个最终的没收财产令，将其财产的产权转移到政府。[①]。民事没收(civil forfeiture)[②] 与刑事没收一样，也是司法程序，它是针对与犯罪行为有关的财物提起的一种民事诉讼，被告是物而非人，又称为对物诉讼（*in rem* Action）。在民事没收中，虽然拟没收财物与犯罪行为有关，但它并不以某人的定罪为前提，它可以在刑事起诉前提起，也可以在刑事起诉后提起，甚至在没有刑事起诉时也可提起。美国联邦涉及民事没收的法律有 100 多部，主要体现在《美国法典》第 21 章第 881 条的药品控制法案和第 18 章第 981 条的 1986 年洗钱法案[③]。民事没收本质上是救济而不是惩罚，因为民事没收的目的不是惩罚某个人，而是救济因犯罪行为而受到的损失。当事人必须在法定期限内提出财产权申请或者答辩。像任何其他民事案件一样，民事没收案件需要证据开示、动议和最终的审判、陪审团等程序保障。在民事没收程序中，第三人提出诉求的，必须被列入诉讼。行政没收、民事没收和刑事没收的区别：（1）性质不同。行政没收是一种非司法没收，刑事没收和民事没收均属于司法没收。刑事没收本质上是一种刑罚，是量刑程序的一部分；民事没收本质上是救济而不是惩罚。（2）适用对象不同。行政没收适用于不超过 50 万美元的与案件有关的个人财物（personal property），不动产和超过 50 万美元的财物不可以直接实施行政没收。刑事没收只能没收被定罪被告人的财物，不能没收第三人财物，在因被告人导致前两种财物消失时，还可以没收被告人的替代性财产（substitute property）[④]。民事没收可以没收第三

---

① See 18 U. S. Code § 982.

② See Black's Law Dictionary, 765, Civil forfeiture. (1867) An in rem proceeding brought by the government against property that either facilitated a crime or was acquired as a result of criminal activity.

③ See David J. Taube, *Civil Forfeiture*, 30 Am. Crim. L. Rev. 1025, 1048 (1993).

④ 参见吴光升：《未定罪案件涉案财物没收程序之若干比较——以美国联邦民事没收程序为比较视角》，载《中国政法大学学报》2013 年第 2 期。

人财物，但只能没收与犯罪行为有关联而且没收时仍然存在的财物，而不能没收替代性财产。(3) 没收根据不同。刑事没收必须以有罪判决为根据，行政没收和民事没收并不依靠对行为人的刑事判决。在司法实务上，刑事没收和民事没收并不排斥，民事没收程序可以与包含刑事没收程序的刑事普通程序并行①，虽然执法机关比较偏爱民事没收，但一般情况下是同时提起民事没收与刑事没收，以保证最大限度地没收涉案财物。具体操作是，如果没有法律限制，一般是一方面先进行行政没收，另一方面通过刑事起诉书提出刑事没收。因为在行政没收中，如果有人提出异议，执法机关就可通过一定程序转入民事没收程序，从而可与刑事没收同时进行。

《德国刑事诉讼法》认为涉案财产的没收原则上应当通过定罪没收程序进行，独立于刑事责任追究程序的涉案财产没收程序只能是例外。如德国1871年《刑法典》第40条规定，没收命令必须在量刑中宣布；第42条规定，作为例外情况，如果无特定人员被起诉或定罪，也可提出独立的没收诉讼。而德国现行《刑法典》规定，如果有特定人员被起诉，没收就应当在该刑事程序中解决。德国立法者于2017年对刑事没收制度进行改革，根据没收对象的不同，明确将犯罪物品没收区分为刑罚没收和保安没收。其中，刑罚没收的对象是犯罪行为生成之物以及行为人所有的犯罪工具。这种没收具有刑罚性质，以行为人具有罪责为适用前提。保安没收的对象则是依照其性质与所处情境，会对公众造成危险的物品以及可能被行为人用于实施违法犯罪行为的物品。此种没收不具有刑罚属性，故也不以行为人具有罪责或者对相关物品享有所有权为适用前提。违法所得没收的法律属性与规范目的则有所不同。其既非刑罚也非保安处分，而是“准不当得利的衡平措施”，旨在剥夺行为人因不法行为所获利益、根除犯罪的经济诱因并恢复社会整体财产秩序。因此，违法所得没收并不考虑行为人的罪责，只要行为人的财产增

① 参见吴光升：《未定罪案件涉案财物没收程序之若干比较——以美国联邦民事没收程序为比较视角》，载《中国政法大学学报》2013年第2期。

益欠缺法律上的原因，就应当将之返还被害人或上缴国库。该种没收制度自1975年在《德国刑法典》中确立以来，历经数次修改。一方面，德国立法机关不断扩张没收的范围，防止任何人以任何方式保有违法所得：其将没收的相对人从行为人扩展至其他第三人（第73b条），规定没收的对象不但包括直接所得和间接所得（第73条），而且包括替代价额（第73c条），即在直接所得和间接所得已经灭失、被行为人消费或者被转移至他国而无法没收时，以行为人的合法财产进行抵偿。此外，其还明确规定，在计算没收数额时应采“总额原则”（第73d条），对行为人用于实施犯罪或者预备实施犯罪的支出和成本不予扣除。另一方面，为避免执行没收裁判时对相对人的财产造成双重剥夺（既返还被害人又上缴国库），德国立法者对违法所得没收也做出了排除性规定（第73e条）。例如，若被害人针对行为人的返还请求权在裁判时已经基于债的给付、免除或其他法律原因归于消灭，则不得再宣告违法所得没收。[1]

（二）没收的证明标准

英国刑事法院签发没收令的程序，相对于被告人的定罪程序和量刑程序，具有一定的独立性，这种独立性突出地表现在举证责任分配方面。《英国2002年犯罪收益追缴法》减轻了主管机关在没收令申请程序中的举证责任，加重了被告人的证明责任。法院在进行这种评判时不依据刑事诉讼的证明标准，而应依据“优势证据标准”（balance of probabilities）[2]，即根据诉讼双方提供的证据分量轻重权衡有关事实的或然性程度，这实际上似乎民事诉讼的证明标准。除了刑事没收外，《英国2002年犯罪收益追缴法》还规定了民事追缴（civil recovery）制度，这是颇具改革及创新特色的财产追缴机

---

① 参见王钢：《德国近五十年刑事立法述评》，载《政治与法律》2020年第3期。

② 参见《英国2002年犯罪收益追缴法》，张磊、梁文钧、罗海珊译，中国政法大学出版社2010年版，第10页。

制。这一制度的核心是将民事程序引入高级法院，由法官运用“优势证据标准”证明财产是否属于犯罪所得或将用于实施犯罪，从而将该类财产收归国有。除了刑事没收和民事追缴程序外，《英国2002年犯罪收益追缴法》还规定了现金追缴简易程序，该程序主要从英国《1994年禁毒法》发展而来，也是采用优势证明标准。

美国行政没收、民事没收和刑事没收的证明标准不同。刑事没收的证明最高，联邦政府证明犯罪事实的标准是排除合理怀疑，而证明财产与犯罪之间联系的证明标准是高度盖然性；民事没收采取的证据标准是“优势证据”标准（preponderance of evidence）。[①]

日本刑事诉讼没收的程序规定主要体现在《麻醉药品特例法》《有组织犯罪法》。《麻醉药品特例法》创设了药物犯罪收益的推定规定[②]。日本以往的制度中，为了实施没收，检察官必须证明没收的对象物是个别犯罪行为所得，换言之，检察官必须要证明各个犯罪行为同没收对象物之间所存在的紧密联系。但是，在药物的不正当交易持续进行的场合，即便在总体上可以证明一定时期内所犯的一系列药物犯罪的不法收益，但是，难以严密地证实其中的哪部分收益会是因哪一具体犯罪行为所得之情形并不少见。于是，《麻醉药品特例法》规定，创设“以走私等行为为业罪”这一新型犯罪的同时；导入“药物犯罪收益的推定规定”，以作为对此问题的回应。所谓“以走私等行为为业罪”是指以药物的走私、贩卖、购买等“为业”作为犯罪的构成要件，因这也被看作“药物犯罪”的一种，从而由此取得的财产也作为“药物犯罪收益”而成为没收的对象。这样一来，《麻醉药品特例法》通过将犯罪构成要件的内容加以扩张，使单个交易行为与没收对象的联系不再成为举证的对象，检察官只要证明作为全体的复数行为与该期间内所得的不法

① 参见裴显鼎、王晓东、刘晓虎：《违法所得没收程序重点疑难问题解读》，载《法律适用》2017年第13期。

② 参见［日］金光旭：《日本刑法中的不法收益之剥夺——以没收、追缴制度为中心》，钱叶六译，载《中外法学》2009年第5期。

利益存在关联性即已足。此外，药物犯罪收益的推定规定就上述“为业”期间的药物犯罪收益的认定方法作出了规定，“关于涉及第 5 条之罪的药物犯罪的收益，犯罪人在以该条各项所揭示的行为为业的期间内所取得的财产，如果能够认定其金额明显高于犯罪人在此期间内的劳动收入或者依法受领的给付状况，就推定为涉及该罪的药物犯罪的收益”。据起草当局的解释，检察官方面只要证明以下三点内容，而被告人对此不能反证时，法院就可以认定其为第 5 条之罪的不法收益：①犯罪人犯第 5 条之罪；②犯人在第 5 条规定的行为为业的期间内取得了特定的财产；③该财产的价额明显高于犯罪人的劳动收入或者依法受领的给付状况。学者中不少人认为，该推定规定是转换举证责任，从而有违“存疑有利于被告人”的原则。恐怕这些学者所立足的前提是：对第 5 条药物犯罪的收益的证明必须达到“不容合理的怀疑”的程度，而起草当局的立场是只要证明了上述三点事实，即使尚存有合理的怀疑，照样能够认定为药物犯罪的收益。但是，起草当局对此进行如下反驳：能作出这一推定的实质理由在于以下两点：①“如果证明了犯罪人取得的财产与正当收益明显不符，那么就说明存在该财产是药物犯罪收益的高度的盖然性”；②“由于是犯罪人自身取得该财产，因此，倘若存在其他取得途径，犯罪人自己作反证是非常容易的”。被告人不能反证，进一步提高了该财产属于药物犯罪收益的盖然性。所以，基于①和②加起来的高度盖然性来认定该财产是药物犯罪的收益，根本不违反“存疑有利于被告人”的原则。在这一意义上，与其说“推定”规定的是举证责任的转换或者“存疑有利于被告人”原则的例外，毋宁说只不过明确了一种事实认定法则（基于存在的前提事实合理地认定推定事实的存在）。以上反驳也有一定道理。但是，应该考虑到“明显不符的高额财产”中，包括不少系犯罪人在进行药物非法行为的业务活动期间通过赌博、卖淫等其他违法活动而获得的收益的情形，对此，犯罪人自己来进行反证其实是不可能的（如果法律要求自己反证，有违自我负罪的原则），在这种情况下，并不像立法当局所说，因为没有反证就存在高度盖然性。在这个意义上说，检察官只证明上述①至

③的事实还不够，对不存在其他的获取途径（包括其他犯罪）也应进行证明。

二、没收的执行程序

美国的行政没收具有一种高效性，联邦执法机关比较偏好行政没收程序。但联邦法律对行政执行机关实施行政没收施加了严格的底线以及严格的告知义务。行政执法机关开始行政没收之前，必须在报纸上告知当事人和其他任何有潜在利益的人。如果没有人在法定期间内提出异议，行政机关就可以完成行政没收程序。

日本应当没收之物已经扣押的，因裁判的生效，物的所有权属于国库，不需要另行执行。相反，该物没有被扣押的，检察官命令提交该物；不提交时，用没收命令书强制执行。这一程序相当于罚金的执行。也可以对继承财产和合并后的法人进行执行。没收物品的所有权因执行归属于国库。没收的物品必须根据法令规定进行处分。对于没有没收的扣押物品也按上述规定处理。日本没收的强制执行是由检察官负责，检察官进行强制执行时，在强制执行委托书上附加征收命令书，委托法务省法务局局长或者地方法务局局长执行。法务局设在全国的高等检察厅所在地；地方法务局设在其他的地方检察厅所在地。执行程序不适用民事执行中的债权名义执行以前的送达规定，但其他情况依照民事执行法以及有关法令执行。除了作为刑罚的罚金和科料以外，还有附带于刑罚的处分，如追缴、诉讼费用、预先缴纳、作为不属于刑罚处分的科料、没收、费用赔偿，这些款项在司法实务上都称为征收金，与财产刑一起处理。罚金的时效期间为 3 年，科料和没收的时效期间为 1 年。时效因执行行为而中断。执行行为除了包括强制执行以外，还包括罚金、科料的部分缴纳和劳役场留置的执行。①

---

① 参见［日］松尾浩也：《日本刑事诉讼法》（下卷），张凌译，中国人民大学出版社 2005 年版，第 344～345 页。

三、没收的救济程序

英国《2002年犯罪收益追缴法》所调整的刑事没收制度具有相对独立性，这种对犯罪收益的没收不属于刑事处罚的范围，不构成刑罚，因此，不能成为被告人上诉的对象。相反，如果刑事法院决定不签发没收令或者决定没收的财产数额不合理，检察官和资产追缴局局长则有权向上诉法院提起上诉。英国《2002年犯罪收益追缴法》也为被告人规定了在某些情况下针对没收令提出申诉的救济手段。首先，被告人可以针对在其缺席情况下决定签发的没收令申请变更或撤销。其次，如果曾经潜逃的被告人重返相关诉讼程序且认为没收数额过大，他可以在被定罪之日起28日内申请对没收令进行变更。再次，如果曾经潜逃的被告人被宣告无罪并向刑事法院申请撤销没收令，则法院必须撤销没收令。最后，如果曾经潜逃的被告人虽未被宣告无罪、但向法院申请撤销没收令，且在有关的诉讼过程中曾发生不当延迟的情况，或者检察官不想继续坚持控告，法院也可以酌情决定撤销没收令。

美国行政没收、刑事没收、民事没收三种没收均设置了救济机制，但救济方式不同。行政没收中，财物所有人只能以程序瑕疵为由，申请法院撤销行政没收，而不能以“无辜所有者”（innocent owner）提出抗辩；刑事没收中，专门设置一种刑事没收附属程序，赋予案外第三人的参与权，禁止其在法院做出没收决定之前参与刑事诉讼或另行提出诉讼；民事没收中，财产所有权人是事善意第三人的，可以对财产没收提出抗辩，但财产所有权人应当提供其实财产所有权人且属于善意第三人的相关证据。①

德国经济刑法中对财产的假没收，犯罪人通过法律救济途径提出异议，认为财产不是由犯罪行为产生的，他就要向刑事法院提出，而不是财政法院，而刑事法院可能没有那么多的财政知识，审理起来比较困难。这是新法

---

① 参见裴显鼎、王晓东、刘晓虎：《违法所得没收程序重点疑难问题解读》，载《法律适用》2017年第13期。

运用的一个困难之处。①

日本对于判决执行提出的异议申请，首先，被判处没收刑罚的人对判决的解释有异议时，可以请求解释判决。这种请求是对刑罚执行的救济，这里的“判决”是指宣告刑罚的部分，即指判决的主文，主文的解释当然也涉及判决理由的解释。其次，被执行刑罚和一般裁定的人及其法定代理人、保佐人认为检察官作出的执行处分不当的，可以对执行处分提出异议申请。解释的申请和异议的申请，有时实际上是重合的。申请以书面的形式向宣告该判决的法院提出。② 在日本，法院没收涉案财物时，必须给予案外第三人了解、辩解和防御的机会，否则就构成违宪，日本为此特别制定《刑事案件中的第三者所有物品没收程序的紧急措施法》，规定必须保障案外第三人有了解和参加刑事诉讼的权利。《刑事案件中没收第三者所有物程序的应急措施法》的宗旨是，为了防止被告人之外的第三人的所有物在刑事程序上被错误没收，而在事前参加和事后救济两个层次对于该第三人给予保护。具体来说，该法给予第三人参与刑事诉讼程序对被没收物品进行维权的机会；在对第三人所有物已经进行了错误的没收之后，对于已经确定的判决给予其充分的权利救济。首先，规定了检察院的告知义务。③ 其次，规定了法院听取第三人陈述的义务。检察院或者申请人，对于申请参加的请求被废弃的决定，或者对法院作出允许参加的裁判后又予以取消的决定，可以立刻进行上诉。再次，赋予了参加人权利。最后，明确了参加人在上诉中的地位。在检察官或者被告人上诉，而参加人没有上诉的情况下，参加人在上诉审中自动取得参加人的地位。

---

① 笔者于2018年2月发邮件给宗玉琨教授请教关于德国2017年《刑法财产剥夺改革法》修改内容，宗教授不吝赐教，指出德国新法的主要修改内容，本文在此予以引用。

② 参见［日］松尾浩也：《日本刑事诉讼法》（下卷），张凌译，中国人民大学出版社2005年版，第346页。

③ 参见董文：《日本刑法中的没收制度研究》，山东大学2014年硕士学位论文，第23页。

第四节　启　示

通过对域外涉案财产处置程序的比较分析，可以发现域外涉案财产处置程序呈现多元化的发展态势，处置程序中一般决定程序和执行程序分离，救济机制完善等。这些特点说明域外法治发达国家和地区涉案财产处置遵循了正当程序的理念和要求。虽然我国的国情不同，但其涉案财产处置的一些具体程序设计可以给我们提供借鉴和启示。

一、涉案财产处置程序多元化发展

（一）扣押层次非常丰富

域外的涉案财产保全措施层次较为丰富，除了动产的扣押、不动产的查封和债权的冻结等剥夺型措施以外，还有其他一些保全手段。以美国联邦涉案财产保全措施为例，除了扣押等剥夺型措施外，还有其他三种重要的保全手段：一是财产管制措施。其特点是不转移涉案财产的占有状态。二是未决诉讼提示，目的仅在于阻断第三人在结案之前以善意取得为由对该不动产权属提出抗辩。三是诉讼中间出售，主要是在扣押物可能损耗时，允许通过变价来保全其价值。德国除了扣押以外，还明确规定了假扣押等财产保全措施。我国刑事诉讼涉案财产的程序性强制处分除了目前的查封、扣押、冻结以外，还应当规定更加丰富的保全措施，以最大限度地减少对被追诉人、被害人和第三人财产权利的侵犯。

（二）没收程序多元发展

域外的刑事没收程序呈现多元化发展态势。如英美法系涉案财产没收程序以民事没收为主轴，但也包括刑事没收和行政没收两种形式，且从美国刑事诉讼涉案财产没收的司法实践来看，行政没收所占比例较大。大陆法系以刑事没收为主轴，但是德国、日本等针对组织、洗钱等重大犯罪特别法中的没收已不再局限于“原物”的特性，追征也已日渐逾越原先欲剥夺增加的犯罪所得或没收代替处分的性质。

（三）配套措施日渐充实

域外的涉案财产处置在人力、物力和配套措施方面也日渐充实完善。如英国、美国等国家专门成立资产追缴管理局，负责涉案财产的执行。英国规定了没收令这一制裁措施，被告人故意拒绝执行或因严重疏忽而未执行的，资产追缴局局长可以向刑事法院提出签发传唤令或者进行逮捕的申请，法院有权依照有关规定对被告人科处监禁刑。

二、涉案财产处置程序实现决执分离

（一）涉案财产处置程序实行决定和执行分离

对于扣押，美国采令状主义，这也是英美法系及日本法的普遍做法；大陆法系则采取司法审查的方式，扣押应当经法官批准后才能进行。[①] 但是，从西方国家的法治背景来看，之所以将刑事强制性措施的决定权交给法官行使，主要原因在于两点：一是控诉方具有强烈的追诉倾向，不可能客观公正地决定是否采取强制性措施，而这种追诉倾向又来源于控诉方的行政定位，即作为行政机关的一部分，受制于行政机关的社会管理需要，其天生具有限制被管理对象的倾向；二是法院独立于行政机关，没有行政机关那种管理、限制公民的动机与倾向，在政府与公民的纠纷中能够相对保持中立。

对于没收和返还，原则上也是采取决定机关与执行机关相分离的原则。目前域外法治发达国家和地区主要存在两种模式：一种是由司法行政部门负责执行的模式；另一种是检察官指挥执行的模式。

---

① 参见官万路、王晓木：《论实施侦查程序的完善》，载郝宏奎主编：《侦查论坛》（第3卷），中国人民公安大学出版社2004年版，第14页。

1. 司法行政部门负责执行的模式。实行该模式的主要是英美法系国家，通常将这项权力统一归于司法行政部门。如美国联邦司法部统一行使刑事执行权，其内设的资产追缴部门专门负责追缴犯罪所得和用于支持犯罪的财产。英美法系国家将刑事执行交由司法行政机关负责，主要是受到权力结构和诉讼方式等因素的影响。一方面，英美法系国家立法、行政和司法权力分别归属于不同的机构，刑事执行权通常定位为行政权，由相应的行政机构行使。以英国为例，针对已被判处监禁并开始执行刑罚的罪犯，其刑罚修改在罪犯完成法定最低刑期后，由国务大臣根据假释委员会的建议来决定是否准许假释，整个过程不需要法院干预以解决法律争议或适用法律问题。[①] 出于分权与制衡的考虑，英美法系国家的检察官通常仅负责代表国家提起刑事诉讼，既不具备法律监督的职权，也不参与刑事执行程序。在司法判决生效之后，针对具体案件的司法审判活动基本告一段落，而判决则转交给司法行政机构来执行。2007 年，英国设立了独立的司法部，负责处理刑罚、审判和监狱等司法任务，下设国家罪犯管理局，负责监狱和社区矫正等职能。[②] 另一方面，在英美法系当事人主义的诉讼制度下，审判采用平等对抗的庭审模式，检察机关作为一方当事人代表公共利益行使国家公诉权，应与辩方共同推动案件审理活动，从而追究犯罪行为，控告犯罪嫌疑人，而非强调法律监督功能或减弱其客观责任。在以当事人主义为基础的司法体系中，刑事裁判的执行职责由司法行政机关承担，这一安排具有合理性。

司法行政机关执行模式对我国刑事涉案财产的没收执行具有一定的启示。依据我国刑事执行理论通说，刑事执行程序的核心在于执行刑罚，刑事执行权属于司法行政权，应当由专门的司法行政机关行使，通过统一刑罚执行主体来完善刑事执行体制。因此，有学者建议将刑罚的执行权集中交给司法部，并参照域外模式在司法部内部分设死刑执行局、监狱管理局、财产刑

---

① 参见周折：《英国假释制度略述》，载《犯罪与改造研究》2011 年第 6 期。

② 参见唐彦：《英国刑事执行制度研究》，中国政法大学出版社 2017 年版，第 39～40 页。

执行局、社区矫正局，省、自治区、直辖市司法行政机关设立相应分支机构。[①] 刑事诉讼涉案财产的没收执行也应当参照财产刑执行，由司法部统一执行。但是，在我国由司法行政机关统一行使刑事裁判执行权需要解决以下两个方面的障碍：一是刑事执行中的减刑、假释等刑罚变更问题以及财产权属性质认定问题，本质上属于司法活动，还是应当由法院裁决。“刑罚执行原则上属于行政权。但是，减刑、假释涉及对原生效刑事裁判所确定的罪犯刑期的变更，应当视为刑事诉讼活动在刑罚执行阶段的延续，本质上属于一项司法活动。”[②] 二是对于执行过程缺乏监督的问题难以有效解决，目前检察机关主要是进行事后监督，存在监督乏力的问题。

2. 由检察机关指挥执行的模式。检察机关负责刑事执行的主要是大陆法系，如德国、日本、韩国等国家。在德国，“刑罚之执行官署为检察机关。而在检察机关的刑罚之执行事项，原则上均由司法辅助人员处理之”[③]。在日本，“裁判的执行由与作出该裁判的法院相对应的检察厅的检察官指挥……裁判执行的指挥用书面进行，并且必须附有裁判文书或者记录裁判笔录的副本或抄本”[④]。因此，大陆法系的刑事涉案财产的没收主要是由检察机关负责执行或指挥执行。主要是基于以下两方面原因：一是大陆法系检察机关职权定位不同于我国。大陆法系检察机关一般隶属于司法部，是行政机关的一部分，在刑事诉讼中同时承担着侦查、控诉与执行三方面的任务。[⑤] 另外，检察机关负责执行实际上是采用指挥执行的模式，即由检察官在程序上负责指挥执行，明确承担刑事执行责任，但具体行政性的执行活动则委托

---

① 参见宋英辉主编：《刑事诉讼法学研究述评》，北京师范大学出版社 2009 年版，第 479 页。

② 熊秋红：《推进减刑、假释案件实质化审理，必须让审理回归司法程序》，载《人民法院报》2021 年 12 月 11 日，第 2 版。

③ ［德］克劳思·罗科信：《刑事诉讼法》（第 24 版），吴丽琪译，法律出版社 2003 年版，第 552 页。

④ ［日］田口守一：《刑事诉讼法》，张凌、于秀峰译，法律出版社 2019 年版，第 601 页。

⑤ 参见王鹏飞：《刑事执行一体化研究》，中国政法大学出版社 2018 年版，第 185 页。

给专门的监狱、矫正机构等来实施。从政府内部组织结构来看，司法部长作为检察机关的上级领导，有权对检察机关的业务和职务行为进行监督，甚至可以针对个案发出具体指令，但在实践中司法部长极少行使外部指令权，以避免使公众产生其不正当妨碍司法公正的印象。[①] 大陆法系司法行政机关主要对法院、检察院的后勤保障、财政经费、人事任免等司法行政事务负有管理责任，并不直接负责追诉犯罪、执行判决等法律事务。[②] 司法行政机关与检察机关在职能上的适度分离，有利于检察机关独立行使职能以及遵循客观义务。二是大陆法系实行职权主义诉讼模式，检察官所具备的侦查与控诉职能使其与辩方在实质上力量不平衡，因而法律实际上要求检察官在刑事诉讼中承担超越当事人角色的客观公正义务。这为检察官成为刑事裁判执行指挥主体提供了可行性。检察官的职责不单是追诉被告人的犯罪行为，实现国家刑罚权；作为法律的守护者，检察官既要保护被告人免于法官的擅断处罚，也要保护犯罪嫌疑人免于警察的恣意侦查。在刑事执行环节，由检察官担任执行程序的主导者，既因为其对案情较为熟悉，可以充分发挥实现刑罚权的功能，确保生效刑事裁判的顺利实施，也能有效规制具体执行机关滥用权力、以权谋私的行为，同时基于客观公正义务建立约束机制，保障被执行人的合法权益。

检察机关在指挥执行程序时具有以下职权：一是交付执行。法院作出刑事裁判后将裁判文书交给检察机关，由检察机关签发执行指挥书，送交具体执行机关，才能对被告人执行具体刑罚。同时，检察机关也要确保服刑人员到案接受处罚。例如，《日本刑事诉讼法》规定，检察机关指挥执行原则上要制作执行指挥书，并附上判决书副本。[③] 二是决定和处理有关的重要执行

---

① 参见［德］克里斯蒂安·瓦格纳：《德国检察机关》，朱军译，载南京大学—哥廷根大学中德法学研究所编：《中德法学论坛》（第3辑），南京大学出版社2005年版，第15页。

② 参见陈瑞华：《司法行政机关的职能定位》，载《东方法学》2018年第1期。

③ 参见［日］松尾浩也：《日本刑事诉讼法》（下卷），张凌译，中国人民大学出版社2005年版，第339～340页。

事项，包括变更执行的顺序和根据法定事由停止执行相关刑罚。在日本，必须执行两个以上主刑时，检察官可以停止执行较重的主刑，先执行其他刑罚。[①]《德国刑事诉讼法》第455条、第455a条和第456条规定，若服刑人员患有精神疾病或执行将危及其生命，或者患有在监狱中无法查明的重病，或由于执行机构方面的原因需要暂缓、中止执行，则可以暂缓刑罚的执行；如果立即执行将会给被定罪人员或者其家庭带来严重的、超出刑罚目的的不利后果，被定罪人员可以申请暂缓执行。[②]《法国刑事诉讼法》规定，刑罚中止执行的决定可以由检察院作出，或者依检察院提出的建议，由轻罪法院或违警罪法院或社区法院在评议时作出。[③] 三是死刑、财产刑由检察官实质参与执行。在执行死刑时，必须有检察官在场指挥监督。对于罚金、罚款、没收、诉讼费用、赔偿费用的裁判，一般是依据检察官的命令执行。检察官所签发的命令，与有执行力的关于债务的公文书有同等的效力。[④] 对于拒不履行财产刑的被执行人，部分国家法律规定可予以关押。《法国刑事诉讼法》第707-1条规定："罚金款项的支付，应当始终受到追偿。但是，不支付罚金款额之全部或部分，可以引起按照法律规定的条件对被判刑人实行关押。"[⑤]

（二）涉案财产处置须达到一定的证明标准

域外法治发达国家和地区的涉案财产处置均要求达到一定的证明标准，英美法系的扣押证明标准，较大陆法系的证明标准更为严格。英美法系要求达到具有相当理由的程度。德国的证明标准要求达到"合理根据"。扣押直

---

① 参见［日］田口守一：《刑事诉讼法》，张凌、于秀峰译，法律出版社2019年版，第601页。

② 参见《德国刑事诉讼法典》，岳礼玲、林静译，中国检察出版社2016年版，第164~165页。

③ 参见《世界各国刑事诉讼法》（欧洲卷·上），中国检察出版社2016年版，第756页。

④ 参见《日本刑事诉讼法》，宋英辉译，中国政法大学出版社2000年版，第109页。

⑤ 参见《世界各国刑事诉讼法》（欧洲卷·上），中国检察出版社2016年版，第756页。

接涉及公民的财产权，基于对公民基本权利的威胁，属于干预公民受宪法所保障的基本权利之行为，此种干预行为，同时受法律保留原则以及比例原则的拘束。[①] 为此，各国立法或判例都对扣押的实体和程序进行了严格的限定。

三、涉案财产处置程序救济机制完善

英美法系以民事没收为主轴的程序规定，除了渐有强化其程序措施之法律依据及法院审核机制外，及时提供当事人对自己犯罪事实的答辩或与犯罪无关财产的抗辩等机会；提供保证金或其他经法院认可的保证方式，得以撤销冻结命令等作为。对法院经听证作出的裁决，检察机关与被告人不服的，都可立即提出上诉。在刑事没收程序中，对于非法扣押的行为，大多数法院认为被告人唯一的救济措施是申请将此财物作为非法证据予以排除；但在民事没收中，被告人可以生活困难为由申请执法机关解除扣押。大陆法系仍以刑事没收为主轴，根据《德国刑事诉讼法》，对于检察机关及其辅助官员作出的扣押与假扣押决定，检察机关必须在作出扣押令或假扣押令之后 1 周内提请法官确认，当事人随时可以申请法官予以裁判，但检察机关针对动产作出的扣押令除外；对于检察机关作出的紧急变卖决定，当事人不服的，可申请受理诉讼的法院进行裁决。

---

① 参见林钰雄：《搜索扣押注释书》，台北，元照出版有限公司 2002 年版，第 34 页。

第四章　我国刑事诉讼涉案财产处置程序现状及其问题

由前文分析可知，刑事诉讼涉案财产处置程序主要包括扣押程序、返还程序、没收程序等。我国《刑事诉讼法》主要规定在第二编第二章之第六节“查封、扣押物证、书证”、第十一节“人民检察院对直接受理的案件的侦查”，第三章“提起公诉”第 177 条；第三编第三章“第二审程序”第 245 条；第五编第四章“犯罪嫌疑人、被告人逃匿、死亡案件违法所得的没收别程序”。第四编执行程序虽然只提及刑罚的执行，没有涉及涉案财产的执行问题，但最高人民法院《关于适用〈中华人民共和国刑事诉讼法〉的解释》第 521 条至第 532 条、《关于刑事裁判涉财产部分执行的若干规定》将涉案财产的执行作为财产性判项统一规定在执行环节。本章从刑事诉讼涉案财产处置程序的发展历程、主要内容、司法现状、主要问题和原因分析五个方面进行研究。

第一节　刑事诉讼涉案财产处置程序的发展历程

我国随着经济社会的快速发展，个人财富急剧增加，公民的财产权保护意识也逐步增强，刑事诉讼涉案财产处置问题已成为公众与媒体的关注焦点。新中国成立后涉案财产处置程序的发展历程可以分为三个阶段。

一、初步发展阶段

该阶段主要是新中国成立至2012年《刑事诉讼法》修改以前。这一阶段又以1979年《刑事诉讼法》、1996年《刑事诉讼法》和2012年《刑事诉讼法》为节点分为三个部分：

1979年《刑事诉讼法》出台前，我国没有关于涉案财产处置的基本法律，只有部分司法解释对涉案财产处置进行了简单的规定。1965年最高人民法院、最高人民检察院、公安部、财政部印发《关于没收和处理赃款赃物若干问题的暂行规定》明确规定，赃款赃物应当随案移送，由法院在判决时一并作出决定。同时还规定检察机关、公安机关可以直接处理赃款赃物，但需要经检察长、公安局局长批准。由此可见，当时对于涉案财产的处置既可以由人民法院在判决时作出决定，也可以由公安机关和检察机关按照行政化的程序作出决定。

1979年《刑事诉讼法》明确了查封、扣押等涉案财产处置程序，但是仅有4条规定。1996年《刑事诉讼法》增加了冻结的有关规定，但仍然没有明确由哪个机关最终负责涉案财产的处置。1979年和1996年的《刑事诉讼法》主要关注权力的行使和人身权利的保障，相对忽视了财产权利的保障，“赃款赃物”一词明显也是强调其证据属性，而不是强调其财产属性。1979年《刑法》第60条规定了涉案财产的范围包括违法所得、违禁品和供犯罪所用的本人财物，处置方式主要是追缴、责令退赔和没收。1997年《刑法》修订时处置措施增设了返还被害人合法财产。

1996年《刑事诉讼法》对涉案财产的处置程序作出了概括性的规定：“人民法院作出的判决生效以后，对被扣押、冻结的赃款赃物及其孳息，除依法返还被害人的以外，一律没收，上缴国库。”除此之外，相关的司法解释对涉案财产的处置程序也作出了补充性规定。概括起来，在2012年《刑事诉讼法》生效之前，我国对涉案财产的处置存在三种不同性质的程序：一是依附于审判程序的处置程序，即法院通过审判程序在判定被告人有无刑事责任的同时对涉案财产予以处理；二是典型的行政程序，包括检察机关提出检察意见，然后移送主管机关处理和扣押机关按照有关规定直接处理违禁品的程序；三是介于诉讼程序与行政程序之间的准诉讼程序，包括法院对冻结存款、汇款的裁定程序和检察机关直接处理程序两种。[①]

除了《刑法》《刑事诉讼法》以外，还有一些司法解释和规范性法律文件对涉案财产处置作出了规定，如最高人民法院、最高人民检察院、公安部、国家安全部、司法部、全国人大常委会法制工作委员会于1998年发布的《关于刑事诉讼法实施中若干问题的规定》，最高人民法院于1998年出台的《关于执行〈中华人民共和国刑事诉讼法〉若干问题的解释》，最高人民检察院于1997年制发的《人民检察院实施〈中华人民共和国刑事诉讼法〉规则（试行）》，公安部于1998年修改的《公安机关办理刑事案件程序规定》，最高人民法院、最高人民检察院、公安部、司法部、海关总署于1998年出台的《关于走私犯罪侦查机关办理走私犯罪案件适用刑事诉讼程序若干问题的通知》，最高人民检察院于2000年印发的《人民检察院侦查协作的暂行规定》和于2010年发布的《人民检察院扣押、冻结涉案款物工作规定》。其中，公安机关、检察机关颁布的规范性文件比较细致，具有一定的合理性，但这些规范性文件法律位阶较低，仅在各系统内部运行，在运行时因缺乏外部监督，往往也不能得到强有力的贯彻。

随着社会的发展变迁，2004年3月14日第十届全国人民代表大会第二次会议通过的《宪法修正案》首次将“人权”概念引入《宪法》，明确规定“国家尊重和保障人权”。2007年10月1日施行的《物权法》规定：“国家、集体、私人的物权和其他权利人的物权受法律保护，任何单位和个人不得侵犯。”2011年《国有土地上房屋征收与补偿条例》的颁布，也回应着保障公民合法财产权利的呼吁。伴随着这些法律规范的出台或修订，公民财产权保护的问题上目前已逐步构建起了初具雏形的法律规范体系，这些都对《刑事

---

① 参见吴光升：《刑事涉案财物处理程序的正当化》，载《法律适用》2007年第10期。

诉讼法》的修改产生了影响并具有标示作用。因此，刑事诉讼制度改革也应该符合中国法律体系发展与建设中加强保护财产权的要求，刑事诉讼制度与其他制度对此应当具有逻辑同一性。我国1979年《刑事诉讼法》解决了新中国刑事诉讼制度史上刑事涉案财产处置的规范文本欠缺的问题，具有进步意义；1996年修正的《刑事诉讼法》主要解决以人身自由权利及相对应的公正审判的程序权利为中心的权利保障体系问题，对涉案财产的关注不够，因此相应的修改也不多。除了程序法外，实体法《刑法》对涉案财产处置的规定有所完善，但修订不多。

二、规范发展阶段

本书将该阶段界定在2012年《刑事诉讼法》修改至2015年《关于进一步规范刑事诉讼涉案财物处置工作的意见》出台之前，这是我国刑事诉讼涉案财产处置立法发展的第二个阶段。

2012年修正的《刑事诉讼法》已经比较关注对财产权利的保护，人权保障理念在《刑事诉讼法》中得到一定的体现。主要修改为：一是将尊重和保障人权写入《刑事诉讼法》。2012年修正的《刑事诉讼法》明确将“尊重和保障人权”作为任务之一，这是《宪法》关于尊重和保障人权的规定在《刑事诉讼法》中的具体化。二是财产权的保护第一次事实上成为立法机构的关注点，这突出体现在对“物品”一词的修改上。将《刑事诉讼法》中的“物品”一词修改为“财物”，这是价值取向上不容忽视的进步。在传统的刑事诉讼理论与制度中，物品基本上是以证据材料的形式存在，或者在被告人被法院定罪之后视为“赃款赃物”，关注重心也在于其所具有的证明价值。而将“物品”修改为“财物”，某种程度上意在强调其民法上的财产属性。正如有论者所言，“相对于其‘证据属性’，该特定物品首先应该是民法上的‘物’，或者说，是体现着民事权利义务关系的‘特定财产’”①。因此，“财物”一词使得在“物品”语境下隐而不彰的“财产属性”得以凸显，财产权似乎在刑事诉讼制度价值取向上有了一席之地。由此可见，《刑事诉讼法》对于被追诉人的人权保障已开始从以人身权利为中心向人身权利与财产权利并重的方向转变。三是被追诉人到案情形下其财物最终处置的有限司法化。1996 年《刑事诉讼法》并未明确被查封、扣押、冻结的财物在诉讼终结时由谁处理以及该如何处理，只是针对其中与案件无关的财物，在最高人民法院 1998 年《关于执行〈中华人民共和国刑事诉讼法〉若干问题的解释》中规定由法院通知扣押、冻结机关依法处理，其中并不涉及孳息问题。在上述情况下，被追诉人请求扣押、冻结机关及时返还相关财物时经常会遭遇重重阻碍，制度的欠缺导致实践中问题丛生，其被扣押、冻结财物的返还甚至可能取决于一些偶然因素。2012 年《刑事诉讼法》明确规定法院在判决中应当对查封、扣押、冻结的财物及其孳息的处理作出决定。从法律规范的层面来看，尽管审判中的涉案财产处置程序依然附属于定罪量刑程序，但是其法治化程度无疑有了大幅度的提高。四是设置违法所得没收特别程序。该特别程序具有一定的诉讼形态，成为一种新的涉案财产处置程序。② 从其立法本意上来看，设置该程序的目的有二：其一是解决在被追诉人死亡的情形下其违法所得如何处理的问题；其二是加大打击贪污贿赂犯罪、恐怖活动犯罪的力度，通过限制其财产权利阻止其进一步实施犯罪行为，同时也与《联合国反腐败公约》相衔接，解决我国司法机关在请求外国司法机关对从我国“卷款外逃”的犯罪嫌疑人、被告人转移到该外国的财产予以追缴和返还时遇到的难题。五是规定被取保候审人保证金的即时返还，2012《刑事诉讼法》第 71 条规定，“犯罪嫌疑人、被告人在取保候审期间未违反本法第六十九条规定的，取保候审结束的时候，凭解除取保候审

---

① 吴宏耀：《刑事搜查扣押与私有财产权利保障——美国博伊德案的启示》，载《东方法学》2010 年第 3 期。

② 参见汪建成：《论特定案件违法所得没收程序的建立和完善》，载《国家检察官学院学报》2012 年第 1 期。

的通知或者有关法律文书到银行领取退还的保证金。”六是规定了救济条款。2012《刑事诉讼法》第115条规定，“当事人和辩护人、诉讼代理人、利害关系人对于司法机关及其工作人员有下列行为之一的，有权向该机关申诉或者控告：……（二）应当退还取保候审保证金不退还的；（三）对与案件无关的财物采取查封、扣押、冻结措施的；（四）应当解除查封、扣押、冻结不解除的；（五）贪污、挪用、私分、调换、违反规定使用查封、扣押、冻结的财物的。受理申诉或者控告的机关应当及时处理。对处理不服的，可以向同级人民检察院申诉；人民检察院直接受理的案件，可以向上一级人民检察院申诉。人民检察院对申诉应当及时进行审查，情况属实的，通知有关机关予以纠正。”

随着2012年《刑事诉讼法》的修改，一些司法解释和规范性法律文件也随之修改，如最高人民法院、最高人民检察院、公安部、国家安全部、司法部、全国人大常委会法制工作委员会于2012年12月26日重新颁布《关于实施刑事诉讼法若干问题的规定》，最高人民法院于2013年1月1日发布《关于适用〈中华人民共和国刑事诉讼法〉的解释》，最高人民检察院于2012年11月22日公布《人民检察院刑事诉讼规则（试行）》，公安部于2012年12月13日发布修改后的《公安机关办理刑事案件程序规定》等。2012年《刑事诉讼法》明确涉案财产处置由法院在判决中进行处理之后，关于涉案财产处置的执行，到底是由公安机关执行还是由法院执行实践中一直存在争议。最高人民法院于2014年11月6日出台《关于刑事裁判涉财产部分执行的若干规定》，明确责令退赔、处置随案移送的赃款赃物、没收随案移送的供犯罪所用本人财物等由第一审人民法院执行。刑事裁判涉财产部分的裁判内容应当具体明确，判处追缴或者责令退赔的，应当明确追缴或者退赔的金额或财物的名称、数量等相关情况。第7条还明确由人民法院执行机构负责执行刑事裁判涉财产部分，但对于“继续追缴”是由公安机关还是由法院执行，法律和司法解释均无明确规定。

2012年《刑事诉讼法》首次使用了“涉案财产”的术语。[①] 随后2013年施行的最高人民法院《关于适用〈中华人民共和国刑事诉讼法〉的解释》第509条规定了“违法所得及其他涉案财产”。[②] 2013年1月1日施行的《人民检察院刑事诉讼规则（试行)》则对“涉案财产”进行了明确定义，指出违法所得及其他涉案财产是指犯罪嫌疑人实施犯罪行为所取得的财物及其孳息以及犯罪嫌疑人非法持有的违禁品、供犯罪所用的本人财物。

虽然2012年《刑事诉讼法》在人权保障方面特别是财产权保障方面有了较为明显的进步，但还存在一些不足之处，如价值取向的明确度不够、对实践问题的回应不够、被处置财产（包括赃款赃物等）的权属认定和处理程序不完善、某些具体操作规程仍稍嫌粗疏等问题，[③] 审前程序涉案财产处置缺乏正当性[④]。

三、深化发展阶段

本书将该阶段界定在2015年至今，是我国涉案财产处置的人权保障立法不断深化完善的阶段，主要体现在中共中央重要的规范性文件的出台。中央关于刑事诉讼涉案财产处置的立法完善建议一直没有停止过，党的十八届三中全会通过的《中共中央关于全面深化改革若干重大问题的决定》明确指出：“国家尊重和保障人权。进一步规范查封、扣押、冻结、处理涉案财

---

① 2012年《刑事诉讼法》第280条第1款规定：“对于贪污贿赂犯罪、恐怖活动犯罪等重大犯罪案件，犯罪嫌疑人、被告人逃匿，在通缉一年后不能到案，或者犯罪嫌疑人、被告人死亡，依照刑法规定应当追缴其违法所得及其他涉案财产的，人民检察院可以向人民法院提出没收违法所得的申请。”

② 2013年施行的最高人民法院《关于适用〈中华人民共和国刑事诉讼法〉的解释》第509条规定：“实施犯罪行为所取得的财物及其孳息，以及被告人非法持有的违禁品、供犯罪所用的本人财物，应当认定为刑事诉讼法第二百八十条第一款规定的‘违法所得及其他涉案财产’。”

③ 参见左卫民：《刑事诉讼法再修改与被追诉人财产权的保护》，载《现代法学》2012年第1期。

④ 参见万毅：《刑事诉讼中被追诉人财产权保障问题研究?》，载《政法论坛》2007年第4期。

物的司法程序。”将刑事涉案财产处置作为全面深化改革的一项重要内容。为了落实该决定，中共中央办公厅、国务院办公厅于2015年出台了《关于进一步规范刑事诉讼涉案财物处置工作的意见》，在涉案财产的保全程序、保管制度、先行处置程序、审前返还程序等方面提出了原则性要求。在此背景下，有学者指出应当在《刑事诉讼法》中明确规定涉案财产处置的庭审程序和裁判活动，将涉案财产处置程序作为独立于定罪量刑程序的一种诉讼程序，并明确规定案外人对涉案财产提出权属异议的处理程序。[①]《人民检察院刑事诉讼涉案财物管理规定》《公安机关涉案财物管理若干规定》是检察机关和公安机关出台的关于涉案财物管理的专门规定，公安机关涉案财物并不仅限于刑事诉讼涉案财物，也包括行政案件涉案财物。《办理毒品犯罪案件毒品提取、扣押、称量、取样和送检程序若干问题的规定》《公安机关缴获毒品管理规定》则是关于毒品类案件涉案财产处置的专门规定。

中共中央、国务院于2016年11月印发《关于完善产权保护制度依法保护产权的意见》，有学者将2016年称为企业产权保护的元年。[②] 随后，中共中央、国务院又于2017年9月印发《关于营造企业家健康成长环境弘扬优秀企业家精神更好发挥企业家作用的意见》。在党中央精神的指导下，最高人民法院于2016年发布了《充分发挥审判职能作用切实加强产权司法保护的意见》和《关于依法妥善处理历史形成的产权案件工作实施意见》，并于2018年1月和2019年5月分别发布了7个和10个有关民营企业家产权保护的典型案例；最高人民检察院于2017年1月发布了《关于充分履行检察职能加强产权司法保护的意见》，并于2017年1月和2018年1月分别发布了9个和7个检察机关强化产权司法保护的典型案例。最高人民检察院、公安部于2017年11月出台的《关于公安机关办理经济犯罪案件的若干规定》第46

① 参见张洋：《如何给涉案财物“上保险”》，载《人民日报》2015年1月21日，第19版。

② 参见陈卫东：《涉案财产处置程序的完善——以审前程序为视角的分析》，载《法学杂志》2020年第3期。

条规定，公安机关不得在诉讼程序终结之前处置涉案财物，法律法规和规范性文件另有规定除外。近年来，国家不断强化对企业产权的司法保护，出台了一系列有关企业产权保护的规范性文件，也纠正了一些典型的涉产权犯罪案件，凸显了人权司法保障的精神。为了切实加强对民营企业家人身和财产安全的保护，最高人民法院更是于 2019 年 7 月废止了有违产权平等保护原则的 103 件司法解释，并声明对现行有效的司法解释将继续进行定期清理。[①]

2018 年 1 月，中共中央、国务院发布《关于开展扫黑除恶专项斗争的通知》，要求“综合运用追缴、没收、判处财产刑以及行政罚款等多种手段，铲除黑恶势力经济基础”。随着扫黑除恶专项斗争的深化，最高人民法院、最高人民检察院、公安部、司法部于 2019 年 4 月联合出台了《关于办理黑恶势力刑事案件中财产处置若干问题的意见》，对黑恶势力刑事案件的涉案财产处置作出专门规范，相关制度保障也将逐步完善。实践中，一些地方对于这一政策的理解和把握存在偏差，“重打击轻保护”的司法理念在企业犯罪案件的财产处置中广泛蔓延，导致有权机关对黑社会性质组织犯罪的关联企业认定出现偏差，滥用对企业产权的处置权，曾一度出现非公有制经济“持续健康发展”遭受重创的情况。因此，在扫黑除恶背景下，建立健全相应的涉案财产处置制度与程序、依法保护民营企业产权，显得尤为重要。

针对上述情况，2021 年 12 月 24 日全国人大常委会审议并通过《反有组织犯罪法》，其第四章专章规定了“涉案财产认定和处置”，该章共 11 条，系统构建了有组织犯罪案件涉案财产的处置规则，规定了全面调查制度、等值财产追缴没收制度、涉案财产处置证明标准、先行处置、利害关系人财产权利保障等内容，有效解决了有组织犯罪案件涉案财产认定和处置中的重点难点问题，有力回应了司法实践需求和社会关切。

---

① 参见王亦君：《最高法清理废止 103 件司法解释　全面保护产权和民营企业合法权益》，载中国新闻网，https：//www. chinanews. com. cn/gn/2019/07 – 19/8900305. shtml。

回顾我国涉案财产处置程序的演进过程，从“赃款赃物”到“涉案财物”“涉案财产”这一词语使用的变化，已能管窥出我国涉案财产处置程序法治化水平的提高。尽管行政化的涉案财产处置程序依然存在，公安机关、检察机关仍然拥有独自处分涉案财产的部分权力，但是没收特别程序的建立以及普通审判程序中涉案财产处置诉讼程序的初步形成，都在某种程度上预示着一种以涉案财产处置为中心的对物之诉正在孕育之中。① 但不可否认的是，当下涉案财产的审前处置无论是在实体认定还是在程序适用上都存在着不小的问题，司法实践中涉案财产处置的乱象与一些不合理的制度规定和程序设置存在密切联系。

第二节　刑事诉讼涉案财产处置程序的主要内容

根据《刑法》《刑事诉讼法》和相关司法解释，刑事诉讼涉案财产处置程序分为程序性强制处分程序和实体性强制处分程序。前者包括《刑事诉讼法》中规定的查封、扣押、冻结、保管、移送、拍卖、变卖、变价等一系列财产保全措施，本书为叙述方便，统称为扣押程序；后者包括返还程序和没收程序。

一、扣押程序的主要内容

扣押程序主要包括扣押的决定程序、执行程序和救济程序。

（一）扣押的决定程序

《刑事诉讼法》中的扣押主要规定在第二编第二章第六节查封、扣押物

① 参见方柏兴：《论刑事诉讼中的“对物之诉”——一种以涉案财物处置为中心的裁判理论》，载《华东政法大学学报》2017 年第 5 期。

证、书证中，规定“侦查人员认为需要扣押犯罪嫌疑人的邮件、电报的时候，经公安机关或者人民检察院批准，即可通知邮电机关将有关的邮件、电报检交扣押”。2019 年 12 月 30 日生效的《人民检察院刑事诉讼规则》虽然对扣押程序的相关规定作了修改，但只是在文字上更加精练。《人民检察院刑事诉讼规则》第 210 条规定“查封或者扣押应当经检察长批准”，第 212 条规定“冻结财产的，应当经检察长批准”。《公安机关办理刑事案件程序规定》第 228 条规定：“在侦查过程中需要扣押财物、文件的，应当经办案部门负责人批准……在现场勘查或者搜查中需要扣押财物、文件的，由现场指挥人员决定；但扣押财物、文件价值较高或者可能严重影响正常生产经营的，应当经县级以上公安机关负责人批准……在侦查过程中需要查封土地、房屋等不动产，或者船舶、航空器以及其他不宜移动的大型机器、设备等特定动产的，应当经县级以上公安机关负责人批准。”《刑事诉讼法》第 164 条规定，人民检察院对直接受理的案件的侦查适用本法第二章的规定，也就是与公安机关的侦查适用相同的规定。

1979 年《刑事诉讼法》第 84 条规定的扣押的启动标准是物品和文件可用以证明犯罪嫌疑人有罪或无罪，在 1996 年《刑事诉讼法》第 114 条，2012 年《刑事诉讼法》第 139 条、第 141 条，2018 年《刑事诉讼法》第 141 条中，除了扣押客体有所变化外，启动刑事扣押的证明标准依旧。《公安机关办理刑事案件程序规定》和《人民检察院刑事诉讼规则》的历次修改，对该问题也没有太大出入。1991 年《人民检察院侦查贪污贿赂犯罪案件工作细则（试行）》第 94 条与 1997 年《人民检察院刑事诉讼规则（试行）》第 189 条都采用“可以证明”的标准。1996 年《人民检察院立案侦查案件扣押物品管理规定（试行）》第 2 条规定了“涉嫌犯罪”的启动标准，2001 年《人民检察院扣押、冻结款物管理规定》第 2 条的标准亦然。2006 年《人民检察院扣押、冻结款物工作规定》第 2 条规定的标准为“可能与犯罪有关”，2010 年《人民检察院扣押、冻结涉案款物工作规定》第 2 条的标准也是“与犯罪有关”，2015 年《人民检察院刑事诉讼涉案财物管理规定》第 2 条的标准是“与案件有关”。《刑事诉讼法》及相关司法解释对刑事扣押证明标准的规定比较模糊，是否启动扣押程序完全由侦查人员自行决定，为其留下了很大的自由裁量空间。

（二）扣押的执行程序

刑事诉讼涉案财产扣押的执行由侦查机关负责，《刑事诉讼法》第 142 条规定：“对查封、扣押的财物、文件，应当会同在场见证人和被查封、扣押财物、文件持有人查点清楚，当场开列清单一式二份，由侦查人员、见证人和持有人签名或者盖章，一份交给持有人，另一份附卷备查。”关于被查封、扣押、冻结的涉案财产的保管、随案移送、变价等问题，扣押物原则上由侦查机关自行保管，但对于扣押的邮件，冻结的存款、汇款等，则由相应的单位配合保管。《刑事诉讼法》第 141 条第 2 款规定：“对查封、扣押的财物、文件，要妥善保管或者封存，不得使用、调换或者损毁。”第 245 条规定，公安机关、人民检察院和人民法院对查封、扣押、冻结的犯罪嫌疑人、被告人的财物及其孳息，应当妥善保管，以供核查，并制作清单，随案移送。对违禁品或者不宜长期保存的物品，应当依照国家有关规定处理。对作为证据使用的实物应当随案移送，对不宜移送的，应当将其清单、照片或者其他证明文件随案移送。《最高人民法院关于适用〈中华人民共和国刑事诉讼法〉的解释》第 440 条、第 441 条规定，对作为证据使用的实物，包括作为物证的货币、有价证券等，应当随案移送。对大宗的、不便搬运的物品，易腐烂、霉变、不宜保管的物品，以及枪支弹药、剧毒物品、易燃易爆物品等违禁品等可以不移送实物。中共中央办公厅、国务院办公厅印发的《关于进一步规范刑事诉讼涉案财物处置工作的意见》也对涉案财物的保管进行了明确规定，随后公安机关、检察机关出台的涉案财物管理的规范性文件对此已经有所体现，如《公安机关办理刑事案件程序规定》第 235 条、第 236 条以及《公安机关涉案财物管理若干规定》第 21 条和《人民检察院刑事诉讼规则》第 214 条第 2 款等。我国对容易腐败变质、其他不宜保管的涉案财物，以及价值变动较大的金融资产、有效期将至的票据等财物，在审前阶段由办案机关根据案件情况先行变价处理的程序规定还是比较明确、具体的，除了要求涉案财物本身具有不易保管或者价值不易固定的属性外，还规定以当事人申请或者同意处分为前提，并且对拍卖、变卖所得价款，规定暂予保存待诉讼终结后一并处理。

（三）违法扣押的救济程序

《刑事诉讼法》第 117 条规定，当事人和辩护人、诉讼代理人、利害关系人对于司法机关及其工作人员有下列行为之一的，有权向该机关申诉或者控告：应当退还取保候审保证金不退还的；对与案件无关的财物采取查封、扣押、冻结措施的；应当解除查封、扣押、冻结不解除的；贪污、挪用、私分、调换、违反规定使用查封、扣押、冻结的财物的。对处理不服的，可以向同级人民检察院申诉；人民检察院直接受理的案件，可以向上一级人民检察院申诉。《刑事诉讼法》对扣押的对象没有例外规定，如可能给犯罪嫌疑人、被告人及其所扶养人的基本生活造成困难时，不得采取财产保全措施，而只有《人民检察院刑事诉讼规则》和《公安机关涉案财物管理若干规定》有所规定。案外第三人在不同诉讼阶段的救济途径是不同的，在审前阶段，只能向决定机关申诉或控告，不服处理的，再以向检察机关申诉的方式进行救济；在审判阶段，可向法院提出权属异议，由法院依法处理。案外第三人无上诉权，其不服刑事诉讼判决、裁定的，不能提出上诉，只能根据中共中央办公厅、国务院办公厅《关于进一步规范刑事诉讼涉案财物处置工作的意见》第 12 条规定申请检察机关抗诉。

二、返还程序的主要内容

这里的返还程序主要是指返还被害人合法财产的程序，包括返还的决定程序、执行程序和救济程序。

（一）返还的决定程序

返还被害人财产既可能发生在审前阶段，也可能发生在审理阶段。审理阶段返还被害人财产应当由法院决定，对此没有争议，也不是本书讨论的重点。2020 年 7 月 24 日最高人民法院、最高人民检察院、公安部联合印发的《关于刑事案件涉扶贫领域财物依法快速返还的若干规定》第 4 条明确规定："人民法院、人民检察院、公安机关办理有关扶贫领域刑事案件，应当依法积极追缴涉案财物，对于本办案环节具备快速返还条件的，应当及时快速返还。"可见，法院、检察院、公安机关均可以决定返还。审前阶段又分为无需对犯罪嫌疑人提起公诉的案件的审前返还被害人财产和需要提起公诉的案件的审前返还被害人财产两种情形。

第一种情形又分为侦查机关决定不追究刑事责任而撤销的案件和检察机关决定不起诉的案件，这两种情况均无须移交法院审判。侦查机关撤销案件的，按照《公安机关办理刑事案件程序规定》第 187 条第 3 款和《公安机关涉案财物管理若干规定》第 20 条，公安机关决定撤销案件后，对查封、扣押的财物及其孳息、文件，或者冻结的财产，除按照法律和有关规定另行处理的以外，应当解除查封、扣押、冻结，以返还当事人为主，只有在法律、行政法规规定另行处理的情况下，才对涉案财物进行处理。检察机关在撤销案件时在涉案财物处理问题上与公安机关有所不同，《人民检察院刑事诉讼规则》第 247 条、第 248 条、第 249 条、第 250 条、第 251 条规定，检察院作出撤销案件决定，侦查部门应当在 30 日内对犯罪嫌疑人的违法所得作出处理，并在撤销案件决定书中写明对查封、扣押、冻结的涉案款物的处理结果。对于检察院决定不起诉案件的查封、扣押、冻结财物的处置，《刑事诉讼法》第 177 条规定，人民检察院决定不起诉的案件，应当同时对侦查中查封、扣押、冻结的财物解除查封、扣押、冻结。对被不起诉人需要给予行政处罚、处分或者需要没收其违法所得的，人民检察院应当提出检察意见，移送有关主管机关处理。从以上规定来看，公安机关撤销案件时涉案财物的处理，以解除强制措施返还当事人为主，只有在法律、行政法规规定另行处理的情况下，才对涉案财物进行处理。而检察机关则依据撤销案件和不起诉的具体情况不同，区分各种情形对涉案财物作出不同处理。

对于第二种需要提起公诉的情形，中共中央办公厅、国务院办公厅印发的《关于进一步规范刑事诉讼涉案财物处置工作的意见》第 6 条明确要求完善涉案财物审前返还程序。对权属明确的被害人合法财产，凡返还不损害其他被害人或者利害关系人的利益、不影响诉讼正常进行的，公安机关、国家安全机关、人民检察院、人民法院都应当及时返还。权属有争议的，应当在人民法院判决时一并处理。公安机关、检察机关的现行规定均设置了审前返还被害人合法财产的程序。第一，公安机关审前返还被害人财产的规定。《公安机关办理刑事案件程序规定》第 234 条规定了公安机关在侦查阶段返还被害人财产的条件和程序：对被害人的合法财产及其孳息权属明确无争议，并且涉嫌犯罪事实已经查证属实的，应当在登记、拍照或者录像、估价后及时返还。《公安机关涉案财物管理若干规定》第 19 条在上述规定的基础上加强了对被害人以外的其他被侵害人合法财产及其孳息的保护，并且更加严格地限制了返还财产的条件，即向被害人、被侵害人返还财产，除了需要具备有关违法犯罪事实查证属实，并且有证据证明权属明确且无争议这一前提条件外，还需要具备返还财产不损害其他被害人、被侵害人或者利害关系人的利益，不影响案件正常办理的法律条件。第二，检察机关审前返还被害人财产的规定。《人民检察院刑事诉讼规则》第 352 条规定："追缴的财物中，属于被害人的合法财产，不需要在法庭出示的，应当及时返还被害人，并由被害人在发还款物清单上签名或者盖章，注明返还的理由，并将清单、照片附卷。"《人民检察院刑事诉讼涉案财物管理规定》第 22 条则从正面规定了在审前阶段返还被害人财产的法律条件，即在诉讼过程中，对权属明确的被害人合法财产，凡返还不损害其他被害人或者利害关系人的利益、不影响诉讼正常进行的，人民检察院应当依法及时返还。根据上述规定，在审前阶段，公安机关和检察机关均有权自行决定向被害人返还财产。但返还被害人财产需要满足一定的条件，并非只要属于被害人的财产，在审前阶段都可以返还，需要具备的法律条件主要包括权属明确、返还财产不损害相关主体合法权益、不影响诉讼程序进行等。

综上，审前先行返还被害人合法财产需要满足一些条件，概括来说主要是：一是案件事实清楚、证据确实充分，犯罪嫌疑人认罪、律师不拟作无罪辩护。二是涉案财产权属明确，不需在法庭出示，先行返还不会妨碍刑事诉讼顺利进行。三是返还的财产确系被害人工作、生活急需，不及时返还将给被害人生产、生活造成无法克服的困难或者使损失扩大。①

（二）返还的执行程序

返还的执行程序根据审前阶段和审理阶段的不同而有所不同，审前阶段返还被害人财产的执行主体是公安机关和检察机关，审理阶段返还被害人财产的主体主要是法院执行部门，最高人民法院于 2014 年 11 月 6 日施行的《关于刑事裁判涉财产部分执行的若干规定》明确，责令退赔、处置随案移送的赃款赃物等由第一审人民法院执行机构执行。对于确实与案件无关的财物，侦查机关以外的司法机关，包括检察机关、审判机关也具备解除查封、扣押、冻结的权力。《刑事诉讼法》第 171 条关于人民检察院审查起诉内容的规定中，其中一项就是要求人民检察院审查案件的时候必须查明“侦查活动是否合法”。而查封、扣押、冻结系侦查措施，人民检察院因此当然可以对查封、扣押、冻结是否合法进行审查。根据《人民检察院刑事诉讼规则》第 330 条，人民检察院审查移送起诉的案件，应当查明涉案财物是否查封、扣押、冻结并妥善保管，清单是否齐备；对被害人合法财产的返还和对违禁品或者不宜长期保存的物品的处理是否妥当，移送的证明文件是否完备。也

---

① 参见杜芳：《论刑事追缴程序》，载《求索》2009 年第 1 期。何帆：《刑事没收研究——国际法与比较法的视角》，法律出版社 2007 年版，第 207～208 页。天津市人民检察院、天津市河北区人民检察院课题组等：《刑事追赃问题研究》，载《法学杂志》2010 年第 2 期。

同样要求检察机关审查涉案财产的处置情况。第352条规定："追缴的财物中，属于被害人的合法财产，不需要在法庭出示的，应当及时返还被害人，并由被害人在发还款物清单上签名或者盖章，注明返还的理由，并将清单、照片附卷。"最高人民法院《关于刑事裁判涉财产部分执行的若干规定》第5条第2款规定，法院作为审判机关，可以直接处置在审理过程中发现的与案件无关的查封、扣押、冻结的财产。

（三）返还的救济程序

《刑法》关于返还被害人合法财产的规定，《刑事诉讼法》没有相应的程序操作规范。《公安机关涉案财物管理若干规定》要求"登记、拍照或者录像和估价"，"注明返还的理由，并将原物照片、发还清单和被害人、被侵害人的领取手续存卷备查"，而未考虑如何防范返还财产时可能出现的权力滥用，未考虑犯罪嫌疑人的利益可能因返还错误而受到侵害，未规定返还错误时程序如何进行救济。错误返还财产后，权利主体不能依法进行救济。审前返还财产属于刑事诉讼程序中的诉讼行为，对该行为的异议既不属于民事诉讼的受案范围，也不属于行政诉讼的受案范围。司法实践中之所以出现返还财产错误时司法救济不统一的问题，主要根源就在于此。①

三、没收程序的主要内容

《刑事诉讼法》的没收程序可以分为没收普通程序和没收特别程序。没收特别程序主要规定在《刑事诉讼法》第五编第四章，没收特别程序的规定比较完善，且司法实践中案件极少，因此，没收特别程序不是本书研究的重点，本书重点研究没收普通程序，同时参照没收特别程序的规定进行完善。下文如未作特别说明，没收程序一般是指没收普通程序。

---

① 参见吴光升：《审前返还刑事涉案财物的若干问题探讨》，载《中国刑事法杂志》2012年第1期。

（一）没收的决定程序

没收的决定程序主要规定在《刑事诉讼法》第 245 条，“人民法院作出的判决，应当对查封、扣押、冻结的财物及其孳息作出处理。……对查封、扣押、冻结的赃款赃物及其孳息，除依法返还被害人的以外，一律上缴国库”。相关的司法解释和规定也对没收的决定程序进行了细化。《最高人民法院关于适用〈中华人民共和国刑事诉讼法〉的解释》第 445 条规定，“查封、扣押、冻结的财物及其孳息，经审查，确属违法所得或者依法应当追缴的其他涉案财物的，应当判决返还被害人，或者没收上缴国库，但法律另有规定的除外。”

我国《刑事诉讼法》没有单独规定没收的证明标准，由于没收是普通刑事诉讼程序，因此一般应当适用普通刑事诉讼程序的证明标准，即“犯罪事实清楚，证据确实、充分”。对于没收特别程序中的证明标准学界多有争议，司法解释的规定也有变化，如最高人民法院 2012 年 11 月发布的《关于适用〈中华人民共和国刑事诉讼法〉的解释》第 516 条将证明标准规定为“犯罪事实清楚，证据确实、充分”。2021 年 3 月《关于适用〈中华人民共和国刑事诉讼法〉的解释》第 621 条规定的证明标准为高度可能，“申请没收的财产具有高度可能属于违法所得及其他涉案财产的，应当认定为前款规定的‘申请没收的财产属于违法所得及其他涉案财产’”。

（二）没收的执行程序

我国《刑事诉讼法》第 272 条规定了没收财产的执行，这主要涉及没收财产的刑罚执行，不包含涉案财产的没收执行。根据最高人民法院印发的《关于刑事裁判涉财产部分执行的若干规定》，处置随案移送的赃款赃物、没收随案移送的供犯罪所用本人财物等涉案财产的没收，由第一审人民法院的执行机构负责执行。人民法院办理刑事裁判涉财产部分执行案件，《刑法》、《刑事诉讼法》及有关司法解释没有相应规定的，参照适用民事执行的有关规定。《刑事诉讼法》第245条规定，“人民法院作出的判决生效以后，有关机关应当根据判决对查封、扣押、冻结的财物及其孳息进行处理。对查封、扣押、冻结的赃款赃物及其孳息，除依法返还被害人的以外，一律上缴国库”。这里的“有关机关”包括公安机关、国家安全机关、检察机关和法院。“有关机关”执行生效裁判的行为应当是协助法院执行，司法实践中一般遵循谁扣押且控制、保管涉案财产，谁在刑事裁判生效后负责执行。涉案财产只有部分案件中做到了随案移送，大部分案件的涉案财产仍由侦查机关实际控制并负责执行。

（三）没收的救济程序

没收的救济可以分为没收决定的救济、没收执行的救济和第三人的救济。

第一，没收决定的救济。没收决定一般是法院以裁决的形式作出。《刑事诉讼法》第300条第2款规定：“对于人民法院依照前款规定作出的裁定，犯罪嫌疑人、被告人的近亲属和其他利害关系人或者人民检察院可以提出上诉、抗诉。”这是对没收特别程序而言，而我国没收普通程序中，有关主体对刑事判决的没收不服的，能否提出上诉或抗诉，《刑事诉讼法》与相关司法解释均未规定。中共中央办公厅、国务院办公厅《关于进一步规范刑事诉讼涉案财物处置工作的意见》第12条要求，被告人、自诉人、附带民事诉讼的原告和被告人对涉案财物处理决定不服的，可以就财物处理部分提出上诉，被害人或者其他利害关系人可以请求人民检察院抗诉。据此，被告人对没收不服的，可提出上诉。但是，该意见既不属于刑事诉讼法律，也不属于司法解释，在《刑事诉讼法》未作规定的情况下，该意见能否作为没收救济的法律依据，不无疑问。另外，该意见虽然强调检察机关对涉案财物处理的法律监督工作，但并未规定检察机关可针对没收裁决部分提出抗诉。①

第二，没收执行的救济。现行关于执行程序中权利救济程序的规定内容

---

① 参见吴光升：《刑事涉案财物处理程序研究》，法律出版社2018年版，第218～219页。

有限，主要包括最高人民法院《关于刑事裁判涉财产部分执行的若干规定》第 14 条规定的执行异议复议程序，以及《人民检察院刑事诉讼规则》规定的对刑事诉讼涉案财产执行的检察监督程序。除此以外，并无专门针对刑事诉讼涉案财产执行的法律救济程序。当事人、利害关系人在执行程序中的权利救济途径较为有限，难以得到有效的司法救济。当事人、利害关系人对违法执行行为目前只能向执行主体反映，由执行机关自行处理。

第三，第三人的救济。没收普通程序中，根据现行《刑事诉讼法》，即使案外第三人认为扣押的涉案财产属于自己的合法财产，法院在裁决将这些财产没收之前，也无须听取案外第三人的抗辩，案外第三人也无机会在没收裁判作出前通过参与诉讼维护财产权利。一方面，《刑事诉讼法》第 108 条规定，专门司法机关以外的程序参与人只有当事人与诉讼参与人两种，而当事人是指被害人、自诉人、犯罪嫌疑人、被告人、附带民事诉讼的原告人和被告人，诉讼参与人是指当事人、法定代理人、诉讼代理人、辩护人、证人、鉴定人和翻译人员，案外第三人作为与涉案财产没收存在利害关系的人，并不属于这两类人之一，无参与没收程序的法律依据。另一方面，《刑事诉讼法》无案外第三人参与没收普通程序的具体规定。案外第三人在没收普通程序中遭受财产侵害以后只能通过以下两种途径进行救济：一是审判异议途径，根据最高人民法院印发的《关于适用〈中华人民共和国刑事诉讼法〉的解释》第 279 条的规定，案外第三人在刑事审判阶段对查封、扣押、冻结的财物及其孳息提出权属异议的，法院应当审查并依法处理；二是执行异议途径，案外第三人认为执行标的上存在自己的合法权益或认为刑事判决或裁定将自己的合法财产错误认定为赃款赃物的，可向法院提出异议，由法院中止执行并按《民事诉讼法》第 238 条审查、复议，或由刑事审判部门裁定补正，或向法院申诉通过审判监督程序处理。

第三节 刑事诉讼涉案财产处置程序的司法现状

上一节主要对我国刑事诉讼涉案财产处置程序的制度规范从扣押程序、返还程序和没收程序三个方面进行了论述，本节主要考察我国刑事诉讼涉案财产处置程序的实践运行状况及特点。

一、扣押程序的司法现状

（一）扣押决定程序现状

1. 侦查机关采用内部行政审批方式决定扣押。相关法律规定，侦查机关可以直接决定扣押。扣押的签发程序等规定比较粗疏，虽然法律要求根据扣押决定书实施扣押，但司法实践中存在先扣押涉案财产，认为与案件有关的再让被追诉人补签相关文书，如果与案件无关则直接发还给被追诉人的情况。如果扣押物丢失，被追诉人也无证据证明其丢失的财物系被侦查机关扣押的财物。对于补签的法律文书则装入侦查卷宗，使违法扣押具有合法的形式。

2. 侦查机关很少主动解除扣押。《刑事诉讼法》规定侦查机关保全涉案财产后，经查明确实与案件无关的，应当在三日以内解除保全。此处“三日以内”的起算点是“查封、扣押、冻结之日”还是“查明之日”，法律规定并不明确。司法实践中，涉案民营企业对生产经营资金的流动性要求很高，如果其账户因涉及违法所得被侦查机关冻结，且不能及时解除保全措施，涉案企业往往因此而无法从银行贷款，导致资金链断裂并引发经营困难，严重的甚至会面临破产。

3. 侦查机关以证据保全代替财产保全。对涉案财产进行保全，除了具有证据保全功能外，在客观上还具有财产保全功能。证据保全只能适用于那些具有证据作用的涉案财产，对无证据作用的涉案财产不能采取证据保全措施。司法机关为了保证涉案财产裁判的可执行性，不得不将具有证据作用的涉案财产纳入证据保全范围，不再区分证据保全与财产保全，而是将证据保全作为财产保全措施使用，扩大扣押范围也就在所难免。这样就导致实践中只能对涉案财产进行保全，不能对被追诉人的行为进行保全，即不得要求被追诉人做出或者禁止做出某种与财产相关的行为，如明知被追诉人或其近亲属可能处分替代性财产等合法财产，侦查机关却无法阻止。①

4. 侦查机关扣押时缺少对涉案财产权属性质的侦查。《反有组织犯罪法》第44条规定，公安机关、人民检察院应当对涉案财产审查甄别。在移送审查起诉、提起公诉时，应当对涉案财产提出处理意见。在审理有组织犯罪案件过程中，应当对与涉案财产的性质、权属有关的事实、证据进行法庭调查、辩论。人民法院应当依法作出判决，对涉案财产作出处理。但有课题组在调研访谈中发现，公安机关存在“重查扣、轻甄别”，按照“应扣尽扣”的原则加大查封、扣押、冻结力度，但未依法对查封、扣押、冻结的财产的性质、来源、权属进行有效审查甄别；有的公安机关对案外人异议不进行实质处理，“打包”移送审判；有的检察院未能履行审查甄别职责，对随案移送财产不提出处理意见建议，或仅对数量少、性质单一、权属明确的涉案财产提出处理意见建议，或提出的处理意见建议过于笼统、原则，无操作性；有的检察院未对需要继续追缴的尚未被足额查封、扣押的其他违法所得提出处理意见建议，导致法院无法准确认定涉案财产权属性质，影响审判和执行；个别案件在提起公诉时，财产性证据仍在收集整理过程中，对财产的处理意见尚无法明确呈现在起诉书中，财产性证据收集、移送的进度较慢，直接导致辩护人需要多次阅卷，法院需要多次开庭，针对财产事项的法庭调查难以集中开展，控辩双方的意见较为分散，影响庭审时效，不利于准确认

① 参见吴光升：《刑事涉案财物处理程序研究》，法律出版社2018年版，第109~110页。

定财产事实。[①]

（二）扣押执行程序现状

1. 扣押执行不规范。笔者对J省13个省辖市院2014年1月1日至2015年3月31日间办理案件中扣押、管理及处理涉案财物的调研报告进行研究发现，报告通过核实账册、清点物品、审核台账、查阅卷宗等方式，对165件自侦案件进行了全面检查，其中扣押不规范问题主要表现为：扣押清单上无物品持有人、扣押人或见证人的签字，未注明交款人与被追诉人之间的关系，扣押法律文书填写不规范，扣押清单上未填写时间，扣押单位与入库移送单位不一致等。司法实践中将比特币等虚拟财产视为涉案财产而采取扣押措施，但扣押执行面临很大的困难。虚拟货币属于计算机数据信息范畴，在侦查中处理方式与其他电子载体一样，包括对数据载体的处分和传统的搜查扣押等。通常情况下，对虚拟财产的追缴从扣押电子数据的物理介质如U盘、光盘、手机、电脑、服务器等开始。以比特币为例，司法实践已经尝试了四种不同的模式：

（1）一体扣押模式。这是传统的查扣实物的方式，主要针对数据类虚拟财产的载体进行扣押。对数字货币相关信息（如密钥）及其存储介质的查扣更像是通过复制数据控制存储介质。首先，侦查人员与技术人员常常分开操作，也可能因为他们希望能够从中挖掘更多的证据。这种模式的缺点显而易见，对虚拟财产一体扣押可能会违反比例原则，使财产侵害程度不当扩张。在搜查过程中，可能会扣押包含私钥信息的纸张，也有可能扣押存有私钥或钱包软件的手机、电脑、公司服务器及数据库，甚至可能查封与私钥或钱包软件相关的大型机器设备等。资产、物品具有不同的价值，证据具有不

① 参见天津市高级人民法院刑一庭课题组：《有组织犯罪涉案财产认定和处置问题调研报告》，载最高人民法院刑事审判第一、二、三、四、五庭编：《刑事审判参考》（总第139辑），人民法院出版社2024年版，第181页。

同的价值。其次，证据关联性较差，同时取证过程耗费较高成本，在公开网站可以查询到每个账户持有的比特币数量，而比特币的来源透明且记载于区块链，这使得载体更多地起到展示信息而非证明来源的作用。最后，这种模式既无法控制，也无法保存比特币。由于私钥和账户等信息可能被未经确认的个人获取，比特币可以通过备份私钥进行转移。在针对由第三方平台持有的比特币的情况下，要求对存储在境外服务器上的资产进行“一体扣押”显然是不现实的。

（2）单独提取模式。该模式包括两种方式：一种是在线操作，通过远程提取密钥控制账户；另一种是线下操作，搜查、复制、扣押、封存密钥和账户数据，这有利于方便有效地调查，使信息自由获取。但这种模式也存在弊端，首先可能会超越任意侦查与强制侦查的限制，导致程序违法行为。其次，在虚拟空间中外部监督出现盲区，容易侵犯财产权及数据相关新型权利。最后，未充分发挥查控证据、保全财产、确保诉讼顺利进行等功能。对于私人自行存储型方案来说，在获悉账户（比特币钱包地址）并拷贝私钥后，任何人都可以在任何联网设备上登录该账户，从而实际控制并转移比特币。在遇到第三方平台持有型方案时，还需应对第三方服务器发生意外等风险。因此，简单地复制私钥和账户地址等信息并不可靠。

（3）强制划扣模式。为了避免虚拟货币被转移走，一些执法机关选择将涉案虚拟货币转移到他们所控制的钱包中。具体做法是，执法机关会生成比特币地址，并要求被追诉人将账户内的比特币转移到该地址。在这个过程中，被追诉人将不再持有最终账户的公钥和私钥。在早期司法实践中，通常会先将涉案资金转入办案人员个人控制的钱包，由其代表机关进行管控。这种模式存在一些优势，有助于解决虚拟货币的易转移性、保全难题和控制问题，可以有效防止他人通过备份比特币私钥或使用其他设备登录来转移相应资产。但这也存在弊端，首先，将虚拟货币转移至执法部门或个人的账户可能被视为强制划扣，这种做法缺乏法律依据且程序合法性存疑。其次，由于虚拟货币的特性使得原本应该被临时控制的资产被划扣，容易引发侵权和财务腐败问题。最后，保值管理措施乏力且无效。

（4）变现冻结模式。司法实践中，还有一种方法是将虚拟货币转换为法定货币，然后采取传统的冻结方式，即在将虚拟货币变现后再实施冻结等强制措施，这是因为传统的账户冻结和新型的数据冻结在这一领域并不起作用。就自行存储型而言，由于无法借助外部帮助，无法执行冻结操作。在第三方平台持有型中，由于比特币实质存储于交易场所而非中心化账户，没有权威机构或技术手段能直接实施冻结，除非境外平台配合控制账户。这种做法是为了解决缺乏有效追回手段、传统强制措施无法适应新型涉案财物等问题而采取的举措。但也存在弊端，首先，其合法性也存在疑问。其次，这项强制措施仍旧在采用传统实物对应的技术手段，但是其科技含量不足以适应对新型虚拟财产的监管需求。最后，由于比特币相关金融业务在我国受到禁止，并且比特币市场价格波动较大，由执法机关或其委托的相关公司变现缺乏国家政策或法律支持，甚至可能违法。

综合以上观点，针对虚拟财产的法律强制处置，这四种方式都存在一定的不足，共性问题在于均未经过司法审查，缺乏监督，且不能有效地控制涉案虚拟货币，不利于对被追诉人财产权的保护。第三种模式除了缺乏正当程序保障外，还存在较大的司法廉洁性风险。

2. 涉案财产的保管主体以公安机关、检察机关为主，法院为辅。我国涉案财产的保管由办案机关负责，司法实践中一般采用“谁查封、扣押，谁保管、移送”的原则。因此，侦查机关是保管涉案财产的主要机关，对涉案财产的保管承担主要责任。涉案财产随案移送到法院的情形较少，大多数涉案财产仍处于侦查机关的保管之下，法院仅在部分情况下保管一些随案移送的涉案财产。司法实践中扣押物的保管主要有实物移送、分别管理模式和单据移送、公安管理模式。[①] 这说明我国尚未建立涉案财物统一管理制度。

① 参见程建：《刑事诉讼涉案财物集中管理的实证调研和制度构想》，载《上海政法学院学报（法治论丛）》2013 年第 2 期。

《关于进一步规范刑事诉讼涉案财物处置工作的意见》印发以后，有些地方的公检法三机关已经开始对涉案财物统一管理改革进行了有益探索，如浙江诸暨，四川成都、凉山等地都因地制宜探索出符合本地特点的涉案财物管理中心。2015 年 5 月，全国首家刑事诉讼涉案财物管理中心在浙江诸暨挂牌，诸暨公检法各单位涉案物证统一收纳。[①] 但相关工作规范不够完善，比如，实物证据尤其是作案工具等的保管期限不明确，除枪支弹药、毒品、淫秽物品之外的违禁品的销毁流程缺乏具体指引等；对于当事人及其家属正常居住的不动产，汽车、轮船等价值较高的交通工具，股票、债券、期货等涉及保值增值问题的财产如何妥善保管，实践中仍处于个案研究、一事一议的层面，汽车等财物历经冗长的诉讼周期后大幅贬值的情况较为常见。

实践中，对比特币相关电子数据采取程序性处分措施后，还存在后续保管方式和具体措施的问题。除了前述将虚拟货币变现为法定货币后进行冻结的方式以外，还有三种新型保管模式。第一，“占有私钥保管”模式。该模式无法确保固定比特币在账，无法发挥查控证据、保全财产、保障诉讼顺利进行的功能。在虚拟货币仅被扣押私钥的情况下，办案人员、保管人员既无法确保比特币等安然在账，也存在办案人员、保管人员滥用权力的风险。第二，“转移占有保管”模式。该模式既具有程序正当性不足、容易引起涉财执法腐败的问题，还可能因比特币自身价值波动巨大，[②] 不具有金融专业性的保管部门无法先行处置而使比特币存在贬值风险。第三，“托管第三方保管”模式。目前该制度缺乏立法规定。司法机关将虚拟货币托管在火币网等第三方平台没有法律依据，目前我国原则上也是禁止金融机构或相关平台从事虚拟货币类业务，这与我国司法机关的职能定位、法律属性等并不相称。

---

① 参见陈东升、陈伯渠、王雨：《首家刑事诉讼涉案财物管理中心落户诸暨　公检法各单位涉案物证统一收纳》，载网易网 2015 年 5 月 8 日，https：//www.163.com/news/article/AP34JC7U00014SEH.html。

② 参见闻博：《黑客的比特币钱包被 FBI“截胡”了，比特币还安全么?》，载观察者网，https：//www.guancha.cn/Wenbo/2021_06_16_594567_2.shtml。

司法机关与国内非官方公司合作，委托其管理扣押的比特币私钥及现有账户，或将涉案比特币转移至国内第三方公司的比特币账户管理，也都存在一定的现实风险。[①]

3. 不宜保存的扣押物的拍卖、变卖以及涉案财产的随案移送由侦查机关自行决定。涉案财产的拍卖、变卖、随案移送制度与处置程序是相配套的，是依法处置涉案财产的前提和保障。在所办理的案件还正在进行侦查、被追诉人还没有被作出有罪判决的情况下，侦查机关因涉案财产可能贬值、腐败而进行的变卖、拍卖、出售、变现，虽然不是对涉案财产所有权的处分，但会让人感觉这些涉案财产就是赃款赃物，后续还会给检察机关和法院造成影响，甚至会影响法院的判决。侦查机关涉案财产处置的不公开、不透明容易使侦查人员权力寻租，发生低价贱卖的情况，侵犯被追诉人的合法财产权益。对于作为证据使用的涉案财产侦查机关一般会移送，但其他涉案财产则往往拒绝随案移送。即使需要作为证据随案移送的涉案财产，也存在移送材料过于简单，只将清单、照片或者其他证明文件随案移送，缺少查封手续、照片、权属等问题。对于金银珠宝、古玩字画等特殊财产没有鉴定材料，无法判断其真伪、价值；财产清单制作不规范，对于现金，只登记币种、金额，不登记面值；对于银行卡，只登记发卡行名称，不区分卡的种类；对于手机、电脑等财物，只登记数量或者仅具体到品牌，不登记具体型号，不查明权属，在一些利用信息网络实施的犯罪中大量在案手机、电脑难以准确没收或者发还。[②] 这样就造成大量的涉案财产未能进入审判程序，也很难在法庭上进行举证、质证和审查，法院在判决书中往往简单表述为“侦查机关扣押的涉案财产由侦查机关自行处理”。

---

① 参见《成都某安全公司爆仓3个亿，把警方的钱都亏完了!》，载网易网2021年4月6日，https：//www. 163. com/dy/article/G6UE62VS0524OSOD. html。

② 参见天津市高级人民法院刑一庭课题组：《有组织犯罪涉案财产认定和处置问题调研报告》，载最高人民法院刑事审判第一、二、三、四、五庭编：《刑事审判参考》（总第139辑），人民法院出版社2024年版，第181页。

（三）扣押救济程序现状

1. 侦查机关直接受理不服扣押的申诉、控告。司法实践中，对于被追诉人、被害人或第三人提起的不服扣押的申述、控告，侦查机关并没有设置统一的部门进行处理，而是由办案单位自行受理。笔者在J市公安局调研时，该局法制部门负责人告诉笔者，关于不服扣押的申诉、控告肯定是有的，但主要是各办案单位如派出所等负责答复，该局并无对不服扣押的申诉、控告的专门统计数据，对于当事人提出的不服扣押的申诉、控告也主要由办案部门进行处理。当事人申请后的决定时间、申请人对决定不服的救济措施、受理机关听取控辩双方的意见等在实践中都没有具体的规定。

2. 扣押的内部监督有限。侦查机关对自己启动的扣押的合法性进行监督，并且决定程序不公开，这种行政化审批方式虽然有审核的环节，但没有监督的效果。对于扣押出现的违法情况，侦查机关往往以程序瑕疵为由进行内部整改，即使严重侵犯了被追诉人和第三人的合法财产权益，被追诉人和第三人也无从知晓其决定过程。

3. 扣押的检察监督虚置。检察监督对侵犯人身权的行为的监督作用已经被学界所质疑，对扣押等保全涉案财产行为的监督几乎虚置，即使有监督，也主要是从证据保全的角度，监督是否及时查控了对证明案件事实有重要作用的财物，而不是从保护被追诉人合法财产的角度去监督。对于侦查机关作出的扣押决定，检察机关也无从知晓、无法监督。实践中，检察机关收到的关于违法扣押财产的申诉较少，且未作为一类单独的台账予以统计，与检察监督虚置，群众对检察监督不知晓或不信任有很大关系。

二、返还程序的司法现状

（一）返还决定程序现状

1. 公安机关、检察机关和法院在审前返还程序中均可以自行决定返还。从现有程序来看，公安机关、检察机关和法院审前返还的程序基本相同，均是由办案人员对符合返还条件的涉案财产进行登记、拍照或录像、估价，报负责人批准后制作返还清单，将涉案财产返还给被害人。涉案财产权属不明的应当在法院判决时一并处理。

2. 审前返还的条件难以把握。审前返还需要具备三个条件：涉案财产的权属性质清晰且属于被害人所有或占有；涉案财产为被害人所有或占有的合法财产；拟返还财产不具有证据效力，提前返还不会对正在进行的诉讼造成影响。前两个条件容易把握，但第三个条件难以把握。大多数涉案财产既有财产价值，也有证据价值，有些涉案财产的价值还与是否构成犯罪相关，一旦提前返还，如果被追诉人对于涉案财产的金额或鉴定价值提出异议，则无法对原物进行重新鉴定，侦查人员为了规避这种风险，往往以诉讼正在进行为由不予审前返还。

3. 适用返还程序不均衡。在某些特定的案件类型中，侦查机关为了追求法律效果和社会效果的统一，往往会积极主动地在审前返还被害人合法财产，如在涉众型集资诈骗案件中被害人往往会聚集性信访而成为社会不安定因素，审前及时返还可以帮助被害人及时挽回损失，有利于安抚被害人情绪，也会得到党委政府的支持和肯定。在多数案件中，侦查机关往往被动处理涉案财产，如果被害人没有积极要求返还，一般法院在判决时才决定返还。

（二）返还执行程序现状

1. 审前返还执行时存在地方保护。笔者在办案中发现，公安机关在办理涉及多名被害人的集资诈骗案件或电信诈骗案件时，由于被害人往往遍及全国各地，公安机关在返还被害人财物时存在地方保护现象。实践中，公安机关出于地方保护的目的，在被追诉人家属退赃有限的情况下，一般会让被追诉人家属直接向本地的被害人退还，从而导致其他被害人权益受到损害。

2. 审前程序中对于退赔的财产公安机关有时不办理扣押手续。对于作为证据使用的财物，公安机关一般会办理扣押手续。但对于不作为证据使用的财物，如责令退赔的现金、股份等涉案财产，公安机关往往不办理扣押手续，而是让犯罪嫌疑人家属直接退还给被害人。但对于有多名被害人且对涉案财产分配存在异议的案件，公安机关如此处理可能会侵害其他被害人的财产权利。该问题在一些经济犯罪案件中也较为常见，如通过对犯罪嫌疑人采取强制措施，强迫其家属代为退赔相关款物，卷宗中没有扣押手续，导致检察监督落空。

3. 审理阶段责令退赔执行较少。有学者对上海市某基层人民法院一年内判决的几种类型案件的退赔情况进行了统计，信用卡诈骗案件退赔的比例是57.63%，故意伤害案件赔偿被害人的比例是56.52%，寻衅滋事案件赔偿的比例是68.42%，合同诈骗案件主动退赔的比例是37.57%，诈骗案件主动退赔的比例是30.77%，盗窃案件主动退赔的比例是11.11%，抢劫案件赔偿被害人或主动退赔的比例是6.67%。其中侵财类案件主动退赔的较少，被动追缴的较多。如盗窃案件人赃俱获的占73.75%，诈骗案件主要依靠被告人赔偿，但比例只有14.29%。对于无法追缴的赃物，被告人较少进行退赃或赔偿。①

（三）返还救济程序现状

审前返还难以避免发生涉案财产返还错误的情形，主要包括：一是被返还的涉案财产不是被害人的合法财产，而是其通过违法犯罪手段获取的非法利益。在侵犯知识产权案件中，权利人虽然赢了官司却得不到赔偿，因为被告人的违法所得在刑事案件中被没收了。知识产权刑事案件中，违法所得是优先用于民事赔偿还是刑事追缴，现有法律并没有明确规定。实践中，权利人往往是在刑事案件处理完毕后单独提起民事诉讼，此时违法所得已在刑事案件中被追缴，侵权人的赔偿能力受到削弱，导致被侵权企业理应获得的赔

① 参见张峰、孙科浓：《刑事被害人财产权益保护的实证分析》，载《法学》2012年第8期。

偿落空。违法所得的刑事追缴与对权利人的赔偿具有同质性，可互相抵扣，“对权利人的赔偿”这一补偿性责任应优先于“没收违法所得”这一惩罚性责任，这一观点最终得到法院判决的认可。[①] 二是被返还的涉案财产不是被害人所有，而是第三人所有。涉案财产的权属关系比较复杂，一旦返还错误，就需要通过相关程序追回。侦查机关为了查明犯罪事实，所进行的侦查行为属于诉讼行为，而诉讼行为本身属于不可诉行为，意味着对侦查行为不可以提出行政诉讼或民事诉讼。

三、没收程序的司法现状

（一）没收决定程序现状

1. 通过庭前会议对涉案财产权属性质进行审查。司法实践中，涉案财产权属性质没有争议的，一般在开庭时一并审理。对于涉案财产权属性质有争议的简单案件，一般通过庭前会议的形式进行审理。但对于复杂案件，特别是集资诈骗类、黑社会性质组织类案件，通过庭前会议来审查涉案财产的权属性质就显得捉襟见肘。以黑恶犯罪涉案财产处置为例，黑恶犯罪一般具有组织化特征，行为人具有较强的经济实力，其通过实施违法犯罪行为获取的经济利益也比较复杂，既有通过非法手段直接获取的非法利益，如开设赌场等犯罪中获取的“抽头”等，也有“洗白”后通过合法生产经营获取的合法收入，如投资房地产获取合法利益，然后再利用合法获益去支持其组织的运营等。该类犯罪中涉案财产来源多元、形态多样、数额巨大，这在客观上也增加了审判阶段涉案财产处置的难度，其困难和挑战主要是：一是《刑法》规定的黑社会性质组织涉黑财产认定标准过于原则、指导性不强，二是侦查机关对涉黑财产来源、权属、性质等取证不到位，三是涉黑财产的权属性质难以认定。黑社会性质组织犯罪涉案财产的处置程序仍需进一步完善。

---

① 参见朱国亮：《江苏江阴：民事赔偿优于刑事追缴　不让被侵权企业吃“哑巴亏”》，载新华网，http：//www. news. cn/legal/20240614/1e07422f3790429c83d98df69f65054c/c. html。

因此，仅仅通过庭前会议还不足以对涉黑财产的权属性质进行审理。涉及单位犯罪的，甚至要邀请具有专门知识的人，可以参照破产案件的相关做法，厘清涉案财产的权属性质。

2. 涉案财产处置的行政化特征明显，处理结果往往被法院“照单全收”。有关机关存在以行政处罚程序没收涉案财产的现象。有学者在对 392 个集资诈骗罪判决进行分析后发现，这些案件均存在审前处置涉案财产的事实，而且都是侦查机关直接处理，没有经过法院的司法审查，处理程序行政化特征明显，而法院则对侦查机关的处理决定往往“照单全收”，并在判决中予以体现，但并没有对侦查机关的处置行为是否合法进行审查。①

3. 法院判决时以罚金刑代替刑事没收。在一些涉案财产比较复杂，违法所得与合法财产混同，难以核实其权属性质的案件中，因要没收其违法所得，法院往往会将复杂问题简单化处理，即在判决时对其判处高额罚金，对其财产全部予以没收。这虽然达到了打击犯罪的目的，但事实上却不当扩大了涉案财产的剥夺范围。②

（二）没收执行程序现状

刑事裁判生效后，对刑事涉案财产负有退赔、返还、上缴义务的主体如果不主动履行生效法律文书确定的义务，就涉及对刑事涉案财产的执行；对于已经被侦查机关保全的涉案财产，在刑事裁判生效后，同样会涉及执行问题。

1. 没收执行主体多元。公安机关、检察机关和法院对刑事诉讼涉案财产均享有执行权，《刑事诉讼法》对究竟由谁负责执行没有明确规定，根据司法惯例，除了随案移送的作为证据使用的涉案财产之外，按照“谁扣押谁

---

① 参见柯明：《刑事诉讼视野下民营企业家犯罪涉案财物的处置》，载《河北法学》2017 年第 12 期。

② 参见向燕：《刑事涉案财物处置的实证考察》，载《江苏行政学院学报》2015 年第 6 期。

保管，谁保管谁执行”的原则，由实际扣押的机关负责处理。对于移送到法院的涉案财产，则由法院直接进行处理。执行主体多元化，且执行主体之间没有明确的权限界定，导致涉案财产执行乱象丛生，对于“有利可图”的涉案财产处置，各机关争先恐后，并积极采取保全措施，而对“无利可图”的涉案财产，则怠于处置。不同机关对涉案财产的执行各行其是，缺乏统一标准，也给当事人、第三人的权利救济带来不便。

2. 法院没收执行一般不是由执行部门负责，而是由刑事审判部门负责。法院刑事审判部门负责刑事案件的审理，判决生效后涉财产判项的执行一般也是由刑事审判部门负责。全国法院系统刑事案件大部分由刑事审判部门执行，大量的涉财产判项无法得到执行，统计数据显示执行率仅有 14.71%。① 一方面，按照传统做法，刑事判决生效后一般是被动执行，即由被追诉人家属主动履行；另一方面，则是法院执行部门长期以来面临案多人少的矛盾，不愿意也没有能力执行刑事案件的判决。长期以来，刑事裁判涉财产判项执行是执行工作难题中的难题。“这类案件存在执行标准不统一、投入的司法力量多而执行质效低、罪犯履行积极性不高等问题，致使大量刑事财产刑‘空判’现象突出，严重损害了司法权威。”②

（三）没收救济程序现状

没收救济程序包括没收决定的救济程序和没收执行的救济程序。没收决定主要是通过上诉或抗诉来救济。没收执行则主要是通过执行异议等来进行救济。笔者在裁判文书网上查阅的诸如遗漏涉案财物、混淆追缴后返还和责令退赔、多被害人不写明各应予返还的数额及不当将合法财物认定为作案工具并没收等存在“硬伤”的 200 余份判决，均为生效裁判文书，无一案上

---

① 参见李存国等：《财产刑执行实证研究》，载《人民检察》2014 年第 7 期。

② 崔善红、任玥文：《让刑事财产刑不“空判”——海南法院破解刑事裁判财产性判项“执行难”纪实》，载《人民法院报》2022 年 7 月 25 日，第 1 版。

诉。如在毛某案外人异议案①中，毛某因声称对涉案房产享有继承权，对没收房产的判决提出异议。在此之前，毛某曾因物权保护问题起诉，法院经审理后认定应通过执行异议程序主张权利，因此驳回其请求，毛某上诉也未获支持。现复议法院认为毛某提出的异议不属于执行异议案件受理范围，而应由审判监督程序处理，因此驳回其异议。这一案例中，执行异议导致救济路径指向审判监督程序，然而由于审判监督程序在处理财产处置问题时遇到困难，毛某很难得到任何救济。这种情形经常出现，也是导致刑事案外人权利无法得到救济的典型情况。最高人民法院《关于刑事裁判涉财产部分执行的若干规定》第 15 条规定："执行过程中，案外人或被害人认为刑事裁判中对涉案财物是否属于赃款赃物认定错误或者应予认定而未认定，向执行法院提出书面异议，可以通过裁定补正的，执行机构应当将异议材料移送刑事审判部门处理；无法通过裁定补正的，应当告知异议人通过审判监督程序处理。"一旦相关财物已被法院认定为违法所得，执行机关应遵循法院裁定进行处理。如涉案财物的归属存在异议，将被视为对于生效判决的异议，必须通过审判监督程序依法处理，因此案外人的异议和复议无法得到支持，也难以启动审判监督程序。在潘某执行复议案②中，涉及潘某之夫的无期徒刑判决及财产追缴问题。涉及夫妻共同财产的一宗争议是关于购房款的归属。就潘某案中的实质性审查方式而言，依据最高人民法院《关于刑事裁判涉财产部分执行的若干规定》第 14 条，案外人提出的有可能阻止执行的实体权利异议，应根据《民事诉讼法》的相关规定进行处理。但在实践中，法院通常会对被执行人的合法所有财产进行认定，根据案外人的异议，作出是否执行的决定。如果权益的外在表述与实际权益不符，则必须确认相关财产的真正归属。执行法院采用诉讼的审查标准，对案外人的异议进行行为异议审查程序，虽在一定程度上保障了案外人的财产权利，却挑战了审执分离原则。当

① 参见广东省高级人民法院执行裁定书，(2020) 粤执复 186 号。

② 参见北京市高级人民法院执行裁定书，(2019) 京执复 75 号。

前执行判决趋向于形式审核，注重效率，这种处理方式可能被指责为过于强调执行而忽视审查。

第四节　刑事诉讼涉案财产处置程序的主要问题

通过考察制度规范和司法现状，可以发现我国刑事诉讼涉案财产处置存在程序正当性缺失的结构缺陷、运行失范、当事人和第三人财产权益被侵犯等问题。扣押程序、返还程序、没收程序既有共性的问题，如扣押程序和返还程序均由侦查机关自行决定、证据标准缺失、缺乏异议补救程序等问题，没收程序由审判机关决定和执行，存在审执合一的问题；也存在一些个性问题，如随意扩大扣押范围、移送和保管混乱、没收程序缺失等问题。

一、涉案财产处置程序存在结构缺陷问题

我国刑事诉讼涉案财产处置程序可以分为审前处置程序和庭审处置程序，涉案财产审前处置程序和涉案财产庭审处置程序均存在正当性缺失的问题。

（一）涉案财产审前处置程序正当性不足

1. 审前处置程序缺乏司法审查。审前阶段涉案财产处置程序包括审前返还程序和扣押程序，侦控机关依情况有权对相关涉案财产直接作出处置决定，没有中立的第三方对审前处置行为进行合法性审查，法院无法介入审前程序中侦查机关、检察机关对涉案财产的处理。这种不受司法审查约束的侦查权运行机制，使公民的财产权处于随时可以不经司法机关审查就被限制和剥夺的风险之中。对于违法处置行为并未规定相应的法律后果，采用宣言性规定，不利于现实问题的解决。

2. 审前处置程序证明标准过低。我国刑事审前处置程序中，保全程序

的证明标准为“与犯罪有关”“与案件有关”，即侦查人员认为该财物与案件有关联即可，是否具备实质性关联则在所不问。实践中，基本上是由案件承办人确定需要扣押的财物，由法制人员审核后即可进行扣押。如果财产保全不需要证明涉案财产与案件具有实质性联系，保全的范围就难以具体明确，这必然给侦查人员随意扣押留下了操作的空间，可能会出现权力寻租的现象。涉案财产返还程序中的“权属争议”的证据要求无明确规定，容易理解成“只要有人提出异议就不能返还涉案财产”，容易导致是否返还具有随意性，使被害人的判决前被返还合法财产的权利流于形式。

3. 审前处置程序参与和程序公开不够。无论是审前财产保全程序还是审前返还程序，被追诉人、第三人参与审前处置程序均缺乏法律的规定，侦查机关通知其参与的积极性和主动性不够。审前处置涉案财产与被追诉人、第三人的合法财产权益有密切的联系，但侦查机关在采取保全措施和先行返还时并没有充分地告知和听取意见，有时出于地方保护的考虑，偏向于听取一方的意见，却不听取其他利害关系人的意见。其他利害关系人对涉案财产处置情况并不知情，更无从维护自己的合法利益。目前的程序设计也存在问题，并没有被追诉人和第三人在财产保全和先行返还时的参与程序和抗辩机制。审前处置程序由侦查机关通过行政化手段进行，处置过程对被追诉人和第三人以及公众不公开，缺乏监督制约。

（二）涉案财产庭审处置程序不完善

1. 缺乏相对独立的涉案财产审理程序。虽然《刑事诉讼法》第245条规定了由法院对涉案财产进行处理，但相对于《刑事诉讼法》第五编第四章没收特别程序的规定，一般没收普通程序并没有具体的处置程序的规定，且相关司法解释也没有细化规定，这导致检察机关在审查起诉过程中也忽视对涉案财产权属性质的审查，庭审中关于涉案财产权属性质的调查核实基本虚置。虽然在实践中存在通过庭前会议的方式对涉案财产进行审查的做法，但对于权属关系复杂的案件来说，当事人及利害关系人的合法权益无法得到充分保障。

2. 不注重对涉案财产权属性质的调查核实。我国的没收程序从侦查阶段的没收保全到审查起诉和庭审，都不重视涉案财产权属性质的调查。侦查机关扣押时不注意搜集涉案财产权属性质的相关证据，检察机关在审查起诉时往往注重对定罪量刑事实和证据的审查判断，而忽略对涉案财产权属性质的审查判断，起诉书一般不会对涉案财产提出如何处置的控诉意见。这与考核机制有重要关系，当前的考核主要是对定罪量刑的情况进行考核，而对涉案财产处置的情况虽然有一些指导性意见，但并不是起诉书质量考核的主要内容。检察人员即使想要对涉案财产处置进行审查，也会受侦查机关移送的证明涉案财产权属性质的证据的制约，而无法全面审核。法院开庭审理时基本上不对涉案财产处置的事实进行专门调查。① 检察机关未对涉案财产提出没收、返还或追缴的控诉的，利害关系人无从得知被查扣涉案财产可能遭受的不利后果，无从参与到诉讼中，表达诉求和主张；对涉案财产如何处置均是法官在庭外自行取证、自行审查、自行决定，结果形成过程既无检察机关参与亦无当事人参与，审理程序被实质架空。即使进行法庭调查，大多数也是以庭前会议的形式，甚至由法官根据书面证据材料直接决定，法律也未对证明涉案财产权属性质应达到何种证明标准予以明确。在法庭辩论时，诉讼双方首先关注的是定罪量刑的举证质证，由于公诉一方未对涉案财产提出处置意见，法庭也较少组织对涉案财产处置的辩论，导致涉案财产处置事实上无法成为法庭辩论的焦点。这些问题的存在，导致涉案财产的权属性质难以查清。② 判决书未记录涉案财产的审理经过，法官也不能将未经庭审举证质证的证据罗列于判决书，无法在判决书中解释处置涉案财产的理由和依据。

3. 涉案财产庭审处置程序存在审执合一的问题。审执分立是民事诉讼

---

① 参见吴成杰：《刑事涉案财物的审查认定及处理》，载《人民司法》2014 年第 13 期。

② 参见福建省厦门市中级人民法院刑二庭课题组：《刑事涉案财物处理程序问题研究》，载《法律适用》2014 年第 9 期。

法在处理民事审判机关与民事执行机关的关系时遵循的基本原则，民事执行与审判的分立主要体现在机构、人员、程序、职责范围等方面。[①] 审执分立体现了分权与制衡的理念，有助于执行权的科学定位和配置。经过多年的努力，我国已经实现了民事审判权与执行权在法院内部的分立，但并没有将执行权从法院分立出去。刑事案件和行政案件的执行权均由法院执行局统一行使。涉案财产庭审处置程序包括返还、没收等实体性强制处分，根据我国目前的司法体制，返还和没收的决定都是法院庭审后在判决书中予以确认，而执行程序则是由法院执行部门根据民事执行的相关规定来负责，这就导致刑事案件审执不分的问题。党的十八届四中全会通过了《中共中央关于全面推进依法治国若干重大问题的决定》，提出要推动实行审判权和执行权相分离的体制改革试点，但没有指明具体的方向和路径。对此主要有三种观点：第一种观点认为应该实施彻底的外分，让执行权脱离人民法院；第二种观点认为应该深化内分，在法院内部将审判和执行作彻底的分离；第三种观点认为应该深化内分、适当外分，在深化内分的同时，将一部分执行实施工作交给法院之外的其他部门。三种观点均有一定的道理，各有利弊。最高人民法院通过组织专项课题研究、积极推动改革试点等方式调研论证后，经商最高人民检察院，答复认为应当采取深化内分模式，即民事执行权与审判权应该继续留在法院内部进一步深化分离，其主要理由如下：一是深化内分符合执行效率优先原则；二是深化内分有利于立审执协调；三是深化内分切合执行权运行要求；四是深化内分符合多数国家或地区的通常做法；五是深化内分模式改革成本最低。[②]

最高人民法院的上述答复主要是针对民事案件的执行，对刑事案件和行政行为强制执行工作则宜交其他国家机关办理，但未说明具体理由。这为刑

---

① 参见谭秋桂：《民事执行权配置、制约与监督的法律制度研究》，中国人民公安大学出版社 2012 年版，第 34 页。

② 参见《最高法院：关于将执行局与人民法院剥离的建议答复》，载搜狐网 2018 年 6 月 19 日，https：//www. sohu. com/a/236554954_ 99901874。

事涉案财产处置的审执分离提供了一种思路，即实现裁判与执行的外分。从刑事执行权的性质和执行程序的资源配置来看，我国多元化的刑事执行体制应当朝着一体化的方向发展，但对于如何建构一体化的刑事执行体制，学术界有不同的主张：一是由司法行政机关统一行使刑事执行权。有学者认为，从有利于司法行政机关与公安机关、人民法院、人民检察院在刑事诉讼中分工负责、互相配合、互相制约的角度出发，应当由司法部全面负责执行工作，并逐步将现由侦查和审判机关担负的执行工作划归司法部管理。[①] 二是成立国家刑事执行部统一领导各种刑罚的执行工作，待条件成熟时可以将刑事领域其他限制人身自由的处罚收归其执行。[②] 三是在借鉴国外经验的基础上，以确立检察官指挥执行的新体制为基本思路来重新设计和架构我国的刑事执行体制。[③] 对于刑事裁判执行体制的选择，比较域外有关国家和地区的做法，可以大致归结为两种主要模式，即由司法行政部门负责执行和由检察机关指挥执行。

在我国建立检察机关指挥执行模式具有一定的优势，从功能上看，相比由司法行政部门负责执行，由检察机关统一指挥刑事裁判执行的优势在于：一是真正实现从刑罚执行跨越到刑事裁判执行。由检察官统一指挥执行，有助于交付执行权、执行实施权和执行监督权的有机融合，解决执行权过于分散、弱化，执行效果减损的问题。二是检察机关直接指挥执行有助于防止执行监督流于形式，解决实践中存在的监督方式单一、监督行为滞后、监督效力不足的问题。三是有助于取得良好的执行效果。以财产刑执行为例，由于被追诉人一般在侦查或审查起诉阶段就已被公安机关或检察机关控制，相比于司法行政机关而言，检察机关对被执行人的财产状况较为了解，由检察机关实质参与财产刑的执行，有利于财产刑的顺利执行。

---

① 参见冯卫国：《论刑事执行权的合理配置》，载《法学论坛》2010 年第 1 期。

② 参见国林：《论合理配置刑事执行权》，载《政法论坛》2001 年第 3 期。

③ 参见万毅：《刑事执行制度之检讨与改造》，载《甘肃政法学院学报》2005 年第 6 期。

但在我国采取检察机关指挥执行模式存在两大现实障碍：一方面，我国在权力体制上与大陆法系国家存在明显差别，按照我国人大领导下的一府一委两院制，检察机关被定位为司法机关，与政府领导的司法行政机关不属于同一序列，这给检察机关有效指挥司法行政机关执行生效裁判造成了现实障碍。另一方面，与大陆法系国家将检察官定位为“法律守护人”不同，我国宪法赋予检察机关专门法律监督机关的地位，使其有权监督执行机关的刑罚执行。若要求检察机关成为执行指挥主体并承担执行责任，可能导致执行程序中监督者与被监督者的角色混同。在我国建立检察机关指挥执行模式，需要消除上述两大现实障碍或者质疑。①

近些年来“基本解决执行难”成为民事执行领域的重大攻关目标，刑事执行领域虽然也存在财产刑执行难问题，但却未见有学者从刑事执行与民事执行关系的视角展开跟进性的研究。② 事实上，刑事案件中涉案财产的执行问题不仅仅涉及刑事问题，还涉及民事和行政问题。如笔者曾经办理的一起诈骗案件，有部分行为没有被认定为诈骗，系合法借贷关系，但在涉案财产处置时不能仅考虑认定为诈骗部分的被害人返还问题，还要考虑债权人的损失，因此应当在刑事案件和民事案件执行过程中统筹考量。又如 A 盗窃了 B 的财物，C 又从 A 处将该财物窃走，在这种情况下，涉案财物应当退还给谁呢？这其实是个民事问题，B 和 A 都有请求权，B 是物权请求权，A 是（无权）占有返还请求权，这两个请求权具有先后顺序，物权请求权优先于占有返还请求权，因此应当优先返还给 B。如果刑事执行权与民事执行权分离，对于执行工作来说未必更加有利。

为了贯彻落实党的十八届四中全会要求，切实解决执行难问题，最高人民法院于 2019 年 6 月制定《关于深化执行改革健全解决执行难长效机制的

---

① 参见熊秋红、余鹏文：《刑事裁判执行程序之重构——以检察官指挥执行为目标》，载《国家检察官学院学报》2022 年第 2 期。

② 参见熊秋红：《刑事执行检察的回顾与展望》，载《中国刑事法杂志》2022 年第 1 期。

意见》，作为人民法院执行工作2019年至2023年的工作纲要予以实施，但事实上执行难问题并未从根本上予以解决。[①] 2022年6月起草的《中华人民共和国民事强制执行法（草案)》，至今已过去两年多时间，该法律依然还处于审议之中，足见民事执行法的制定面临不少问题，包括如何贯彻审执分离原则等问题。[②] 党的二十届三中全会再次对执行改革作出部署，要求“健全监察机关、公安机关、检察机关、审判机关、司法行政机关各司其职，监察权、侦查权、检察权、审判权、执行权相互配合、相互制约的体制机制，确保执法司法各环节全过程在有效制约监督下运行。深化审判权和执行权分离改革，健全国家执行体制，强化当事人、检察机关和社会公众对执行活动的全程监督”。这次审判机关与司法行政机关、审判权与执行权分别并列相提，再次引起大家对审判权与执行权分离改革的热议。

二、涉案财产处置程序存在运行失范问题

1. 审前处置决定主体权限不明。实践中，审前处置程序采用“谁决定、谁执行、谁监督”的模式，集决定、执行和监督于一身，“自我授权、自我约束”，基本上可以不受限制地对涉案财产进行扣押或返还，带有强烈的行政化色彩。涉案财产只有在少数案件中并且作为证据使用时才会随案移送，大部分案件的涉案财产仍由侦查机关进行保全、保管并在判决生效后进行执行。不同执行主体之间的权限划分没有明确的法律依据，基本上是根据对涉案财产的保全情况来共同承担执行的职责。如有一些涉案财产因为处置主体权限不清，会造成长期无人处置的现象；又如对于侦查机关保全的涉案财产，法院在判决书中没有作出处理决定，侦查机关往往不予处理，造成被追诉人的财产损失。

---

① 参加夏从杰：《执行改革走向何方：外分出法院抑或保留在法院?》，载微信公众号“金陵瀍语”2024年7月28日，https：//mp. weixin. qq. com/s/VE4Nidwe25J1Voi1KiKp7g。

② 参见张卫平：《民事强制执行法的程序完善与构建框架》，载《国家检察官学院学报》2024年第4期。

2. 执行程序失范。执行程序主要依据《民事诉讼法》的要求进行，但《刑事诉讼法》与《民事诉讼法》之间缺少明确的衔接机制。司法实践中，完全由公安机关、检察机关和法院自行决定如何执行。从公安机关、检察机关和法院的内部规范来看，涉及刑事诉讼涉案财产执行程序的规则也较为少见。整个刑事诉讼涉案财产执行程序处于游离于《刑事诉讼法》规范之外的状态。对于违法所得、供犯罪所用本人之物、违禁物等应当如何处置，基本没有法律及规范性文件作出明确规定。执行环节，法院往往以执行局案多人少压力大为由，不将刑事案件移交执行部门进行执行。当前扫黑除恶深入推进之际，法院才将黑恶势力案件移交执行局，而其他普通刑事案件仍然没有移交执行局，导致刑事案件涉案财产的执行也形同虚设。由于法院未对涉案财产的权属性质进行审查认定，也导致公安机关在判决后未及时处置扣押财产。法院判决后，侦查机关对扣押的财产未及时处置，法院在判决时未对扣押在案的财产作出认定和处理。①

3. 财产保全功能定位不清。《刑事诉讼法》没有将诉前对涉案财产的扣押、查封纳入执行的体系，在扣押、查封过程中存在着启动权、决定权、实施权主体混同的现象，并导致了财产的扣押程序随意，公开性、透明度差，对当事人、第三人的权益缺乏必要的保障。②《刑事诉讼法》以证据保全代替财产保全，存在的问题主要是保全措施种类不全，难以满足实践需要，导致保全成本不必要地增加，并可能侵害相关人员的合法权益。最高人民法院、最高人民检察院和公安部以司法解释的形式规定了诉讼中间出售、扣押不动产权利证书和提供担保等财产保全新方式，但司法解释的效力层级有限，并不具备刑事诉讼立法的效力，且各部门自行授权，有自我授权、超越

① 参见熊秋红：《刑事违法扣押国家赔偿案处理的指导性》，载《人民法院报》2018 年 1 月 31 日，第 2 版。

② 参见黄忠顺：《论司法机关在财产刑执行中的角色分担》，载《中国刑事法杂志》2014 年第 1 期。

法律的嫌疑。[①]

三、涉案财产处置程序存在救济缺失问题

我国刑事诉讼涉案财产处置的救济机制严重缺失,[②] 近年来《刑事诉讼法》的修改以及相关文件的出台主要针对涉案财产保全、没收和返还等方面，而涉案财产处置的救济机制较为缺乏，即使有相关规定，也是对之前规定的重复，没有突破。[③] 涉案财产处置行为既可能损害被追诉人的财产权益，也可能损害被害人的财产权益，还可能损及第三人的合法权益，但所有受到损害的权利人却没有正常的救济渠道寻求救济。

1. 当事人缺乏救济渠道。对于犯罪行为所引发的损害，受到损害的一方通常可以在刑事诉讼过程中提起民事诉讼，或者在人民法院对公诉案件作出判决之后，向同一审判组织提起民事诉讼，从而就其因犯罪行为所受到的损害请求民事赔偿。[④] 一直以来，刑事案件涉案财产的扣押、返还、没收等关乎当事人权益的问题并未得到应有的重视，法庭对涉案财产事实缺少专门调查，更何况组织控辩双方、被害人就涉案财产进行专门辩论。审判前程序尤其是侦查程序具有很强的封闭性，实践中侦查机关对于涉案财产的处置很多时候采取不公开的方式进行，而律师参与在侦查秘密原则的阻碍之下也难以实现。加之当前很多律师的辩护策略更多地关注定罪量刑，较少关注甚至容易忽略对于涉案财产的处置，办案机关对于涉案财产处置问题“一家独大”，导致相关人员的合法权益被侵犯。[⑤] 因为侦查机关的判决前返还行为

---

① 参见吴光升:《刑事涉案财物处理程序研究》，法律出版社2018年版，第122~126页。

② 参见李建明、陈春来:《论刑事诉讼涉案财产处置的法律监督》，载《人民检察》2017年第3期。

③ 参见李亮:《刑事诉讼涉案财物的救济机制》，载《国家检察官学院学报》2016年第3期。

④ 参见陈瑞华:《刑事附带民事诉讼的三种模式》，载《法学研究》2009年第1期。

⑤ 参见陈卫东:《涉案财产处置程序的完善——以审前程序为视角的分析》，载《法学杂志》2020年第3期。

属于一种诉讼行为，由于诉讼行为的不可诉性，出现返还错误后，真正的涉案财产合法所有人只能通过国家赔偿进行救济，而侦查机关作为赔偿义务机关进行赔偿后，侦查机关就很难通过合法途径将错误返还的涉案财产予以追回。[①] 当事人的知情权与异议权缺乏应有规定，如果财产保全等措施不能及时通知当事人，当事人就很难及时提出异议，只能通过事后的申诉与控告来救济。

2. 第三人缺乏救济渠道。从现有规定来看，案外第三人虽然可以采取一定的救济措施，但救济效果不好，案外第三人缺少实质的程序参与权，法律对于案外第三人如何参加诉讼及其诉讼地位、审查程序、上诉权等均未作出规定。在审前阶段其只能向决定机关提出申诉或控告，不服处理的，再向检察机关申诉。“被追诉人以外的第三人，甚至可能根本不知道自己的权益受到了侵害，这些利害关系人参与程序的机会也非常小。”[②] 在审判阶段，检察机关未对涉案财产提出没收、返还或追缴的控诉的，第三人无从得知被查扣涉案财产可能遭受的不利后果，无从参与到诉讼中表达诉求和主张；对财产的处置均是法官在庭外自行取证、自行审查、自己决定的，结果形成过程既无检察机关参与亦无当事人参与，审理程序实质被架空。第三人根本无合法途径在法庭中提出权属异议，并提交证据证明自己的权利主张。对于法院作出的判决，案外第三人也无上诉权，其不服刑事诉讼判决、裁定的，只能根据相关政策意见申请检察机关抗诉。另外，根据《刑事诉讼法》，对于生效判决、裁定，案外第三人不能向检察机关申请提出抗诉。

3. 检察机关监督缺位。司法实践中，检察机关往往重定罪量刑、轻财产处置，重监督侵犯人身权的违法行为、轻监督违法处置财产的行为。检察机关虽然对涉案财产处置行使监督职能，但这种监督多是事后性、消极性的

① 参见吴光升：《审前返还刑事涉案财物的若干问题探讨》，载《中国刑事法杂志》2012年第1期。

② 吴光升：《刑事涉案财物处理程序的正当化》，载《法律适用》2007年第10期。

监督，监督方式缺乏刚性。司法实践中，检察机关对涉案财产清单移送的重要性认识不到位，在起诉书中往往不会对涉案财产提出如何处置的起诉意见，开列的清单过于笼统、随意、不规范，致使从移送的案卷中难以看出涉案财产的数量、类别和去向。检察机关对于法院判决中的涉案财产处置的判项以及判决生效以后涉案财产判项的执行监督力度不够。当前我国司法实践中，对于侦查程序的监督主要是在刑事诉讼审前进行的，检察机关的法律监督功能尚未得到充分发挥，而且被动等待的捕诉审查未能有效监督侦查程序。侦查权的法律控制存在不足，监督的实质被忽视和削弱，产生这一现象的根源可以追溯到侧重事后纠正的检察监督模式存在固有的缺陷。事前预防监督提醒如何实现尚需进一步研究。调查和审讯之间信息共享存在障碍，大部分调查行动未设立检察同步了解机制，调查监督未能同步展开；对于虚拟资产的强制处置缺乏全程、动态监督，更无法提前进行制衡或预防违法行为。随着科技不断融入社会生活，我国应采取新型技术性过程监督对虚拟财产强制处分类侦查行为进行程序控制，同时提升检察监督的质量和效率。这种方式具有明显的优势：第一，将侦查监督由事后改为事前，并以辅助虚拟财产强制处置的方式实现同步监控。以技术的匹配监控和同步过程性持续监督来实现程序监控和权力制约，胜过法官的书面签批。第二，借助技术的客观性提升了检察监督的客观性，同时在体制上由非检察官主导技术运用，增进了程序的外部约束。这也是对“检察官应当秉持客观公正的立场，不能再简单把检察等同于追诉”的监督理念的制度化方案。第三，寻求减少当事人事后维权成本，探讨替代性解决途径以弥补被追诉人参与审前程序的不足。尽管传统法治理论主张审查和控制应通过诉讼化的方式实现，但在审前阶段，尤其是在被追诉人参与强制处分决策方面，这种诉讼化的参与在我国并不切实可行，目前审判方式也已经部分演变为在线审判，甚至是异步审理。因此，在新的领域中，针对侦查程序的控制也可以进行创新，利用技术手段实时限制侦查活动。另外，在过程监督和程序监控中引入技术手段，使得侦查能够同步接受监督，同时不会干扰事后司法救济制度的建设。第四，创新侦查监督与协作配合机制，为精准优质高效监督赋能。2021 年，最高人民检察院和公安部联合发布《关于健全完善侦查监督与协作配合机制的意见》旨在加强对侦查工作的监督，提出加强内外监督衔接，这标志着检察监督的新发展。在新型涉案财产处置领域，技术作为桥梁，连接了检察法律监督和公安执法监督，同时将监督融入侦查活动中，有效改变了传统的监督方式，保证了监督效果和质量的同步提高。[①]

第五节 刑事诉讼涉案财产处置程序问题的原因分析

刑事诉讼涉案财产处置程序问题的产生，除了程序本身正当性不足、程序设计不完善等客观因素以及刑事司法人员违法处置等主观因素外，还存在一些深层次的原因，如传统司法理念、侦查中心主义、刑事政策理解偏差以及不当舆论压力等因素的影响。

一、传统司法理念的影响

我国的刑事司法理念正在从传统的刑事司法理念向现代的刑事司法理念转变，如司法公正、程序法定、人权保障等现代司法理念正在大多数侦查人员的头脑中逐步形成与确立。但不可否认的是，一些传统的落后的司法理念对相当多的刑事司法人员依然起着重要的作用。

（一）司法公正理念失之偏颇

刑事司法工作中最重要的理念之一就是司法公正理念。[②] 涉案财产处置

① 参见田力男：《刑事涉案虚拟财产强制处分论》，载《中国法学》2023 年第 5 期。

② 参见李建明：《刑事司法错误——以刑事错案为中心的研究》，人民出版社 2013 年版，第 336 页。

中的司法公正理念可以从两个方面来理解，一方面是在剥夺被追诉人的违法所得与保护被追诉人的合法财产之间，何者放在首位的问题。传统司法公正理念总是将剥夺被追诉人的违法所得放在首位，而现代司法公正理念将保护被追诉人合法财产放在首位。这是涉案财产处置中司法公正理念的价值选择问题。传统理念更倾向于随意扩大被追诉人的涉案财产范围，保护被害人或国家的财产权利，而忽视鉴别被追诉人的合法财产，进而导致司法实践中涉案财产与合法财产混同时，在证据存疑的情况下往往倾向于扩大被追诉人的涉案财产范围，从而侵犯被追诉人合法的财产权利。另一方面是在涉案财产的处置与处置程序之间，何者放在首位的问题。传统司法公正理念更重视涉案财产的处置，因为相对于处置程序而言，其更容易为公众所感受和关心，刑事诉讼中的实体公正本质上是一种结果公正，是以诉讼结果表达的公正。而处置程序感觉有点虚无缥缈，无从感受，即使处置程序存在不公正的地方，只要处置结果能够为当事人所接受，程序的正当性和合法性问题往往被忽视。与传统司法公正理念中重视涉案财产处置而轻视处置程序不同，现代司法公正理念的一个特征是强调正当程序。虽然涉案财产处置的公正和处置程序的公正都非常重要，但处置程序公正越来越受到重视。

诚如罗尔斯所言，刑事诉讼是一种“不完善的程序正义”，实体公正的标准不可捉摸，但通过正当程序所得到的实体结果容易被公众所接受。刑事诉讼涉案财产处置包含程序性强制处分和实体性强制处分，不管是程序性强制处分还是实体性强制处分，强制处分本身属于实体公正的范畴，但处置程序却属于程序公正的范畴，处置程序是否公正更容易为被追诉人、利害关系人或者其他社会公众所看到，也更容易因此树立司法公正的理念。即使在比较重视司法公正的今天，也还存在理念偏颇的问题，表现为只重视定罪量刑的正确，忽视涉案财产的处置。

（二）程序法定理念失之偏颇

程序法定是程序公正的必然要求和最低要求。程序法定理念对于防范被追诉人合法财产被违法处置具有重要意义。从前文分析可见，对于被追诉人财产被违法处置的问题，程序法定理念的严重缺失是重要原因之一。如果能够在审前处置环节构建更加正当的程序，将可能避免类似案件的发生。

检察机关在涉案财产处置过程中树立程序法定理念更为重要，因为检察机关处于中间环节，前端是对侦查机关涉案财产处置的侦查监督，然后提出的涉案财产处置指控对于法院审判具有重要的制约作用，能够防止法院随意处置涉案财产，这一点是由检察机关作为法律监督机关的特殊地位所决定的。只有当检察人员具有坚定而强烈的程序法定理念的时候，才可能真正尊重和严格执行法定程序，也才可能真正履行侦查监督和审判监督的法律职责，维护法定程序的神圣性和权威性，防止非法程序和法外程序对法定程序的取代和侵犯。同时，检察机关自身也保留了部分侦查权，又负责全部案件的审查起诉工作，如果缺乏程序法定理念，对程序是否合法抱无所谓的态度，那么检察机关不仅不可能忠实地履行法律监督职责，及时有效地防止和纠正程序违法行为，而且自身也可能不遵守或不严格遵守法定程序，以违反法定程序的诉讼行为完成侦查或者控诉的任务。程序法定理念淡薄，就会导致涉案财产处置中程序违法现象较为普遍。

（三）人权保障理念失之偏颇

透过涉案财产处置的种种现象，我们可以发现，对于相当一部分的刑事司法人员来说，人权保障理念不是没有，而是他们头脑中的人权保障理念失之偏颇。受传统司法公正理念的影响，刑事司法人员在刑事诉讼中总是认为通过惩罚犯罪来保护公众的利益才是正当合理的，是刑事司法机关的职责，对于涉嫌犯罪的被追诉人的权益保障不值得大动干戈。这样一种人权保障理念从刑事诉讼涉案财产处置的角度来看，也是存在一定的偏颇的。我们每一个人都可能成为刑事诉讼中的被追诉人，关注被追诉人涉案财产处置的人权保障理念，其实也是对我们每个人自身权利的保护。涉案财产处置最需要强调的就是保障被追诉人的合法财产权益，因为其是刑事诉讼中的弱势群体，面对的是强大的国家机器，其财产权益更容易受到侵犯。当然，不是说被害人和利害关系人的合法财产权益不重要，而是相对于被追诉人来说，不是每一个案件中都有被害人，即使有被害人，其合法财产权益受到侵害的程度也较小，其在合法权益受到侵害时的救济途径也比较多。正因为这样，被追诉人的财产权应当作为人权保障的重点，这也是构建涉案财产处置正当程序的重要理念支撑。所以，当我们在诉讼意义上强调财产权保障的时候，首先要保障的是被追诉人的财产权利，当然也要兼顾被害人、第三人的财产权利。除此之外，还有个问题就是，财产权也是人权的一部分或者人权的一个方面，在现代社会越来越受到人们的关注，而传统人权保障理念倾向于保障被追诉人的人身权利，忽视财产权利，这同样是人权保障理念存在偏颇的一种表现。

二、侦查中心主义的影响

我国传统刑事诉讼是一种以侦查为中心的诉讼构造，又称为侦查中心主义。虽然我国现在的刑事诉讼已经构建为以审判为中心，但侦查中心主义的影响在一定程度上还有所体现。主要表现为：

一方面，侦查机关可以自行处置涉案财产。侦查中心主义是相对于审判中心主义而言的，侦查程序居于整个刑事诉讼的中心地位，检察机关提起公诉的依据和法院裁判的依据都是侦查机关所收集的证据以及所认定的案件事实。在某种程度上，法院审判无非是对侦查结论的审查和确认，庭审实质化没有落到实处。① 侦查中心主义在涉案财产处置中主要体现在侦查机关对被追诉人涉案财产的实体性强制处分以及对追诉证据的封闭式采集，这对法院裁判会产生实质性影响。反过来，法院在对案件作出裁判时，会考虑侦查机关已经处置的被追诉人的涉案财产等情况，最终接受侦查机关财产保全和先行处置的结论。在很多情况下，即便侦查机关所得出的涉案财产处置结论并

---

① 参见陈瑞华：《论侦查中心主义》，载《政法论坛》2017年第2期。

没有得到足够的证据支持，甚至存在明显的矛盾或疑点，法院也会对此加以迁就，甚至将涉案财产处置的问题踢给侦查机关。如有判决书明确表述“侦查机关扣押的赃款赃物由侦查机关自行处理”。另外，侦查机关先行处置涉案财产还存在利益驱动，没收涉案财产的收入可以转换为财政拨款而成为单位创收来源，这是侦查机关积极保全和没收的重要动力之一。①

另一方面，侦查机关对涉案财产的处置对检察机关和法院具有“既成事实”的约束力。这既有检察机关忽视对涉案财产处置审查监督的因素，也有检察机关与侦查机关之间更多强调配合、淡化制约的因素。相对于涉案财产处置来说，审判机关更注重对被追诉人的定罪量刑，而忽视涉案财产处置，再加上涉案财产处置审理程序的阙如，导致审判机关在庭审中未给予涉案财产处置足够的重视。执行机关多元造成涉案财产执行混乱，涉案财产执行问题未引起足够重视。侦查中心主义也导致了法院对于侦查行为的审查流于形式，对于案件事实和证据的审查尚且不敢实质化，至于涉案财产，对于侦查机关查扣是否合法等，则基本不予过问。

涉案财产处置是一个贯彻刑事诉讼始终的问题，在“阶段论”的诉讼模式下，公安机关、人民检察院和人民法院都有权在相应的诉讼阶段采取一定的处置措施。侦查机关在审前程序处置涉案财产的结果可能会对法院处理涉案财产产生一定的影响。当公众对司法程序的公正性产生怀疑时，司法权威和司法机关的形象必然在很大程度上受到贬损。②

三、刑事政策理解偏差的影响

刑事司法活动并不仅仅是一个纯粹的法律实施过程，它也是一个刑事政策的实施过程。刑事政策既指导刑事立法，也指导刑事司法。刑事政策在刑

---

① 参见赵海益：《财政分权体制下中国地方政府罚没收入诱因研究》，载《现代财经》2014 年第 3 期。

② 参见陈卫东：《涉案财产处置程序的完善——以审前程序为视角的分析》，载《法学杂志》2020 年第 3 期。

事司法活动中扮演着重要的角色。有学者将我国改革开放以来基本刑事政策的演变分为三个阶段：一是1978年至1983年，这期间实行的是惩办与宽大相结合的刑事政策；二是1983年至2005年，这期间实行的是“严打”的刑事政策；三是2005年以来，实行的是宽严相济的刑事政策。[①] 这些政策具有重要的时代背景，从重视保护公共财产到平等保护公共财产和私有财产也经历了曲折的发展过程。[②] 反映到刑事诉讼中，涉案财产处置也受到刑事政策变化的影响。即使在刑事政策要求重视保护被追诉人合法财产的时期，司法人员对刑事政策的理解偏差，甚至对刑事政策的错误理解、错误执行也是涉案财产处置问题产生的重要原因之一。

我国司法实践中存在重打击犯罪、轻保障人权，重实体公正、轻程序公正的错误理念。政策本身和执行政策的过程一直偏重于打击犯罪，忽略了人权保障。在打击犯罪的过程中司法人员无视诉讼程序的约束，任意侵犯公民的财产权利和诉讼权利。在惩办与宽大相结合的刑事政策指导下，刑事司法活动有着明显的倾向，“可捕可不捕的捕”“可诉可不诉的诉”“可判可不判的判”主要是受“惩办”重心的影响。[③] 在办理黑恶势力犯罪案件过程中需要结合刑事政策辩证地对待合法财产与非法财产交织的涉案财产，否则容易将被追诉人和第三人的合法财产也作为涉案财产予以没收。

四、不当舆论压力的影响

司法行为一直是社会关注的焦点问题，稍有不慎都会演变为舆论事件，并对司法裁判产生影响。从好的方面来说，这可以对司法行为产生良好的监

---

① 参见莫洪宪：《改革开放以来我国刑事政策总体评估和启示》，载《东方法学》2008年第5期。

② 参见徐文文：《企业家涉产权犯罪刑事司法政策探讨》，载《法律适用（司法案例）》2018年第12期。

③ 参见黄京平：《宽严相济刑事政策的时代含义及实现方式》，载《法学杂志》2006年第4期。

督效应，但从坏的方面来说，这也可能会对正常司法活动带来影响。涉案财产处置案件同样如此，涉及的群体广泛，处理稍有不慎就会成为引起社会不稳定的重要因素，在一些集资诈骗、非法吸收公众存款等涉众型经济犯罪案件发生后，非法集资、群体事件、司法热点等每一个关键词都会引发媒体的关注，并成为网络关注的焦点。这或许是司法人员在处置敏感案件的涉案财产过程中不可回避的一个重要因素。

第五章　完善刑事诉讼涉案财产处置正当程序的路径

前文论及，相对于刑事诉讼人身权保障来说，刑事诉讼涉案财产处置程序的理念和原则还比较落后，刑事诉讼涉案财产处置缺乏体系性或者系统性的程序规定，规范性不足，导致司法实践中涉案财产处置较为随意，因此有必要构建刑事诉讼涉案财产处置正当程序。① 判断涉案财产处置程序是否通过正当程序作出，关键是看是否通知与财产存在利害关系的人，是否允许这些人提出异议，是否由中立的机构作出裁决并给予救济机会。因此，本章拟从涉案财产处置的决定程序、决定的执行程序、涉案财产错误处置的救济程序等方面完善程序规范，从而构建体系化的刑事诉讼涉案财产处置正当程序。

第一节　关于涉案财产处置的决定程序

涉案财产处置的决定程序可以分为审前决定程序和庭审决定程序。审前决定程序中侦查机关的扣押和返还等决定缺乏司法审查，庭审没收决定缺乏相对独立的程序，针对这些问题，本节主要围绕审前和庭审程序构建涉案财产处置的决定程序。

---

① 参见陈瑞华：《论检察机关的法律职能》，载《政法论坛》2018 年第 1 期。

一、涉案财产处置的审前决定程序

审前决定程序中，侦查机关对扣押等程序性强制处分措施和先行返还被害人、没收违禁品等实体性强制处分措施具有绝对的控制权，程序参与和中立审查的因素被排除，这种职权化色彩极为浓重的程序设置使得控辩双方在诉讼对抗上严重失衡，涉案财产的权利人往往因附属于对物的处置而被“客体化”对待，财产权保护缺少正当程序的保障。而司法的诉讼化特征要求在审前程序中引入中立的第三方，以控辩审三方结构对侦控机关予以制约，并在各方有效参与的情况下对强制处分事项进行听证审查，从而以正当化的程序对被追诉人的人身及财产权利进行有效保障。但是制度的最终形成需要一个演化的过程，法治转型和司法制度完善的关键因素需要在积累经验的过程中逐渐培养。就涉案财产的处置而言，正当程序原则要求办案机关在采取强制性措施干预当事人及利害关系人的财产权利时，应当依法保障其享有的被告知和听审的基本权利。而对于涉案财产的程序性强制处分和实体性强制处分，其决定程序应当构建不同的审查机制，前者主要限制被追诉人、被害人和第三人的财产权利，因此建议构建听证审查机制；后者涉及剥夺被追诉人、被害人和第三人的财产权利，因此建议构建司法审查机制。

（一）程序性强制处分的听证审查机制

审前程序中涉案财产程序性强制处分的决定程序仅仅是限制被追诉人的财产权，建立严格意义上的事前司法审查机制，尚缺乏现实基础和完备条件。有学者提出了扣押程序的正当化改造建议：一是由检察机关对扣押进行法律监督；二是由法院对扣押进行司法审查。① 在我国目前的刑事诉讼中还难以一步到位对扣押等建立司法审查机制，虽然司法解释规定了公安机关、检察机关向法院申请查封、扣押、冻结的程序，如关于没收特别程序的司法

① 参见徐鹤喃、刘林呐：《刑事程序公开论》，法律出版社 2002 年版，第 127～128 页。

解释中规定，侦查机关可以向同级法院提出扣押的申请，法院经审查同意后制作扣押令。但这仅限于违法所得没收特别程序，在大量的没收普通程序中还无法适用。

建议重构我国刑事诉讼涉案财产程序性强制处分的决定程序，即侦查机关需要进行程序性强制处分的，应当向人民检察院提出申请；检察机关办理职务犯罪案件因侦查需要进行程序性强制处分的，宜由法院进行审查。[①] 一方面，我国的司法体制决定了检察机关在侦查监督中的地位和作用，在目前逮捕这种较为严厉的限制人身自由的强制措施尚由检察机关审查决定的情况下，程序性强制处分由法院来进行审查并不合适。目前，《刑事诉讼法》规定检察机关可以行使部分侦查权，即国家司法工作人员涉嫌渎职侵权犯罪的14个罪名由检察机关进行侦查，对于该类案件，查封、扣押、冻结涉案财产的司法审查可以由法院进行。但对于检察机关查办的审判人员涉嫌渎职侵权犯罪的案件，程序性强制处分由法院来进行司法审查是否妥当值得商榷。另一方面，法院后期也面临着对涉案财产的没收等实体性强制处分，财产保全对于法院来说也存在利益驱动，为了保障罚金、没收等财产刑的执行，也会倾向于扩大财产保全的范围。从域外实践来看，由预审法官来进行司法审查，也存在审查流于形式等问题，且预审法官制度与我国目前的实际情况不符，法院本身对涉案财产处置也具有利害关系。在检察机关职务犯罪侦查转隶以后，监察机关的职务犯罪调查实际上也存在涉案财产处置不规范的情况。对于监察机关移送起诉的案件，检察机关也应当对其涉案财产处置是否合法进行审查。虽然还不能够对监察机关的财产保全措施进行司法审查，但对监察机关的财产保全措施的事后审查也是必要的。我们应当本着积极稳妥的原则建立司法审查机制，根据监察机关和侦查机关的不同，建立不同的审查机制。对于侦查机关来说，除非在紧急情况下，其采取保全措施前应当书

---

① 参见李建明：《强制性侦查措施的法律规制与法律监督》，载《法学研究》2011年第4期。

面向检察机关提出申请，并附相关证据，由检察机关对其申请进行合法性审查。[①]

因此，对于扣押等对涉案财产的程序性强制处分，在审前决定程序中引入诉讼化因素，建立听证审查机制是较为可行的路径。[②] 听证审查机制的核心内容是在决定程序中适当引入参与因素和中立因素。审前程序中办案机关决定对涉案财产进行程序性强制处分时，应当以类似行政听证的方式，就涉案财产的性质、范围、权属及采取措施的种类、期限等听取当事人及其他利害关系人的意见。扣押的决定方式，应当考虑两个因素：一是扣押不同于强制措施，扣押不当虽然可能侵害公民财产权，但财产权毕竟具有可回溯性，受到侵害后仍然可比较彻底地恢复原状；二是公民财产权保障与诉讼效率的平衡。因此，我国宜根据扣押财产的价值大小或案件的复杂程度进行区分：一是检察机关或法院对于一般财产作出扣押决定的，可由检察机关或法院听取财产所有人、占有人等相关人员的意见后，通过书面方式进行审查决定；二是检察机关、法院对不动产或其他可能对财产所有人或占有人等产生重大不利影响的财产进行扣押的，或法院对不服检察机关扣押决定进行审查裁决的，应当在公告、通知后，以听证方式进行审查决定，但相关利害关系人明确表示放弃听证的除外。[③] 程序性强制处分的听证审查也要区分具体情形，不是什么都要听证审查，比如，出于取证目的当场扣押犯罪工具、赃款赃物等没有必要进行听证审查。只有当被追诉人、被害人或第三人对涉案财产保全提出异议时，才应当适用听证审查。

同时，应当进一步健全完善涉案财产的保全措施体系。审前程序中保障被追诉人财产权的关键在于从根本上转变观念，要坚持涉案财产实体性处分

---

① 参见温小洁：《我国刑事涉案财物处理之完善——以公民财产权保障为视角》，载《法律适用》2017 年第 13 期。

② 参见陈卫东：《涉案财产处置程序的完善——以审前程序为视角的分析》，载《法学杂志》2020 年第 3 期。

③ 参见吴光升：《刑事涉案财物处理程序研究》，法律出版社 2018 年版，第 136 ~ 137 页。

和程序性处分并重的理念，正视对物强制处分的性质，将对物的查封、扣押、冻结等程序性处分纳入《刑事诉讼法》“强制措施”一章，使侦控机关处置涉案财产时受到相关原则和程序的制约。此外，当前立法所规定的对物强制措施基本上属于剥夺型措施，即完全剥夺当事人对涉案财产的占有、使用和处分权，这种略显偏激的制度设置难以满足比例原则的有效适用。鉴于此，有必要合理考察并借鉴美国等的相关域外经验，适当丰富涉案财产的保全措施体系，借鉴美国多元化的财产保全措施，设置类似于财产管制措施、未决诉讼提示和诉讼中间出售的保全措施。虽然在我国的相关司法解释中亦有相类似的规定，但是它们都是扣押的替代方式，并不是一种独立的保全措施，而且其启动方式、决定主体和处置程序均存在诸多缺陷。因此，为了在保证没收判决的可执行性和对被追诉人涉案财产权利干预的轻缓化之间保持平衡，应当在查封、扣押、冻结之外设置财产管制、中间出售等独立的保全措施，以保证比例原则在涉案财产审前处置程序中的适用空间，从而实现刑事追诉和产权保护之间的价值平衡。

建议借鉴德国等的做法，在《刑事诉讼法》中增设假扣押制度。刑事诉讼在保护被追诉人合法权益的同时也要保护被害人的合法权益，从确保法院没收判决得以执行和赔偿被害人损失的角度讲，对于被追诉人违法所得灭失后的替代价额应当及时进行保全，虽然这涉及对被追诉人合法财产的保全，但具有正当性，且为域外法治发达国家的普遍做法。如不及时进行保全，则即使明知被追诉人或其近亲属将该替代价额转移将导致责令退赔无法得到执行，侦查机关也无能为力。[①] 当然，除了在《刑事诉讼法》中规定对被追诉人合法财产的假扣押措施，还需要在实体法上明确规定追征的配套处置措施，否则仅有程序法的规定也无法实现目的。

由于假扣押涉及被追诉人的合法财产，要对假扣押决定设置比扣押决定

---

① 参见万毅：《刑事被害人诉讼权利保障若干问题研究》，载《兰州学刊》2016 年第 12 期。

更高的证明标准。除了设置更高的证明标准外，还要加强对假扣押的监督制约。对刑事执行中的财产保全应该根据特定的决策逻辑进行操作。首先要优化权力分配。一般情况下，侦查机关具有采取大部分程序性强制措施的掌控权，只有逮捕是个例外。考虑到逮捕的实施可能会造成对人身自由的长期剥夺，为了维护公平，决策和执行权限在审前已分别交给检察机关和公安机关，以确保权力的制衡和对权力的监督。尽管“捕诉合一”的制度调整引起了对分权效果的批评，但仍不可否认其相对于某些没有限制的权力结构而言表现更胜一筹。在权力监督不足的情况下，很难期望财产保全行为不受某些私利因素的影响。因此，应当参照审查逮捕权的操作方式，实行由侦查机关提出申请，由检察机关批准的模式。当然，这种权限划分是远远不够的，需更清晰地界定扣押财产的标准。若不加以规范，可能会导致不当侵权仍然大量存在，给个人和企业的正常经营带来威胁，同时也会助长一些非法动机的滋生。

检察机关在批准“假扣押”的过程中应当考虑以下几个因素：首先，必须考虑涉案财产未来可能被没收的盖然性。换句话说，它反映了一个存疑的门槛问题。虽然被指控者的刑事责任仍然未确定，但被指控者犯罪事实证据确凿，有足够的线索来推断可能存在嫌疑，避免了纯粹的猜测。此时的证明要求相对较低，无须达到起诉的标准。若以德国刑法的三阶层学说为依据，现在只需考虑构成要件该当性和违法性的要素，不必将有责性纳入考虑范围。[①] 另外，未来的裁决应当给出充分的理由，以确保请求权利的稳固基础。这就需要结合犯罪的类型、犯罪对象和被害人等基本情况，进行全面分析以得出合理判断。

其次，要考量财产保全的必要性。这实际指的是如果没有相关的限制措施，未来的法庭判决在财产执行方面可能会面临无法应对的危险。一个显著

---

① 参见蔡桂生：《德国刑法学中构成要件论的演变》，载陈兴良主编：《刑事法评论》（第31卷），北京大学出版社2012年版，第65页。

的实例是可能导致相关人员在未来以各种方式阻碍执行，如转移资产。这须结合涉案行为的性质、被追诉人的生活状况以及事后的各种表现来评估，特别需要关注其财产状况和债务关系，以确定没收可能无法实施的大致概率。与限制人身自由的措施相似，对于其财产保全必要性的审视也考虑了多种案外因素，例如，被追诉人是否隐藏财产和其家庭的消费习惯。

最后，检察机关还须诉诸比例原则作出适宜性的裁量，以确保决策符合公民财产权与社会公共利益之间的平衡关系。[①] 简言之，比例原则的运用强调了对各类相关信息的全面综合分析，以确保财产保全决定不会对正常的市场环境和秩序造成不必要的损害。举例来说，如果能够确认侦查机关的监控已经有效防止被调查人转移资产，或者相关经济实体的信誉足以证明市场基本面的可靠性，那么即使作出没收裁决有很高的可能性，也可以推迟作出财产保全决定。[②]

（二）实体性强制处分的司法审查机制

审前程序中的返还、没收等实体性强制处分涉及剥夺被追诉人的财产权利，其对被追诉人财产权利的影响不同于扣押等程序性强制处分。我国刑事诉讼涉案财产审前返还、没收等实体性强制处分一直采用内部审核，缺乏司法审查机制。关于司法审查的制度选择，受到不同国家制度的影响。我国司法机关的性质和职责不尽相同。检察机关作为国家的法律监督机关具有中国特色。从我国目前的宏观背景来看，虽然现在正在进行以审判为中心的诉讼制度改革，法院在宪法上也独立于行政机关与检察机关，但由于基本相同的政治理念定位，以及我国检察机关独立于行政机关的宪法定位与客观公正履

---

① 参见柯耀程：《没收制度的实然与应然》，载《东海大学法学研究》2018 年第 1 期。转引自孙皓：《保全、没收与分配：针对财产权的刑事程序架构》，载《财经法学》2021 年第 4 期。

② 参见孙皓：《保全、没收与分配：针对财产权的刑事程序架构》，载《财经法学》2021 年第 4 期。

职的要求，法院未必就比检察机关更有保证强制性措施公正实施的动力与能力。[①] 因此，目前在我国由法院统一行使财产审前返还、没收的决定权虽然在理论上属于相对较好的方式，但困难不少。

在审前程序中构建涉案财产实体性强制处分的司法审查机制要符合我国国情，不一定要由法院作为中立的第三方来进行决定。涉案财产权属性质清晰、当事人无异议的，可以在审前返还和没收，但要构建完善的司法审查机制。其一，侦查机关在审前程序中需要返还和没收的，应当向检察机关提出申请，由检察机关进行司法审查。即使是公安机关决定撤销案件的涉案财产实体性处分也应当由检察机关进行司法审查。其二，检察机关在审前程序中需要返还和没收的，不论是否提起公诉，都应当向法院提出申请，由法院进行司法审查。

不管是检察机关还是法院的司法审查，都要具体审查如下内容：一是返还程序中的涉案财产权属性质是否清晰。有多名被害人的，公安机关应当采用留存的方式先接收涉案财产，然后应当告知其他被害人。侦查阶段公安机关受理申请后认为涉案财产权属没有争议，符合返还条件的，应当向检察机关提出申请，由检察机关决定是否返还。审查起诉阶段检察机关认为符合返还条件的，应当向法院提出申请，由法院决定是否返还。也有观点认为，如果被追诉人或第三人提出异议，应当通过听证方式审查返还申请是否符合条件，被追诉人和第三人可到场举证抗辩。司法机关应当告知各被害人和利害关系人参与程序，给予他们充分发表意见的机会，在充分听取意见后才能作出返还决定。[②] 这种情况也应以涉案财产权属没有争议为前提，对于权属有争议的，应当经过法院审理后再由法院决定是否返还。二是审前返还程序中的证据材料。被害人申请返还合法财产的，应当根据优势证据标准证明涉案财产属于其合法财产；第三人提出异议的，需要根据相当证据标准提出一定

① 参见易延友：《刑事强制措施体系及其完善》，载《法学研究》2012年第3期。
② 参见吴光升：《刑事涉案财物处理程序研究》，法律出版社2018年版，第165页。

证据证明其对涉案财产可能存在合法权益，涉案财产权属存在争议，不符合审前返还条件。三是返还财产的范围。如果被害人因遭受犯罪侵害丧失的财产原物仍然存在，应当向被害人返还原物。如果原物不存在，被执行人应就被害人的财产损失进行折价赔偿，折价赔偿的标的表现为金钱。既然是金钱财产，在折价后被执行人违法所得的财产不足以赔偿被害人时，能否执行被执行人的合法财产存在不同观点：一种观点认为，责令退赔不具有刑事上的强制性，被追诉人经过退赔仍不能完全弥补被害人损失或者拒绝退赔的，司法机关不能追缴被追诉人的合法财产发还给被害人作为赔偿，被害人也不能申请司法机关强制追缴犯罪分子的合法财产，只能通过民事诉讼的途径获得救济。[①] 另一种观点认为，责令退赔可以执行被执行人的合法财产。[②] 本书赞同第二种观点，责令退赔或返还被害人财产，当被执行人违法所得的财产不足以退赔被害人财产损失时，不能让被执行人因实施犯罪行为而获利，其从被害人处非法获得的财产利益应当退还给被害人，由于现有已经追缴到的违法所得已经不能全部覆盖被害人损失，只能通过执行被执行人的合法财产得以补偿。

侦查机关在审前程序中没收违禁品的决定程序，可以参照审前返还程序，应当征求检察机关的意见后再处理，而不能自行决定处理。

二、涉案财产处置的庭审决定程序

涉案财产处置的庭审决定程序主要是指涉案财产没收的决定程序。没收特别程序已经在法律中明确规定，没收普通程序还没有明确规定。本书从以下几个方面提出完善建议。

---

① 参见杨宏亮：《责令退赔的司法适用及程序完善》，载《人民检察》2005 年第 23 期。

② 参见刘贵祥、闫燕：《〈关于刑事裁判涉财产部分执行的若干规定〉的理解与适用》，载《人民司法》2015 年第 1 期。

（一）构建刑事涉案财产处置独立之诉

刑事诉讼构造是指“由一定的诉讼目的所决定的，并由主要诉讼程序和证据规则中的诉讼基本方式所体现的控诉、辩护、裁判三方的法律地位和相互关系”[①]。被追诉人、被害人和第三人对涉案财产权属性质没有异议的，可以在开庭审理时一并审理；被追诉人、被害人和第三人对涉案财产权属性质有异议的，特别是对于集资诈骗类、黑社会性质组织类等涉案财产权属性质比较复杂的案件，需要相对独立的庭审程序对涉案财产的权属性质进行审查。

有学者提出构建对物之诉的内部构造，分别从法律性质和权益归属两个层次进行建构。[②] 对于第一层诉讼构造，在很大程度上延续传统的以解决被告人刑事责任为核心的刑事诉讼构造的基本特点。公诉方作为提起诉讼一方承担着控诉的职责，需要提出没收涉案财产的指控，并提供证据证明自己的主张。第三人对涉案财产主张权益并申请参加诉讼的，则对物之诉在既有的第一层诉讼构造上还可能衍生出第二层诉讼构造。第二层诉讼构造是在有第三人对涉案财产主张权益并申请参加诉讼的情况下产生的，主要是为了解决涉案财产的归属，第三人既不站在公诉一方，又不站在被追诉人一方，而是独立地主张自己的合法权利，更类似于民事诉讼中的有独立请求权的第三人，这样形成的诉讼结构比较复杂，既有检察机关和被追诉人没收涉案财产之诉，又有第三人主张自己权利的独立之诉。[③] 案外第三人作为独立的诉讼主体，在诉讼程序中应当享有被追诉人所享有的全部诉讼权利。法院在送达起诉书时以书面形式一并向第三人告知可以就涉案财产主张权利，告知参加庭审的方式、时间，送达查扣财产清单等。涉案财产处置庭审程序与定罪量

---

① 李心鉴：《刑事诉讼构造论》，中国政法大学出版社1992年版，第7页。

② 参见方柏兴：《论刑事诉讼中的“对物之诉”——一种以涉案财物处置为中心的裁判理论》，载《华东政法大学学报》2017年第5期。

③ 参见江伟主编：《民事诉讼法学》，北京大学出版社2012年版，第158～161页。

刑程序应当有所隔离，具有相对的独立性，因为涉案财产权属性质的调查有可能比案件犯罪事实本身更为复杂，因此相关的程序规定应当具体明确，包括涉案财产的范围、涉案财产流转的程序、相关主体之间的权限界定、责任承担、救济程序，以及法律监督的刚性等，从而从制度上完善涉案财产处置程序，减少涉案财产处置的随意性。

2012 年《刑事诉讼法》修改时，首次确认了犯罪嫌疑人、被告人逃匿、死亡案件违法所得的没收程序，有学者称之为独立没收程序[①]或没收特别程序。因为该程序只是针对涉案财产处置问题，与定罪量刑的对人之诉不同，有学者又称之为对物之诉[②]。本书在借鉴没收特别程序的基础上，尝试在没收普通程序中针对涉案财产处置提出构建没收涉案财产的独立之诉。

1. 构建涉案财产处置独立之诉的意义

（1）有利于保护被追诉人、被害人及第三人的合法权益。目前起诉书主要表述与定罪有关的内容，量刑建议主要表述量刑方面的内容，而提出涉案财产处置的意见应当作为公诉权的重要内容，在向法院提起公诉时一并提出书面意见，在送达起诉书时一并送达给被告人。只有在起诉书中一并提出处理意见，被告人及其辩护人才能够知晓其财产可能被处置的情况，才能够就涉案财产的权属性质收集相关证据，针对要没收或返还被害人的财产发表意见。

（2）有利于制约公安机关的审前处置行为。审前处置既包括程序性强制处分，如查封、扣押、冻结等，也包括实体性强制处分，如返还被害人等。公安机关在侦查中需要加强涉案财产权属性质方面的证据收集，在移送起诉时要向检察机关提供关于涉案财产处置的书面意见。对于检察机关提出的关于涉案财产权属性质的补充侦查意见，公安机关应当及时进行补充侦查。

（3）有利于限制法院的自由裁量权。法官在涉案财产处置过程中的随意

---

① 参见万毅：《独立没收程序的证据法难题及其破解》，载《法学》2012 年第 4 期。

② 参见陈瑞华：《刑事对物之诉的初步研究》，载《中国法学》2019 年第 1 期。

性很大，甚至在有些案件中对涉案财产“交由扣押的公安机关处理”。出现这种问题的原因之一，就是检察机关在提起公诉时未就涉案财产提出处置意见。如果检察机关在独立之诉中提出没收或者返还被害人的书面意见，法官必须对检察机关提出的处置意见作出处理，而不能随意自由裁量。法官未依法采纳检察机关的处置意见，检察机关可以就此提出抗诉。当事人或利害关系人对涉案财产处置判项不服的，可以提出上诉或申诉。

（4）有利于强化检察机关对涉案财产权属性质的调查职责。检察机关作为独立之诉的启动机关，应当将涉案财产处置作为审查起诉的重要内容，包括对公安机关在侦查阶段对涉案财产的处置是否合法、正当进行审查。被告人、被害人或利害关系人提出异议后进入独立之诉程序的，检察机关还要向法庭提交其没收或返还被害人的证据材料。这些都要求检察机关必须加强对涉案财产权属性质的调查核实。

2. 刑事涉案财产独立之诉的要素

独立之诉是相对于检察机关提出的定罪量刑之诉而言的，具有相对的独立性，主要表现在诉讼主体、诉讼标的、诉讼构造、证明责任和证明标准等方面。

（1）独立之诉的诉讼主体相对独立。定罪量刑之诉中不存在第三人参与诉讼，而在独立之诉中，启动者是检察机关，法院是中立的第三方，被追诉人、被害人和第三人都是诉讼主体。检察机关对被追诉人的违法所得及其他涉案财产进行没收享有诉权，在提起公诉时应当就涉案财产提出诉讼请求。法院根据检察机关的书面意见对涉案财产权属性质调查认定后予以处置，作出没收或返还被害人的判决。被追诉人、被害人、第三人应当享有知情权、参与权和救济权。对于没收和返还等刑事诉讼涉案财产实体性强制处分来说，一般应当采用法院保留原则，由法院决定是否予以没收或返还被害人。但也存在例外，如对于权属关系清晰的涉案财产，检察机关可以决定先行返还，但应当在法庭审理时接受法院的司法审查；对于违禁品，侦查机关也可以先行没收。

（2）独立之诉的诉讼标的相对独立。与定罪量刑之诉不同的是，独立之诉的诉讼标的是对被追诉人的涉案财产予以处置的申请。这种诉讼请求包括三个重要组成部分：一是请求确认被追诉人的违法犯罪行为；二是申请认定涉案财产系被追诉人通过违法犯罪行为所获取的；三是确认涉案财产符合依法处置的条件。为了保证法院判决的执行，需要采取财产保全措施，保全的对象也是涉案财产。

（3）独立之诉的诉讼构造相对独立。我国的没收特别程序建立在被告人逃匿或者死亡的前提下，这种诉讼并不存在被告人的参与。在公告期之内利害关系人提出参与请求的案件中，检察机关一旦提出没收违法所得的申请，则法院所面对的并不是传统的控辩双方争讼的局面，而是检察机关与利害关系人在违法所得范围和涉案财产权属方面的对抗。因此，在有利害关系人申请参与的案件中，检察机关作为申请方、利害关系人作为异议方、法院作为审判方，就构成了新的三方诉讼构造。在没收普通程序中，检察机关在提出定罪量刑的公诉意见时，同时就涉案财产处置提出意见。如果没有第三人就涉案财产归属提出异议，法院就涉案财产应当没收还是返还被害人进行判决。如果有第三人就涉案财产归属提出异议，第三人相当于民事诉讼中具有独立请求权的第三人，则形成新的诉讼构造。①

（4）独立之诉的证明责任和证明标准相对独立。刑事诉讼主要涉及对被追诉人的定罪量刑问题，涉及人身权、自由权等基本权利的保障，因此遵循无罪推定原则，由检察机关对所指控的定罪量刑事实承担证明责任，并且要达到事实清楚，证据确实、充分的标准。检察机关对于没收涉案财产需要承担证明责任，但被追诉人、被害人或第三人对涉案财产权属性质提出新的诉讼主张的，就需要承担证明责任，不能举证证明的，则要承担相应的“败诉

① 参见方柏兴：《论刑事诉讼中的“对物之诉”——一种以涉案财物处置为中心的裁判理论》，载《华东政法大学学报》2017 年第 5 期。

风险”。[①] 独立之诉中应采用多元化的证明标准，对于查封、扣押、冻结等程序性强制处分只要达到合理怀疑标准即可，对于没收和返还被害人合法财产则要达到民事诉讼中的优势证据标准，因为这涉及对涉案财产的终局性处分。第三人主张其对涉案财产享有所有权或者其系善意取得的，也只要达到优势证据标准即可。

3. 检察机关在独立之诉中的作用

（1）检察机关是独立之诉的启动机关。检察机关作为国家公诉机关，行使国家公诉权。提起涉案财产处置的独立之诉是检察机关公诉权的重要内容之一，在独立之诉中，检察机关代表国家对涉案财产提起处置之诉，既是维护国家利益和社会公共利益的一种方式，更是依照法律剥夺被追诉人对违法所得的利益。独立之诉不是必经程序，如果没有被害人或第三人提出异议，检察机关可以不启动独立之诉，建议法院在审理程序中直接根据权属关系事实作出判决。如果有被害人或第三人对涉案财产的权属性质提出异议，则检察机关应当启动独立之诉程序，就涉案财产的权属性质进行审查。

（2）检察机关提起的诉讼请求是处置涉案财产。检察机关在审查起诉过程中，在审查定罪量刑证据的同时，也应当重视对涉案财产权属性质证据材料的审查，包括侦查机关已经处置的涉案财产的执行程序是否合法、是否遵循比例原则和适度原则等；在提起公诉时，应当在起诉书上提出涉案财产处置的明确意见，发现涉案财产权属性质不清时应当要求侦查机关补充侦查。对于涉案财产处置比较复杂的案件，如集资诈骗案件、黑恶犯罪案件、经济犯罪案件等，可以先提出概括的处置意见，就定罪量刑部分先行判决，然后对涉案财产的权属性质调查核实后再进行处置。

（3）检察机关是独立之诉的监督机关。检察机关应严格落实《中共中央关于加强新时代检察机关法律监督工作的意见》，切实转变监督理念，把涉案财产处置作为法律监督的新的重要领域和重要内容。检察机关需要提前

---

① 参见陈瑞华：《刑事对物之诉的初步研究》，载《中国法学》2019 年第 1 期。

介入引导公安机关加强对涉案财产权属性质证据材料的调取和完善，审查逮捕和审查起诉时应特别注意听取被追诉人和辩护人、诉讼代理人、利害关系人等对于涉案财产处置的意见，接受当事人、利害关系人的申诉、控告，多途径了解涉案财产处置情况，对违法处置行为及时督促纠正。法院在审理过程中未采纳检察机关意见，违法处置涉案财产的，检察机关应当通过纠正违法或提出检察建议的形式予以纠正。进一步增强检察监督刚性，赋予检察机关程序性制裁权，对于侦查机关违反法定程序采取的财产保全措施，检察机关可以通过纠正违法的方式进行监督，侦查机关不予采纳且不能进行合理解释的，检察机关有权直接决定解除扣押，侦查机关应当执行检察机关的决定。司法工作人员故意违法处置涉案财产，造成严重后果的，检察机关应当建议有关机关追究其纪律责任或法律责任。检察机关应当完善考评机制，将涉案财产处置监督作为检察人员考核的重要内容。检察机关应当将涉案财产处置监督情况向同级人大作专项工作报告，主动接受人大的监督。同时加强对涉案财产处置监督工作的宣传力度，提高涉案财产处置的透明度和公信力。

（二）明确司法机关关于涉案财产权属性质的调查职责

要进一步明确侦查机关的职责，要求侦查机关在侦查时同步搜集关于涉案财产权属性质的证据材料，在执行财产保全、审前返还被害人合法财产程序时，要及时告知被追诉人、被害人或第三人，保障他们的诉讼权利，在侦查终结时，就涉案财产权属性质的证据材料单独成卷，在移送起诉意见书上写明已经处置的涉案财产以及对其他涉案财产的处置意见，以便于检察机关审查起诉时审查核实。要进一步明确检察机关的职责，公安机关申请财产保全或先行返还被害人合法财产的，检察机关要及时审查其申请材料是否达到一定的证明标准；在审查定罪量刑的同时，重视对涉案财产权属性质证据材料的审查，包括侦查机关已经处置的涉案财产的执行程序是否合法、是否遵循比例原则和适度原则等；在提起公诉时，应当在起诉书上提出关于涉案财产处置的明确意见，发现涉案财产权属性质不清时应当要求侦查机关补充侦查。要进一步明确法院的职责，在庭审阶段审查发现起诉书指控事实范畴未包括涉案财产的，应当建议检察机关对涉案财产处置意见作出补充起诉，否则按照控审同一原则在其指控范畴之内审理；在涉案财产的审理阶段，检察机关应当针对涉案财产处置的起诉意见进行举证、质证，被追诉人及其辩护人有权对涉案财产性质及归属提出辩护意见，第三人申请参与诉讼的，法院应当保障其合法权利，经过审理后在判决书中将涉案财产的处置情况详细写明。①

（三）完善对涉案财产的审查顺序

庭审中对涉案财产权属性质的审查需要按照一定的顺序开展。第一，要审查是否存在一个刑事违法行为。犯罪行为一定是违法的，但违法行为可能不构成犯罪，如违法行为较轻达不到犯罪的程度，虽然违法所得也要追缴或没收，但依据的是《治安管理处罚法》而非《刑法》。若被追诉人未达刑事责任年龄不予刑事处罚，或者被追诉人死亡不追究刑事责任，对其违法所得也应当予以没收。侵害财产类犯罪自然会产生违法所得。如盗窃、诈骗等犯罪所得，《刑法》多以赃款赃物定义。但在经济犯罪中，生产、销售伪劣商品罪，侵犯知识产权罪也都会产生违法所得。违法所得也不以故意犯罪为限，过失犯罪也可能会产生违法所得。还不以既遂犯为限，未遂犯也可能产生违法所得。违法所得存在实体法与程序法交叉的问题：从程序法的角度，刑事不法行为应当经法院确认，属于定罪量刑和没收违法所得的共同前提。第二，要审查有无违法所得。第三，要审查违法所得的性质。即违法所得是被追诉人、被害人还是第三人所有。第三人受领的违法所得也应当予以没收。任何人皆不得保有不法利得，第三人更不应成为犯罪利得的庇护所，否

---

① 参见万毅：《刑事被害人诉讼权利保障若干问题研究》，载《兰州学刊》2016 年第 12 期。

则处置违法所得的立法目的势必落空。第四，要审查违法所得的范围。广义的违法所得包含直接违法所得、间接违法所得以及替代价额三大类。对于间接所得理论上仍有限制，不宜一再扩张至间接再间接的辗转违法所得。第五，被害人优先原则。在没收和返还被害人财产之间，对于被害人合法财产要优先返还。如果对应当返还被害人的财产一律宣告没收，则会造成与民争利。如前文所述，在侵犯知识产权案件中，江苏省江阴市人民检察院尝试推动建立知识产权案件民事赔偿优于刑事追缴机制，让被侵权企业不再吃“哑巴亏”。2023 年 9 月，海澜之家品牌管理有限公司发现网上有一家店铺仿冒其品牌服装。经警方查明，犯罪嫌疑人连某从他人处购买了 16 万余套假冒吊牌，挂在无标服装上仿冒海澜之家旗下品牌出售，从 2022 年 12 月至 2023 年 11 月，销售金额合计人民币 980 余万元，非法获利 50 余万元。2024 年 3 月，在江阴市检察院引导下，海澜之家品牌管理有限公司正式向法院提起刑事附带民事诉讼，诉求连某承担惩罚性赔偿责任。2024 年 4 月 26 日，江阴市人民法院一审以假冒注册商标罪对连某判处有期徒刑 4 年 9 个月，并处罚金人民币 80 万元，同时判决连某承担惩罚性赔偿责任，赔偿海澜之家品牌管理有限公司各项损失和维权费用共计 203 万元，并在网络平台、报刊上刊登声明，消除不良影响。其中特别声明，追缴的违法所得 50 余万元全部用于抵扣惩罚性赔偿，而不是罚金。海澜之家案件并非孤案。据江阴市检察院提供的数据，截至目前，该院已推动戴森吹风机、福斯润滑油等注册商标权利人提起刑事附带民事诉讼 5 件，为被侵权企业赢得赔偿款共计 351 万元。2024 年 5 月，江阴市检察院又联合公安局、市场监督管理局、法院会签《关于加强知识产权刑事犯罪违法所得追缴工作的意见（试行）》，正式建立知识产权案件民事赔偿优于刑事追缴机制，并明确侵权人对权利人的赔偿从追缴的违法所得中扣除。江阴被誉为“中国制造第一县”，也是首批国家知识产权强县建设示范县。知识产权领域民事赔偿责任优于刑事追缴，改变了此类案件获赔概率小的现实，推动一批被侵权企业提起刑事附带民事诉讼，提升了知识产权保护力度，有利于促进新质生产力的发展。[1]

（四）加强裁判文书说理工作

对于已经扣押在案的涉案财产，判决书对涉案财产的具体信息要详细列明，包括名称、金额、数量、保管地点及处理方式，涉案财产较多，不宜在判决主文中详细列明的，可以附清单。对于未扣押在案的涉案财产，亦应写明需要继续追缴的金额、数量等可执行信息。判决书中“本院认为”部分对涉案财产处置理由应作出充分论证并准确回应诉讼参与人的争议焦点。判决书应详细罗列认定涉案财产性质的相应证据，概括、归纳诉讼参与人庭审辩论意见、权属主张及理由，判决说理部分依照证据情况和法律规定说明判决主文所作处置的理由。不能简单表述“根据在案证据足以认定，扣押在案的汽车（或其他财物）属于作案工具，应予没收”，而是应说明该财物系供犯罪所用和系被告人本人所有。根据相当性原则和罪、责、刑相适应原则，如果没收的财物价值远远超过犯罪所得的数额，或者该财物只是偶尔和犯罪发生联系，则违背法律的公平、正义理念，其合理性应受到质疑。如被告人沈某自购价值 2 万余元的面包车一辆从事客运业务，后驾驶该车在某地多次盗窃狗共 11 只（价值 2000 余元），最后一次盗窃时被抓获。法院判决“作案工具面包车一辆依法予以没收”，沈某上诉后该地中院撤销该项判决，改判发回沈某。如果法律明确规定法官应在说理部分对认定该车属于作案工具的理由加以解释，就不会出现错误，很明显法官无法说服自己为什么盗窃 2000 余元财物却要没收 2 万余元财物。法官在审查证据和听取控辩双方意见的基础上通过逻辑活动作出判决，逻辑过程必须在判决书中解释，对利害关系人庭审时提出的事实问题和法律问题作出准确回应，对当事人争议焦点进行分析、辨别，让人明白直接地看出法官是如何评判和如何判决的。

---

① 参见朱国亮：《江苏江阴：民事赔偿优于刑事追缴 不让被侵权企业吃“哑巴亏”》，载新华网，http：//www. news. cn/legal/20240614/1e07422f3790429c83d98df69f65054c/c. html。

三、涉案财产处置决定程序的证据规则

刑事诉讼涉案财产处置程序所要解决的是涉案财产的权属性质问题，而传统的定罪量刑程序主要是解决被追诉人的刑事责任问题。因此，涉案财产处置程序的证据规则具有不同的特征。

（一）证明对象为涉案财产的权属性质

刑事诉讼涉案财产处置程序中，涉案财产的范围和权属性质是核心问题。涉案财产处置程序的证明对象为涉案财产是否系违法所得、违禁品或者供犯罪所用的本人财物。除此之外，相关法律和司法解释规定，第三人以对涉案财产享有所有权或善意取得等为由提出异议的，不得没收，因此，第三人的抗辩事由所提出的事实也是涉案财产处置程序的证明对象。对于本来不是涉案财产，但与涉案财产处置具有程序性关联的财产，如取保候审保证金、被追诉人家属以其合法财产代为退赔的财产等也应当在涉案财产处置时一并将其权属性质予以证明。

（二）证明责任承担主体不同

证明责任在刑事诉讼涉案财产处置的审前程序和庭审程序中有所不同。在刑事诉讼涉案财产处置庭审程序中，检察机关提出的是对涉案财产处置的起诉意见，根据“谁主张、谁举证”的基本原理，原则上应当由检察机关承担举证责任，即检察机关既要在定罪量刑程序中证明被追诉人实施了犯罪行为，又要在涉案财产处置程序中就涉案财产的处置建议证明涉案财产与犯罪行为之间存在实质性联系。在被追诉人死亡逃匿的情况下，检察机关仍然要对被追诉人的犯罪行为进行举证，然后再证明犯罪行为与涉案财产之间具有实质性联系。所谓实质性联系，是指涉案财产系违法所得、违禁品和供犯罪所用的本人财物。但这也不是一成不变的，在被害人或第三人提出异议的情况下，可能发生举证责任转移的情况。如果检察机关举证不能，法官就会

作出有利于被追诉人的判决。如果第三人举证不能，则法官就会作出有利于检察机关的判决。

在审前程序中，审查主要包括程序性强制处分的听证审查和实体性强制处分的司法审查，对于公安机关提请检察机关进行审查的证明责任由侦查机关承担；对于检察机关提请法院进行审查的证明责任，则由检察机关承担。审前决定程序中，第三人提出抗辩，主张涉案财产所有权或其系善意取得的，则证明责任转移给第三人承担。

（三）采用多样化的证明标准

关于涉案财产处置程序中的证明标准存在不同的观点，主要有刑事标准说和民事标准说。刑事标准说认为检察机关对于涉案财产权属性质的证明标准应当与定罪量刑的证明标准相同，即均要达到能够排除合理怀疑的标准，并且有相关的司法解释予以印证。[①] 民事标准说认为，涉案财产处置是对涉案财产权属性质的审查，不同于定罪量刑，只要达到民事诉讼中的证明标准即可。[②] 具体而言，在对被追诉人定罪量刑方面，应当达到“犯罪事实清楚，证据确实、充分，排除合理怀疑”的程度，这一点没有争议。而对于涉案财产与犯罪行为的实质性联系，在审前程序和审理程序中应当具有不同的证明标准，这样符合刑事诉讼的规律，不能在侦查阶段即要求对实质性联系达到较高的证明标准。因此，对于程序性强制处分只要达到合理怀疑标准即可。而对于审前返还被害人合法财产则要达到民事诉讼中的优势证据标准，因为这涉及对涉案财产的终局性处分。庭审程序中，检察机关对于涉案财产的实质性联系的证明标准也要达到优势证据标准。主要理由在于涉案财产处置的对象相对于人身权、自由权来说，影响较小，且错误处置的执行回转是

---

① 参见陈卫东：《构建中国特色刑事特别程序》，载《中国法学》2011 年第 6 期。

② 参见邓晓霞：《未定罪没收程序的法律性质及证明标准》，载《政治与法律》2014 年第 6 期。

定罪量刑程序所不具有的。同理，第三人主张其对涉案财产享有所有权或者系其善意取得，只要达到优势证据标准即可。[①]

第二节　关于涉案财产处置决定的执行程序

“刑事实体法、刑事诉讼法与刑事执行法，并列为刑事法的三大领域。”[②] 这在一定程度上说明了刑事执行的重要性。前文重构了涉案财产处置的决定程序，本节就涉案财产处置决定的执行程序进行探讨。刑事诉讼涉案财产处置措施一般可以分为程序性强制处分和实体性强制处分，这两种强制处分的执行程序也有所不同。前者由检察机关决定，侦查机关负责执行；但后者即没收与返还由法院决定，司法行政机关负责执行更为合理；审前返还属于例外情形，应当由检察机关决定，侦查机关执行。

一、扣押决定的执行程序

前文论及，扣押决定应采取听证审查的方式，侦查机关的扣押决定应当由检察机关批准，检察机关的扣押决定应当由法院批准。本着扣押的决定与执行相分离的原则，扣押的执行均应当由侦查机关负责，从而解决扣押的决定机关和执行机关合一的问题。扣押决定的执行程序具体设计如下：

第一，执行告知制度。为保障被追诉人及案外第三人的权利，执法人员在执行扣押时应当履行告知义务，知情权是正当程序的重要组成部分，但告知会影响案件办理的，可以先扣押，再将扣押情况告知相关人员。如在冻结银行存款时，如果提前告知可能会给被追诉人转移财产的机会，因此，可以

---

① 参见方柏兴：《论刑事诉讼中的“对物之诉”——一种以涉案财物处置为中心的裁判理论》，载《华东政法大学学报》2017 年第 5 期。

② 林钰雄：《刑事诉讼法·各论编》（下册），中国人民大学出版社 2005 年版，第 362 页。

在执行扣押之后再告知。侦查人员在执行扣押时，必须出示证明自己身份的证件，依法送达法律文书，将扣押的相关情况通知当事人和利害关系人。同时应当完善扣押笔录的记载内容，详细记录扣押的时间、地点，通知权利人的情况及其他重要事项。权利人不明或因其他事由无法通知的，应进行公示催告，将涉案财产的基本情况通过媒体进行告知，相关权利人在公告期间可以向司法机关主张权利。如果有证据证明第三人对涉案财产享有权利，还应当以书面形式进行告知。[①]

第二，执行扣押在场制度。执行扣押时应当通知被追诉人和其他非执行人在场。被追诉人因被羁押无法到场的，应当通知其律师或见证人到场。扣押在场制度也是知情权的重要内容，可以更有效地维护被追诉人的合法权益，此外，在被追诉人对执行扣押程序存有异议的情况下，在场见证人可以证实执行扣押的情况。[②]

第三，扣押执行要遵循比例原则。扣押的执行，除了要考虑查办案件的需要，保障诉讼顺利进行以外，还要考虑是否会过度侵犯被追诉人的合法权利，因此要遵循比例原则，考虑扣押的必要限度问题，[③] 尽量避免给被追诉人带来不必要的损失。为保障被追诉人的合法财产权益，在执行扣押时，可以根据案件的实际情况和涉案财产的属性，分别采取不同的执行方式，只有在采取较低限度的保全措施不足以保障诉讼顺利进行的情况下，才可以采取较高限度的保全措施。

第四，建立和完善涉案财产集中管理制度。考察域外法治发达国家和地区的立法可以发现，英美均专门设立了没收基金，澳大利亚则有托管法律制度，以此对查控的财产进行有效的管理。鉴于此，设置专门制度和机构，负责涉案财产的统一保管是较为可行的方案，一方面有利于节省成本，提高其

---

① 参见吴光升：《未定罪案件涉案财物没收程序之若干比较——以美国联邦民事没收程序为比较视角》，载《中国政法大学学报》2013 年第 2 期。

② 参见徐鹤喃、刘林呐：《刑事程序公开论》，法律出版社 2002 年版，第 129 页。

③ 参见张栋：《刑事诉讼法中对物的强制措施之构建》，载《政治与法律》2012 年第 1 期。

利用效率；另一方面由专门机构负责对涉案财产处置，有利于防止国有资产流失。对于涉案财产的管理，可考虑清单移送和实物保管相分离，对于涉案财物清单应当建立严格规范的随案移送制度；托管人员应当由高级会计师、律师等专业人才组成，并考虑对罚没收入、变价款等设立专门的基金账户进行管理，避免将涉案财产与办案机关的收支相挂钩，确保涉案财产处置不受部门利益干扰。加强信息化工作，公检法机关可以在统一的保管平台上查询涉案财产的信息，实现实时共享。因保管不善造成损失的，应当由保管机构承担相应的赔偿责任。泰达币等虚拟财产为涉案财产的保管带来了新的问题，有必要将新技术融入保管程序，实现技术辅助司法，对处分全流程进行监督。

二、返还决定的执行程序

审前返还的决定采取司法审查的方式，侦查机关的返还决定由检察机关批准，检察机关的返还决定由法院批准。本着返还的决定与执行相分离的原则，审前程序中返还决定的执行均应当由侦查机关负责，从而解决返还的决定机关和执行机关合一的问题。而对于庭审程序中的返还，法院在作出返还决定后，根据审执分离的要求，本书认为应当采取刑事执行权与审判权完全分离的模式，由司法行政机关负责执行，这样更符合正当程序的要求。即使是公安机关已经采取扣押措施的，也应当交由司法行政机关进行执行，从而避免公安机关为了追求经济利益而不当扩大扣押范围。返还决定的执行程序具体设计如下：

第一，告知案件被害人和第三人申请返还的权利。返还的启动可以分为依申请启动和依职权启动。审前返还程序应基于被害人的申请而启动，不能由公检法机关依职权启动。具体而言，被害人应当根据案件所处阶段，向公安机关、检察机关或法院提出返还申请，并提交相应的证据证明涉案财产为自己的合法财产。考虑到有些被害人可能不知道自己有这种权利，公检法机关应当在扣押涉案财产后适时告知被害人该权利。虽然实践中存在被害人申请执行的做法，但并不能改变司法机关主动移送执行的程序启动方式。侦查机关在侦查犯罪过程中，应将申请返还涉案财产的权利告知被害人。

第二，返还决定执行的方式。一是直接通知。执行人员通过电话或书面形式通知被害人，告知其返还的具体情况，如果涉及多个被害人，应当制作返还分配方案，并让被害人在分配方案上签字。这种方式可以确保被害人直接获得财产，避免发还错误，但这种方式也有其局限性，即不适合被害人特别多的情况。二是指定代表人。比如，“e租宝”案件中被害人遍布全国各地，人数众多，可以通过指定或被害人推举的方式确定部分被害人作为代表人，代为领取或接受返还款物，但要确保每个人的权利都得到保障，目前实践中也有在各个地区设立集中发还点集中进行返还的情况。三是公告告知。在非法吸收公众存款、集资诈骗等涉众型财产犯罪中，被害人人数众多且难以确定的情况时有发生，这类案件逐一告知所有被害人依法行使返还申请权难度较大。除了直接告知已知的被害人以外，还可以考虑通过报纸、电视等媒体和网站发布公告，要求被害人携带身份证明和相关证据材料，在规定的时间内到指定地点进行权利申报和登记。公告的方式可以最大范围地使无法确定的被害人得知申报的途径。四是公开集中发还。执行机关可以通过举行发还大会的形式将赃款赃物集中退还被害人，这种方式会产生较好的对外宣传效果和社会影响。

三、没收决定的执行程序

没收决定的执行程序主要是指法院判决特别没收的执行，前文论及，构建审执分离的执行机制是完善刑事执行权的主要方向。

1. 没收决定执行的性质。目前我国没收的执行是由法院的执行部门负责，不符合决定机关和执行机关分离的正当程序要求。因此，有必要建立没收裁判与没收执行相分离的正当程序。最高人民法院在关于将执行局与人民法院剥离的建议答复中也提出刑事案件的执行可以剥离到其他国家机关。[①]鉴于此，本书认为可以将没收执行权从法院剥离出来。刑事诉讼涉案财产没收虽然性质上不属于刑罚，但属于没收其违法所得，本质上会剥夺被追诉人的财产权，属于法院涉财产性判项，其执行事实上也是参照财产刑执行，没收执行权性质上与刑罚执行权基本相同。因此，从这个角度来说，没收执行权属于刑罚执行权的重要组成部分，近年来有学者从构建统一的刑罚执行体系的角度，提出了将刑罚执行权与刑事裁判权剥离的建议。[②]

刑罚执行权在性质上属于司法行政权。关于刑罚执行权的性质，存在不同观点，包括司法权说、行政权说以及双重属性说。依据我国《宪法》的相关规定，国家权力包含着国家立法权、国家行政权、国家监察权、国家审判权、国家检察权五种权利。作为刑事司法的最后步骤，刑罚执行权自然与司法权有某种联系，然而，它并非司法权，因为它的内容不在于适用法律处理案件，也不具备司法权的判决性、中立性和被动性。因此，可以看出刑罚执行权并非立法权、监察权、审判权、检察权中的任何一种，逻辑上更应归类为行政权，具体来说，是行政权中的司法行政权。[③]

刑罚执行权属于行政权。关于行政权的界定，有观点认为从现代意义上说，行政权是指国家行政机关执行国家法律、政策，管理国家内政外交事务的权力。[④] 也有观点认为行政权是国家行政机关执行法律规范、实施管理活动的权力。[⑤] 还有观点将行政权界定为国家行政机关执行法律、管理国家行政事务的权力，是国家权力的组成部分。[⑥] 通说认为，国家宪法和法律赋予

---

① 参见《最高法院：关于将执行局与人民法院剥离的建议答复》，载搜狐网2018年6月19日，https：//www. sohu. com/a/236554954_ 99901874。

② 参见陈瑞华：《司法行政机关的职能定位》，载《东方法学》2018年第1期。

③ 参见宗会霞：《刑罚执行一体化的基本步骤与风险应对》，载《政治与法律》2018年第4期。

④ 参见姜明安主编：《行政法与行政诉讼法》，北京大学出版社1999年版，第13页。

⑤ 参见罗豪才主编：《行政法学》（修订本），中国政法大学出版社1996年版，第3页。

⑥ 参见张树义主编：《行政法学》，中国政法大学出版社1995年版，第8页。

或认可了行政权，是指国家行政机关执行法律规范，对公共事务进行行政管理活动。总体而言，行政权的本质属性在于执行，其中包括法规执行、公共管理以及公共服务。相对于司法权，行政权具备明显的主动性、倾向性、实质性、应变性、可转授性、主体行政性、先定性、主导性、层级性、效率优先性等十大特征。[①] 刑罚执行权是以剥夺权利的手段实现法律执行的，因此本质上其可以看作一种执法权，即行政权，具体表现为执行法院生效判决的具体行政行为。刑罚执行的发动具有显著的主动性，对受刑人权利的限制也表现为实质性的介入，同时，刑罚执行主体在执行中具有绝对主导地位等多种特征，均反映了刑罚执行权是一种行政权。

刑罚执行权属于司法行政权。司法行政权是在国家权力系统中以管理司法行政事务为主的，兼容部分司法权性质，具有复合性、相对独立性、广泛性、执行性和服务性的一种行政权。[②] 司法行政权在职能上与一般行政权存在明显差异。一般意义上的行政权所具备的只是行业管理职能，而司法行政权不仅包括通常的管理职能，还包括预防犯罪、惩罚犯罪和改造罪犯等特殊的司法职能，这是一般的行政权所不具备的。司法行政管理的对象是司法行政事务，而非一般行政事务，这样司法行政权就是一种同时具备司法权和行政权的特殊权力，并且其实质上是行政权。刑罚执行的权力被归类为司法行政权，因为它依据法院的生效判决来执行，针对的对象是触犯刑法的服刑人员，凸显了司法事务性质的执行权限。刑罚执行过程，包括减刑、假释、暂予监外执行等刑罚执行方式的变更，展示了司法权与行政权的融合和渗透，体现了司法权特有的一面，使刑罚执行权具有与一般行政权不同的特质，实质上是司法行政权。

2. 刑罚执行权应当归属于司法行政机关。司法行政机关承担刑罚执行

---

① 参见孙笑侠：《司法权的本质是判断权——司法权与行政权的十大区别》，载《法学》1998 年第 8 期。

② 参见刘武俊：《司法行政权的界说及其合理配置》，载《理论导刊》2003 年第 9 期。

的职责，不仅合乎该权力的性质，同时也符合司法行政机关的现有职责。目前，部分抑制个人自由的刑罚如无期徒刑和有期徒刑、缓刑已经由司法行政机关负责执行。这表明，将生命刑和财产刑这样的刑罚也交由司法行政机关执行是相当具有可行性的。尽管刑罚种类繁多，但执行却有一定的规律可循，比如，审判与执行的衔接、执行所依据的原则和标准，以及执行过程中法律问题的处理等。监所、少管所和社区矫正机构在专门执法方面有丰富经验，在负责拘役、死刑和财产刑的执行时，司法部门会有清晰指引，有据可依。相反，公安机关对于拘役和剥夺政治权利的执行、法院对于死刑和财产刑的执行，都是其次要职责，面临着精力有限的问题，难以全力以赴，导致执行效果大打折扣。就这种附带的执行而言，从理论上来看也与权力分立制衡的基本原则相抵触。总的来说，将执行权集中在司法行政机关手中，符合刑罚执行的特点，也更具可操作性。

建议将法院的没收执行权连同刑罚执行权一并转隶给司法行政机关，包括涉案财产没收的执行。就司法机关在刑事诉讼中的职能而言，法院负责在刑事审判程序中对涉案财产的性质和处置方式作出明确的裁判，司法行政机关负责刑事裁判生效后涉案财产没收的执行，是符合审执分离原则的制度设计。在涉案财产没收的执行方面，审执不分不仅对审判工作带来了负面影响，也削弱了执行效率。中共中央政治局于 2008 年 11 月 28 日通过了《关于深化司法体制和工作机制改革若干问题的意见》，其中提出“法院执行职能划归司法局管辖，法院其他有关行政职能划归司法行政机关管辖，法院专司审判”。党的十八届四中全会提出，优化司法职权配置，推动实行审判权和执行权相分离的体制改革试点。在此试验性质的项目中，河北省唐山市中级人民法院以及北京市、上海市、江苏省、四川省等地的高级人民法院均参与了审执分离改革，试点法院审判案件的结案数量明显增加，申诉信访数量显著减少，各项执行率和执行标的率都有不同程度的提高，而执行工作的效率也明显提升。对审执分离的追求，不管是来自中央的整体策划，还是地方成功试点所体现的，都昭示了审执分离的关键性和迫切性。因此，从改革的彻底性角度出发，只有将法院执行局和司法警察一同转隶至司法行政机关，才能实现审判与执行权力的有效制衡。[①] 司法行政机关负责对涉案财产进行没收执行，运用各种强制手段如查询、查封、扣押、冻结、划拨、拍卖等，司法警察协助执行，可以确保执行有效、合理、可行。

3. 司法行政机关在执行过程中可以向法院申请裁决。前文分析过，刑事涉案财产的没收在性质上不属于刑罚，但与财产刑的执行密不可分。因此，应当与财产刑等刑罚的执行一并转隶给司法行政机关。刑事涉案财产没收的执行问题一直是刑事执行中的一个难题。刑事执行权包括法院生效裁判确认的事项和法院作出生效裁判之前的审前返还、扣押等强制处分，前者主要参照刑罚进行执行；后者主要在刑事诉讼过程中执行。刑事执行程序中所要处理的全部事项主要可以分为两大类：一是通过采取强制执行措施实现生效裁判确定的内容，包括刑事涉案财产的没收，也成为执行实施权；二是对于因强制执行而产生的纠纷进行审查处理，也成为执行裁判权。前一项内容主要通过执行实施权的运行得以实现，本质上属于实施性质的权利；后一项内容需要由裁判者对执行过程中产生的有关纠纷和争议进行审查后作出裁判，本质上属于一种裁判行为。党的十八届四中全会提出要推动实行审判权和执行权相分离的体制改革试点，但并没有从根本上解决执行难问题，党的二十届三中全会继续提出要深化审判权和执行权分离改革。刑事执行的裁判权既然属于审判权的范畴，就可以与刑事执行权相分离。执行实施权由司法行政机关行使。执行实施权，即实现生效刑事裁判的权力，属于刑事执行权的核心内容，是刑事执行权最本质的权能。执行裁判权由法院继续行使，类似于对罪犯提请减刑、假释，监狱提出申请后，由法院裁决是否同意。如判断某动产、不动产是否属于被执行人财产，是否可以作出查封、扣押、冻结、拍卖等处置决定，属于典型的执行实施中的民事权利判断，可以向执行

① 参见宗会霞：《刑罚执行一体化的基本步骤与风险应对》，载《政治与法律》2018 年第 4 期。

裁判庭申请。

4. 司法行政机关应当及时将没收的涉案财产上缴国库。司法行政机关在执行没收决定时可以采取查封、扣押、冻结、划拨、变卖、拍卖等程序性强制处分措施，将涉案财产及时没收上缴国库。对于应当返还给被害人但无法找到被害人的涉案财产，应当先没收上缴国库，在被害人认领时再启动返还程序。在执行过程中也应当遵守程序性强制处分的相关理念和原则，切实保障被追诉人、被害人和第三人的合法财产权利。这里要注意的是，地方政府由于经济发展考核的要求，特别是在经济形势不好的时候，有时会向公检法等机关下达罚没上缴国库的任务，这些考核指标难免会影响司法工作的正常进行，比如，公安机关会随意扩大扣押的范围，法院会随意增加罚金的幅度，甚至会出现各政法单位之间就涉案财产随案移送产生争议的情况。因此，统一由司法行政机关来行使涉案财产没收的执行权，有利于避免公安、法院从自身利益出发导致的逐利性司法现象。

第三节　关于涉案财产处置的救济程序

丹宁勋爵曾说："每一社会均须有保护本身不受犯罪分子危害的手段。社会必须有权逮捕、搜查、监禁那些不法分子。只要这种权力运用得当，这些手段都是自由的保卫者。但是这种权力也可能被滥用，而如果它被人滥用，那么任何暴政都要甘拜下风。"① 即使被追诉人的涉案财产权利保障机制非常完备，如果没有完善的救济程序，其权利受到侵害后也无法获得救济，可以说救济是权利的保障机制。涉案财产处置程序的多元化决定了救济机制的多元化。

---

① ［英］丹宁勋爵：《法律的正当程序》，李克强等译，法律出版社1999年版，第109页。

一、扣押的救济程序

为遭受非法扣押的当事人提供有效的救济是完善扣押程序的应有之义，如完善国家赔偿制度等，但对于是否将非法证据排除作为非法扣押的预防和救济措施，学界存在不同的观点，本书将扣押作为一种财产保全措施而非证据保全措施进行研究，因此也不将非法证据排除作为一种救济措施。

违法扣押造成损失的，当事人可以申请国家赔偿。国家赔偿属于特殊的行政诉讼程序。针对当事人申请国家赔偿成功率低的现实，需对我国国家赔偿决定程序进行诉讼化改造，如当事人可对决定进行上诉和复议。对于生效刑事判决认定之外的被扣押的财产自动解除扣押，造成被害人损失的，被害人可以启动赔偿程序。对于立案前违法扣押涉案财产造成的损失应进行赔偿，对于虽然没有刑事立案，却是针对刑事诉讼程序进行的预备活动，也应当认定为违法对财产采取查封、扣押、冻结、追缴等措施，进行国家赔偿。应对行政诉讼的受案范围作必要的扩展，将侦查机关非法扣押引起的非法扣押确认之诉及公共侵权赔偿之诉纳入其中，允许涉案财产被非法扣押的被害人提起行政诉讼，请求法院在行政诉讼中解决被诉扣押行为的合法性问题。

刑事诉讼中的保管、移送、变卖、拍卖等行为属于扣押的后续行为，与查封、扣押和冻结等办案行为具有相对独立性，但在此过程中造成涉案财产损毁的，其救济方式可以参照扣押，赋予被追诉人、被害人和第三人救济权。

二、返还的救济程序

（一）返还决定的救济方式

对于公安机关、检察机关审前返还错误的问题，目前存在两种救济渠道：一是检察机关决定返还被害人合法财产的，如果利害关系人提出异议，还应当交由法院最后裁决；对于法院作出的错误返还裁定以及法院在审判阶段的审前返还裁定，可参照民事诉讼的先予执行制度解决。二是保留检察机关审前决定权的同时，加大对这种返还决定权的制约与监督。对于检察机关作出的不予返还涉案财产的决定，应当允许被害人申请复议一次，因为这种决定只具有程序性意义，并未对涉案财产的最终归属作出决定，法院在后续程序中还会对其作出处理，并不会侵害被害人的实体权利，因而无须采取更强的救济措施。

（二）返还执行的救济方式

《刑事诉讼法》未规定违法所得在无人认领时没收上缴国库的救济程序，但最高人民法院的司法解释进行了规定，当事人或利害关系人可以申请予以返还。但这种处置方式涉及被害人的合法权益，应当在法律中予以明确规定，即法院判决返还被害人合法财产的，应当在通知已知被害人的同时，还通过规定的方式进行公告，以便其他被害人能够及时申报权利。

返还决定错误的，可以通过执行回转程序进行救济。执行回转，是指执行完毕后，原据以执行的生效法律文书确有错误，被撤销、变更的情况下，对已经被执行的财产，责令取得财产的人返还的法律制度。在扣押决定存在错误的情况下，利益受损的当事人可以向作出决定的检察机关或法院申请撤销原决定并决定执行回转。

三、没收的救济程序

（一）明确规定没收决定的救济方式

前文论及，我国《刑事诉讼法》只是在没收特别程序中规定了被追诉人的近亲属和其他利害关系人可以提出上诉，检察机关可以提出抗诉，但在没收普通程序中并没有明确规定。因此，应当在《刑事诉讼法》中明确规定被追诉人、被害人和第三人在没收普通程序中的救济方式，即被追诉人、被害人和第三人不服没收涉案财产的判决和裁定的内容的，可以提出上诉或提请检察机关抗诉；检察机关认为没收涉案财产的判决和裁定的内容存在错误的，可以提出抗诉。同时，应明确规定与定罪量刑救济程序相独立的没收救济程序。被追诉人或检察机关只就没收部分的判决和裁定的内容提出上诉或抗诉的，则上诉或抗诉不影响定罪量刑部分生效；二审法院审理没收部分时，发现定罪量刑部分确有错误的，应当依照审判监督程序对定罪量刑部分进行再审，然后与没收部分一并予以判决；二审法院审理定罪量刑部分的上诉、抗诉时，发现一审没收部分确有错误的，应当依照审判监督程序予以纠正，而不涉及一审定罪量刑部分。[①] 对于二审改判无罪的案件，或者二审从无罪改判有罪的案件，如果被追诉人或检察机关未对没收部分提出上诉或抗诉，应当根据不告不理原则，不得针对没收部分作出改判。因为被告人无罪并不等于有关涉案财产不能没收；被告人有罪也并不等于有关涉案财产必须加以没收。如果被告人或检察机关同时针对没收部分提出上诉和抗诉，应当根据涉案财产本身是否具有可没收性来决定是否需要改判。[②]

（二）明确规定没收执行的救济内容

我国现行法律关于执行程序中权利救济的程序规定内容有限，主要包括执行异议复议程序和检察监督程序。除此以外，并无专门针对刑事诉讼涉案财产执行的法律救济程序。刑事诉讼涉案财产执行过程中仍然会产生法律纠纷，如被追诉人、被害人或第三人提出执行异议，执行行为存在违法或不当之处，这时候就需要权威的裁判者通过公正的司法程序作出裁判。因此，应当构建没收执行程序的司法审查机制。一方面可以通过司法审查制度监督刑事执行权依法行使，另一方面可以将执行程序中产生的相关法律纠纷和程序争议通过司法审查程序予以解决，为被追诉人、被害人和第三人提供充分的司法程序救济。值得注意的是，检察机关对执行行为的法律监督不能完全替代法院的司法裁判职能，主要理由在于：首先，司法审查制度处理的事项范围大于检察监督的范围，检察监督主要针对国家公权力行使过程中的不当之

① 参见吴光升：《刑事涉案财物处理程序研究》，法律出版社2018年版，第218～219页。

② 参见吴光升：《刑事涉案财物处理程序研究》，法律出版社2018年版，第219页。

处，对于执行过程中新产生的涉及实体权利认定的法律纠纷则需要通过司法裁判程序得出审查结论。其次，司法审查制度和检察监督制度的具体运行程序存在差异。最后，检察监督一般是事后监督，监督的有效性不够。

（三）明确规定第三人的救济程序

根据现行《刑事诉讼法》，第三人无法在没收裁判作出前通过参与诉讼维护财产权利。因此，案外第三人在没收普通程序中遭受财产侵害以后只能通过审判异议途径和执行异议途径寻求救济。《刑事诉讼法》应当明确规定第三人参与没收普通程序的机制，第三人对没收裁定不服或认为其有错误的，可以上诉，也可以提请检察机关抗诉。有正当理由未能参加没收程序的第三人在没收裁定作出后提出异议的，可借鉴澳大利亚的排除令制度，规定其可以向作出决定的法院提出排除申请，申请将存在合法权益的财物排除出没收裁定。法院应当将排除申请进行公告，然后在申请人、检察机关的参与下作出是否排除特定财物的裁定。对于这种排除裁定，申请人、检察机关可以上诉、抗诉。①

在相对独立的刑事涉案财产处置程序中，尽管庭审尚未结束，但随着更多涉案财产的信息进入审判范围，从理论上讲，在后续程序中发现先前程序的事实认定错误是有可能的，因此需要对涉案财产的处置事项进行重新审理，这就是所谓的程序回转。程序回转的必要性和合理性在于确保事实认定的准确性。司法诉讼的一个重要目标是确保犯罪事实得以准确、及时地查明，为了实现这一目标，有必要重新审视和纠正错误的事实认定。值得关注的是，当程序发生回转时，必然会导致司法资源消耗增加和审判时间延长，因此有必要对程序回转设定适当的启动方式和条件进行限制。在审理过程中如果发现定罪量刑事实的认定存在错误，就需要恢复定罪量刑程序，待确认事实准确后再继续审理。针对错误事实部分，法庭宣布重新启动定罪量刑程

① 参见吴光升：《刑事涉案财物处理程序研究》，法律出版社2018年版，第304页。

序，控辩双方需重新提供证据，但对已确认无误的定罪量刑事实则无须再次审理。在程序回转前已经确认的涉案财产事实，需要根据具体情况进行处理。如果定罪量刑事实认定存在错误，会对涉案财产的处理产生影响，需要根据重新确定的定罪量刑事实重新评估涉案财产的情况。而不受定罪量刑事实影响的涉案财产事实无须再次进行认定。①

第四节　涉案财产处置的法律监督

加强对刑事诉讼涉案财产处置的法律监督，是检察机关作为法律监督机关的重要职能。应当高度重视刑事诉讼涉案财产的规范处置，切实加强对于涉案财产处置的法律监督。党的二十届三中全会提出："健全监察机关、公安机关、检察机关、审判机关、司法行政机关各司其职，监察权、侦查权、检察权、审判权、执行权相互配合、相互制约的体制机制，确保执法司法各环节全过程在有效制约监督下运行。"在涉案财产处置过程中，检察权应当扮演何种角色，如何处理检察权与执行权之间的关系，是需要回答的重要理论和实践问题。

一、检察指挥执行模式的理论探索

前文论及，对于刑事裁判执行体制，比较域外有关国家和地区的做法，可以大致归结为两种主要模式，即由司法行政部门负责执行和由检察机关负责执行，前者主要是英美法系国家，后者主要是德日等大陆法系国家。在大陆法系国家的刑事执行检察模式中，检察权与执行权同属于检察机关，因此

① 参见闵春雷、张伟：《论相对独立的刑事涉案财物处置程序之建构》，载《厦门大学学报（哲学社会科学版）》2022 年第 4 期。

又称为检执合一模式。[①] 在检执合一模式下，检察权位于执行权之上，检察官指挥刑事执行，这体现出检察权从追诉犯罪到过问行刑的必要关联；检察权与执行权之间的冲突在某种程度上能够得到化解；检察权介入行刑活动的程度更深，刑事执行运作更具有应变性。

我国刑事执行检察采用检执分离模式，也就是检察权与执行权相互分离，检察权以诉讼监督的方式有限介入行刑活动，它不再直接考虑检察权如何连接追诉犯罪与刑罚执行，而是强调检察机关从追诉犯罪到过问行刑，所行使的检察权均是一种程序性权力。在检执分离模式下，如何准确把握检察权的行使限度是其中的一个难题，介入不够会导致检察监督流于形式，介入过度则会有损刑事执行活动的灵活性和执行效率。[②] 在我国关于刑事执行检察体制改革的讨论中，有研究者建议“建立检察机关刑罚执行指挥权”[③]，将执行工作全面交由检察机关行使和监督。这种建议实际上是主张改采大陆法系的检执合一模式。对刑事执行检察模式选择问题的研究，离不开对检察权与其他权力之间关系的探讨。

其实，我国刑事执行检察模式也经历了从检执合一模式向检执分离模式的转变。我国检察制度创建于清末修法，在民国时期得到发展和逐步完善。在检察制度建立之初，立法赋予了检察官监督、指挥执行裁判的职权。1906年《大理院审判编制法》第114条规定，“凡判决之执行，由检察官监督指挥之”。1911年《刑事诉讼律（草案）》第478条规定，“执行裁判，由配置于谕知裁判之审判衙门检察官指挥之”，其理由在于“检察官代表国家为原告人，经裁判后，乃为保护公益之官吏，指挥执行裁判”[④]。在民国时期，

---

① 参见熊秋红：《刑事执行检察的回顾与展望》，载《中国刑事法杂志》2022年第1期。

② 参见王利荣：《中国检、执权分离模式评析》，载《金陵法律评论》（2002年第2期·秋季卷），商务印书馆2002年版，第140～141页。

③ 郝连根：《论检察机关刑法执行指挥权的建构》，载《法制与社会》2015年第26期。

④ 吴宏耀、郭恒编校：《1911年刑事诉讼律（草案）——立法理由、判决例及解释例》，中国政法大学出版社2011年版，第445页。

1921 年《刑事诉讼条例》第 486 条规定，“执行裁判，由谕知裁判之法院之检察官指挥之，但其性质应由法院或审判长指挥者不在此限”。1928 年《刑事诉讼法》第 477 条作了类似规定。1935 年《刑事诉讼法》第 461 条规定：“执行裁判由裁判之法院之检察官指挥之，但其性质应由法院或审判长、受命推事、受托推事指挥或有特别规定者，不在此限。”作上述规定的理由在于“指挥裁判执行，法律为保全推事公平裁判之地位，不使担负审判之外之事务，又使检察官有敏速执行之便益，故视裁判之执行为司法行政处分，指挥执行之职，由检察官负之。但裁判之性质，应由法院或审判长为之者，则是例外”[①]；“执行裁判，原则上应由检察官指挥之，法院不得干预其事。盖使检察官独担执行裁判之任，可以期望程序之敏捷，可以维持裁判之公平，又可减轻法院之负担也”[②]。1909 年《大清法院编制法》由日本学者冈田朝太郎参照日本 1890 年《裁判所构成法》初拟，经 1915 年、1916 年、1932 年小幅修改，基本上适用于民国时期。依该法规定，“凡科刑之判决，由检察官执行”。在新民主主义革命时期，中国共产党领导的革命根据地探索建立了检察制度。监督或者指挥裁判的执行是检察官的主要职权之一。如 1939 年《陕甘宁边区高等法院组织条例》第 14 条、1941 年《晋冀鲁豫边区高等法院组织条例》第 16 条均将“监督判决之执行”作为检察员的职权之一；1943 年《晋冀鲁豫边区法院组织条例》第 18 条、1946 年《陕甘宁边区暂行检察条例》第 1 条、1946 年《东北各级司法机关暂行组织条例》第 23 条、1947 年《关东各级司法机关暂行组织条例草案》第 26 条均将“指挥刑事裁判（判决）之执行”作为检察官（检察员）的职权之一。从清末、民国以及新民主主义革命时期的立法例来看，监督和指挥裁判执行均是检察官的主要职权。新中国成立以后，立法规定检察机关有权对于监所、监所之措施以

---

① 徐朝阳：《刑事诉讼法通义》，范仲瑾、张书铭点校，中国政法大学出版社 2012 年版，第 373～374 页。

② 夏勤：《刑事诉讼法要论》，郭恒点校，中国政法大学出版社 2012 年版，第 206 页。

及刑事判决的执行是否合法进行监督。1949 年《中央人民政府最高人民检察署试行组织条例》第 10 条规定，最高人民检察署第二处职掌“关于检察各犯人改造所及监所之措施是否合法事项”；1951 年《中央人民政府最高人民检察署暂行组织条例》第 3 条规定，最高人民检察署直接行使并领导下级检察署行使“检察全国监所及犯人劳动改造机构之违法措施”之职权；1951 年《各级地方人民检察署组织通则》第 2 条规定，各级地方人民检察署“检察监所及犯人劳动改造机构之违法措施”；1954 年《人民检察院组织法》第 4 条规定，地方各级人民检察院“对于刑事案件判决的执行和劳动改造机关的活动是否合法，实行监督”，第 18 条规定“人民检察院监督刑事判决的执行，如果发现有违法的情况，应当通知执行机关给以纠正”。由此，我国刑事执行检察模式从检察官指挥执行模式转变为检察官监督执行模式。①

所谓检察机关指挥执行的体制，并非指所有刑事裁判均由检察机关具体执行，而是区分指挥执行者与实施执行者两种角色，前者保障裁判执行并承担执行责任，而后者则依据检察机关的指示，负责具体执行刑事裁判。这样的工作模式与直接将检察机关定位为刑事执行机关或刑罚执行监督机关并不相同。此外，我国刑事制裁体系的变革以及刑事诉讼程序的改革导致生效裁判所涉及的刑罚措施和非刑罚措施种类繁多，因此由检察官直接承担起执行职责不现实且可操作性较低，而指挥监狱、社区矫正机构等辅助机关来执行裁判，更符合总体上刑事执行检察工作偏向监督而非执行的需要。同时，将检察机关定位为指挥执行机关，也有助于避免其在监督和执行之间产生角色混淆。与以往的刑罚执行监督机制相比，检察机关的指挥执行模式已经不再依赖外部的事后意见纠正和检察建议等软性监督方式，而是更加注重刑事执行活动中的前期和中期控制。因此，在执行交付阶段，检察机关的主要任务是将生效判决和自由刑罪犯交付给具体执行机构以促使执行；在执行实施环

---

① 参见熊秋红、余鹏文：《刑事裁判执行程序之重构——以检察官指挥执行为目标》，载《国家检察官学院学报》2022 年第 2 期。

节，其主要职责是调查处理执行人员滥用职权等案件，并关注罪犯的日常服刑情况。在刑罚执行调整过程中，实施再社会化措施，采取中止自由刑的执行、修改执行次序等方式保障服刑者的合法权益，一定程度上有助于遏制刑罚执行中的职务不端情况。[①]

（一）检察指挥执行模式的理论基础

我国民国时期已建立了检察官主导的执行机制，陈瑾昆阐述了检察官拥有执行指挥权的合理性。他认为，执行权应由检察官行使，而非裁判人员，主要原因在于追求程序迅速、维护裁判公正以及减轻法院负担。[②] 当前，国内学术界也对检察官单一执行权进行了探讨，集中讨论了求刑权理论、法治国理论和法律监督理论。

1. 求刑权理论存在一定的缺陷。依据求刑权理论，执行权被看作公诉权的衍生物，二者均旨在实现国家刑罚权。“按照职权主义的诉讼理念，刑事诉讼系由检察机关所提起，实现国家刑罚权是检察机关提起公诉的根本目的，因此，作为实现国家刑罚权的执行权，往往也同时被视为检察机关的专属职权，在动态上构成了公诉权的向后延伸。”[③] 求刑权理论是从公诉权推导出执行权，在此过程中进行了不同性质权力和不同程序阶段的跨越，两者之间缺乏有效的逻辑连接。公诉权本质上是一种诉权，主要包括定罪建议权和量刑建议权，在刑事诉讼中扮演着审判程序启动者的角色。“就公诉权的延伸而言，公诉权行使对应的结果是法院审判权的启动，那么公诉权在执行领域中的延伸，对应的结果也应当是执行权的启动，而不是直接行使执行

---

① 参见刘华：《国家治理现代化背景下刑事检察职能的拓展路径》，载《国家检察官学院学报》2021 年第 2 期。

② 参见陈瑾昆：《刑事诉讼法通义》，法律出版社 2007 年版，第 399 页。

③ 万毅：《论检察监督模式之转型》，载《法学论坛》2010 年第 1 期。

权。”[①] 因此，求刑权理论无法直接得出应当由检察官统一行使刑事裁判执行权的结论。在现代法治社会中，审判中立、控审分离、控辩平等原则得到确认，检察机关的任务是通过履行控诉职责来维护社会正义。在这种情况下，很难通过公诉权来推导出执行权，否则按照这种逻辑，侦查权本质上也是一种控诉权，从侦查权也可以推导出执行权。由于求刑权理论在逻辑上存在缺陷，因此无法作为检察官统一行使执行权的理论基础。

2. 法治国理论具有相对合理性。在刑事执行领域，刑罚执行权属于行政权的范畴，按照法治国理论，刑事诉讼程序中的行政权都需要加以防范和监控，以免因滥用而危害人权。在大陆法系国家，由作为“法律守护人”的检察机关统一指挥刑事裁判执行，以便有效限制刑罚执行机关的权力，确保执行权的公正行使，[②] 其背后有法治国理论的支撑。法治国理论以限制执行权和“法律守护人”角色来论证应当由检察官指挥刑事裁判执行，具有一定的合理性。但局限性在于未能解释检察机关在刑罚变更程序中的指挥和监督作用。刑罚执行过程中的变更涉及解决争议和适用法律，表现为司法裁判活动，具备司法权的特征。在刑事执行过程中，法治国理论强调检察机关对行政权的监督，但对于刑罚变更的指导监督却未作详尽阐释。法治国理论虽然强调了对刑事执行权的监督和限制，但却未能有效阐明为何应该实行由检察官指挥执行的模式。[③] 英美法系国家设立了专门的外部监督机构（假释委员会）来限制刑事执行权，而我国目前则通过检察官实施外在式或事后型监督，未采取检察机关指挥执行的方式，但都体现了对行政权进行监督的理念。

3. 法律监督理论具有可适用性。法律监督理论可以为在我国构建检察

① 乔宇：《论财产刑执行的法律问题——以财产刑制度性执行难为中心》，载《法律适用》2015 年第 10 期。

② 参见万毅：《论检察监督模式之转型》，载《法学论坛》2010 年第 1 期。

③ 参见熊秋红、余鹏文：《刑事裁判执行程序之重构——以检察官指挥执行为目标》，载《国家检察官学院学报》2022 年第 2 期。

机关指挥执行模式提供本土理论依据。《宪法》第134条规定："中华人民共和国人民检察院是国家的法律监督机关。""法律监督是由法定的机关对遵守和执行法律的情况实行的国家监督。"[①] 在刑罚执行过程中，检察机关既需要监督裁判执行情况，以确保判决得到有效执行，维护法律对犯罪行为的惩罚作用；也要监督监所工作，纠正和追究刑罚执行机关的违法行为，推动对被执行人的教育和改造。检察机关通过有效的监管措施来控制执行权，这不仅符合我国法律监督的基本定位，也是确保刑事执行职能合法、有效落实的现实需求。

（1）符合我国法律监督机关的定位。在我国，各个部门分别行使立法权、行政权、监察权、审判权以及法律监督权。在我国"一元多立"权力结构下，检察机关的法律监督权既不依附于行政权、审判权，也不具有超越行政权和审判权的地位，而是一种与行政权、审判权相并列的独立的国家权力。检察机关的法律监督责任是根据维护国家法治的一贯宗旨而确定的，围绕检察权的性质问题，出现了五种主要观点，包括行政权说、司法权说、双重属性说、法律监督权说、复合属性说。近年来，随着司法体制改革的持续推进，人们对检察机关的作用和性质有了新的认识，对于其公益性和司法性的重要性日益增强，这也推动了复合属性说的普及。刑事执行活动的复杂性和综合性导致刑事执行权具有多元属性，在这种背景下，由检察机关集中行使指挥执行权，正好契合了检察机关法律监督权的实际发展以及复合属性说的内容。在我国检察制度演进历程中，检察机关介入侦查的做法借鉴自大陆法系国家的警检一体化模式，这意味着，检察机关指挥司法行政机关执行生效裁判在理论上并不存在不可逾越的限制。而检察机关对于部分职务犯罪行使侦查权则意味着不宜将执行权与执行监督权完全区分开来，而应该从其他角度考虑这一问题。在我国，从宪法赋予检察机关的法律监督地位出发，形成了具有包容性的检察权多元属性理论，其超越了西方国家对检察权的基本

---

① 王桂五：《论检察》，中国检察出版社2013年版，第145页。

定位，对在我国建立检察官指挥执行模式提供了具有本土特色的理论支撑。

（2）从事后监督到参与指挥。法律监督理论强调检察机关应对刑罚执行活动和强制医疗等非刑罚措施执行活动进行监督，包括监狱、看守所、社区矫正机关、公安机关和法院等负责的活动。在实践中，检察机关主要运用提出纠正意见或检察建议的方式进行刑事执行监督，对于减刑、假释或暂予监外执行等情况只能提出具有建议性质的检察建议。目前的刑事执行监督中检察机关主要是以旁观者的角度来进行监督，即检察机关并未深度介入刑事裁判执行过程中，而是以局外人的身份对具体的刑罚执行活动进行监督，导致监督的效果受到限制。这种事后监督模式虽然立场中立，能客观描述刑事裁判执行活动中的问题，但是，监督主体未能深入刑事执行过程中，难以发挥权力制约和程序控制功能，也很难得到刑事执行机关对提出的建议或意见作出的回应和认可。“这些都使得检察监督对刑罚执行的司法控制极大削弱，刑罚执行机关在执行程序中占据主导地位，有着绝对控制权。”[①] 这种转变实际上是一种监督模式的转变，从外部监督转向内部参与，为解决刑事执行监督模式存在的问题提供了切实可行的途径。

（二）检察指挥执行的立法体例

根据表现形式的不同，刑事执行立法可以分为两种模式：分散立法模式与统一立法模式。我国目前的刑事执行立法采用了分散立法模式，具体规定包含在多部法律中，如《刑法》、《刑事诉讼法》、《监狱法》和《社区矫正法》等。这种模式的优点在于可以根据社会发展的需要快速立法，同时及时修改或调整过时的法律。然而，这也可能导致法律条款之间的分散性过强，存在相互矛盾和不协调的情况，不利于形成统一的刑事执行体制和执行程序。因此，有学者建议借鉴俄罗斯制定单独的刑事执行法典的做法，制定一部具有中国特色的刑事执行法典，与刑法典、刑事诉讼法典共同形成刑事法

---

① 万毅：《论检察监督模式之转型》，载《法学论坛》2010 年第 1 期。

体系的三大支柱。[1] 建议首先完善《刑事诉讼法》中有关刑事执行的规定。各类专门性或单行性法律法规，如《监狱法》《社区矫正法》《中华人民共和国看守所条例》等，需要进行配套调整和修改，以防立法之间出现不协调和冲突。具体而言，将《刑事诉讼法》第四编“执行”分为三章，包括“一般规定”、“判决和裁定的执行”以及“刑罚执行中的变更”。第一章主要包括执行准则、执行根据、执行机关以及执行权限的总结性条文，强调刑事裁判应依法执行，并应由检察机关统一指挥执行。接下来的章节针对不同类型的刑事裁判详细规定涉及执行主体、执行方式以及执行变更等的整个流程。此外，在《刑事诉讼法》第五编“特别程序”中设置相应的执行机制，如处理被告人潜逃或患重疾无法出庭的缺席审判案件，法院作出监禁刑判决后，无法将被执行人引渡或遣返回国执行，或被执行人一直无法承担服刑责任，这时检察机关可决定暂停监禁刑的执行，待条件合适后再考虑重新启动执行程序。

（三）检察指挥执行的职权配置

为实现刑事裁判执行体制的统一，建议将部分刑事裁判执行权从公安机关和人民法院剥离，交由检察机关统一指挥执行，司法行政机关具体执行，以优化刑事执行资源配置，解决执行权分散行使带来的执行效能低下、诉讼职能错乱的问题。对于涉案财产的执行，可以考虑采取如下举措：首先，将原来法院的交付执行权转移给检察机关。法官应及时将必须执行的刑事判决送达给检察官，检察官确认后制作执行通知书，将判决副本一并送交执行机构或人员，下达执行指令。交付执行是启动刑事判决执行的关键步骤，在现行执行程序中有着至关重要的地位。在执行程序中，法院的责任仅限于下达法律文书，具体的罪犯交付执行是由公安机关完成的。委托执行的方式可能

---

① 参见赵路：《俄罗斯刑事执行法典的发展变革及对我国的启示》，载《山东科技大学学报（社会科学版）》2009 年第 5 期。

导致漏管或失管现象，因此需要考虑改变主体并加强关于执行时限的规定。其次，执行刑事裁判的工作由检察机关负责，其中包括对涉案财产的执行，司法行政机关提供必要的协助。根据《刑事诉讼法》的规定，被判处罚金的罪犯期满不缴纳的，人民法院应当强制缴纳，而没收财产无论是附加适用或者独立适用，都由人民法院执行。鉴于执行涉及查明被执行人是否具有执行能力、个人财产与家庭财产区分等复杂问题，由检察机关负责执行更为恰当。由于财产犯罪中犯罪嫌疑人的资产通常在侦查或审查起诉阶段被公安或检察机关监管，因此由提前规范管理涉案财物的检察机关来执行，有利于顺利执行财产刑和其他经济性处分。对于无法支付罚金的犯罪分子，法庭可以决定处以替代性的自由刑或采取社区矫正等措施来执行，以解决罚金执行困难的问题。①

二、检察监督执行模式的完善建议

重构检察机关指挥执行体制是一个复杂的工程，不可能一蹴而就，在目前的检察监督执行模式下，我们能做的更多是在检察监督执行框架内进行完善。

（一）更新监督理念

中央高度重视产权保护，出台了一系列关于产权保护的意见，服务和保障民营经济。作为法律监督机关，检察机关应当充分认识这一时代背景，切实转变监督理念，从传统的重视人身权利的监督理念向人身权利和财产权利并重的监督理念转变。在新的监督理念下，检察机关要积极调整监督的内容、模式、方法和效能评价，把涉案财产处置与定罪量刑同等对待，作为法律监督的新的重要领域和重要内容。在司法体制改革特别是内设机构改革

---

① 参见熊秋红、余鹏文：《刑事裁判执行程序之重构——以检察官指挥执行为目标》，载《国家检察官学院学报》2022 年第 2 期。

后，检察机关实行“捕诉合一”的办案模式，在审查逮捕和审查起诉等环节均应当加强对涉案财产处置的监督，提前介入引导公安机关加强对涉案财产权属性质证据材料的调取和完善，并在移送审查起诉时提出涉案财产处置的建议。完善考评机制，将涉案财产处置监督作为检察人员考核的重要内容，如起诉书是否列明应当如何处置涉案财产的建议，对侦查机关、法院的监督成效等。检察机关应当对涉案财产处置监督情况向同级人大作专项工作报告，主动接受人大的监督。同时加强对涉案财产处置监督工作的宣传力度，提高涉案财产处置的透明度和公信力。

（二）强化监督制约

检察机关在推动涉案财产处置的法律规范建设中应当积极作为，大胆探索，一方面通过制定司法解释性文件，在规范检察环节涉案财产处置行为的同时，加强对侦查机关和法院涉案财产处置的法律监督，为立法机关的相关立法积累经验；另一方面，积极推动和支持立法机关对涉案财产处置进行修正性立法。检察人员审查逮捕和审查起诉时，应特别注意听取被追诉人、被害人或第三人对于涉案财产处置的意见。检察机关还应当通过定期调阅案卷材料，查看涉案财产在各环节的流转记录，接受当事人、利害关系人的申诉、控告，多途径了解涉案财产处置情况，对违法处置行为及时督促纠正。

其一，通过司法审查加强对侦查环节涉案财产处置的法律监督。前文论及，在涉案财产审前处置程序中引入司法审查机制是一种较为可行的做法，可通过专门的程序设计，赋予第三人程序参与权，有利于准确查明涉案财产的权属性质。检察机关应当加强对侦查机关财产保全申请的审查，审查其是否达到一定的证明标准。由于情况紧急需要先行扣押的，应当在事后及时向检察机关报备扣押情况。对于侦查机关的执行行为应当进行审查，审查其是否符合比例原则、妥当性原则。对于涉及重大财产事项的案件，检察机关可考虑提前介入引导侦查，注重涉案财产权属性质证据材料的搜集。检察机关应当加强对审前返还和没收判决执行的监督，对于有多名被害人的案件，应当参照《民事诉讼法》的有关规定，制作返还分配方案。

其二，通过事后审查加强对法院处置涉案财产的法律监督。对法院处置涉案财产的监督主要以事后监督为主。检察机关在提起公诉时，应当在起诉书中列明对涉案财产处置的建议。法院审理时应当受到检察机关起诉书内容的约束，对涉案财产处置的范围不应当超过起诉书的范围，如果法院在审理过程中发现有起诉书未提及的涉案财产，可以建议检察机关补充或变更起诉，再对涉案财产进行裁判。[①] 审前已返还的涉案财产和被追诉人的财产情况也应当列入法庭审理事项，法院在作出判决时应将在案的涉案财产、被追诉人现有的财产予以列明。涉案财产返还涉及多名被害人的，应通过审理明确各被害人的发还数额；在案的涉案财产不足以返还所有被害人时，应依据比例公平公正处置。被害人对涉案财产的权利明确的，可以及时返还；权属不明确的，如非法集资案件，判决生效前不得提前返还。对于法院处置涉案财产的活动，检察机关应当全程参与，实时监督。

其三，加强对刑事执行权的监督。如前所述，不管刑事执行权是由法院行使还是由侦查机关行使，检察机关作为法律监督机关均应当加强对刑事执行权的监督。党的二十届三中全会提出，健全监察机关、公安机关、检察机关、审判机关、司法行政机关各司其职，监察权、侦查权、检察权、审判权、执行权相互配合、相互制约的体制机制，确保执法司法各环节全过程在有效制约监督下运行。检察机关作为法律监督机关，应当加强对刑事执行权的监督制约。

（三）增强监督刚性

《刑事诉讼法》规定了审查逮捕时应当讯问犯罪嫌疑人及听取其辩护人意见的情形，还强调在审查起诉时应当讯问辩护人、听取被害人及其诉讼代

---

① 参见曾勉等：《检察视角下的刑事涉案财产处置》，载《上海法治报》2013 年 3 月 12 日，B06 版。

理人的意见，并记录在案。检察人员审查逮捕和审查起诉时，应特别注意听取当事人和辩护人、诉讼代理人、利害关系人等诉讼参与人对于涉案财产处置的意见。检察机关还应当通过定期调阅案卷材料，查看涉案财产在各环节的流转记录，接受当事人、利害关系人的申诉、控告，多途径了解涉案财产处置情况，对违法处置行为及时督促纠正。检察机关发现涉案财产处置可能存在违法情形时，有权对相关机关、人员进行调查取证、审查核实，并要求相关机关限期答复。

应当赋予检察机关程序性制裁权，对于侦查机关违反法定程序采取的财产保全措施，检察机关可以通过纠正违法进行监督，如果侦查机关不予采纳并不能进行合理解释，检察机关有权直接决定解除扣押，侦查机关应当执行检察机关的决定。法院在审理过程中违法处置涉案财产的，检察机关应当通过纠正违法或提出检察建议的形式予以纠正。法院不予纠正且不能作出合理解释的，检察机关应当提请上一级检察机关进行监督。司法工作人员故意违法处置涉案财产，造成严重后果的，检察机关应当建议有关机关追究其纪律责任或法律责任。

结　　语

“无独立财产则无独立人格”的西方法谚道出了财产权的重要性，“平等保护公有制经济与非公有制经济”更是成为当下产权保护的响亮口号，关系到市场经济秩序持续健康发展和社会和谐稳定的大局。刑事诉讼中正确认定和处置涉案财产十分重要，因为这不仅关系到对被追诉人的定罪量刑，而且还关系到被害人及第三人的合法财产能否受到刑事诉讼法的同等保护。涉产权案件的办理一旦侵犯到企业家的合法产权，不但会给企业造成直接的经济损失，而且很有可能导致企业的经营环境恶化、经营能力被限制，甚至导致企业因此破产或倒闭。财产权利保护在新的时代背景下广受关注，建立健全相应的司法保障机制成为必然选择。相较于人身权利保障来说，涉案财产审前处置程序、审判和执行程序中的制度失范和处置乱象将在根源上造成后续程序中的一系列应对难题，客观上也必将导致救济程序的“积重难返”。如何有效规范审前处置程序、合理规制司法处分权、合理配置司法资源是我们首先要解决的问题。

近年来关于涉案财产处置、产权保护方面的司法解释和规定不断出台，产权保护的典型案例也不断发布，说明涉案财产处置问题越来越突出，也得到了越来越多的关注。但我们还要清楚地看到，实践中暴露出来的涉案财产处置问题也越来越多，相关司法解释和规定的效力层级还比较低，在刑法、刑事诉讼法、刑事执行法等基本法层面还缺乏具体的程序设计。即使有良好的制度设计，也有赖于制度的有效运行，这涉及相关司法机关的权力配置，如不能解决该问题，即使设计出符合正当程序要求的涉案财产处置程序，也难以在司法实践中体现其正当性。随着法治发展水平的不断提高，我国人权保障的内涵和外延也不断扩张。保障权利与打击犯罪并重、保障财产权利与保障人身权利并重的理念正在确立，涉案财产处置的正当程序必须遵守权利保障原则、程序公开原则、权力制约原则、程序参与原则和权利救济原则。本书试图在这些理念和原则的指导下完善刑事诉讼涉案财产处置的具体制度，为以后的立法提供参考，起到抛砖引玉的作用。唯有规范涉案财产处置程序，正确理解和适用相应的处置方式，才能在打击犯罪和保护权利之间寻求合理的平衡点，才能彰显法律的尊严和权威。

附件：

关于刑事诉讼涉案财产处置程序的规定
（建议稿）

根据《中华人民共和国刑法》《中华人民共和国刑事诉讼法》《关于进一步规范刑事诉讼涉案财物处置工作的意见》《关于刑事案件涉扶贫领域财物依法快速返还的若干规定》等有关规定，现对刑事诉讼涉案财产处置程序的若干问题规定如下。

一、总体要求

第一条 【理念】公安机关、检察机关、法院在处置刑事诉讼涉案财产时应当树立保护权利与打击犯罪并重、保护财产权利与保护人身权利并重的理念。

第二条 【原则】公安机关、检察机关、法院在处置刑事诉讼涉案财产时应当坚持适当性原则、合理性原则、权利保障原则、程序公开原则、权力制约原则、程序参与原则、权利救济原则。

第三条 【涉案财产】本规定所称涉案财产包括《刑法》第六十四条所规定的违法所得、供犯罪所用的本人财物和违禁品和《刑事诉讼法》中证据保全和财产保全的与案件有关的财产。

第四条 【涉案财产处置】本规定所称涉案财产处置是一种独立于刑罚、保安处分、非刑罚措施之外的一种独立的处分，包括查封、扣押、冻结及保管、变价、移送等程序性强制处分和返还、没收等实体性强制处分。

第五条 【涉案财产处置程序】 本规定所称涉案财产处置程序是指刑事诉讼过程中司法机关依照法定程序保全和没收涉案财产的活动。

二、扣押程序

第六条 【扣押】 在依法查明犯罪事实的同时，应当全面调查被追诉人的财产状况，有证据证明存在返还或没收的前提条件的，可以依法对涉案财产采取扣押等措施。扣押期限不得超过六个月，根据侦查需要可以延长。经审查，不属于涉案财产的，应当及时解除扣押。严禁在立案之前采取扣押措施。对涉案财产采取扣押措施，应当为被追诉人及其所扶养的亲属保留必需的生活费用和物品。

第七条 【扣押证明】 证明涉案财产权属性质的责任由公安机关承担，启动扣押的证明标准为合理怀疑。

第八条 【扣押物价值认定】 公安机关认定涉案财产的价值时可以委托专门机构进行评估；确实无法准确计算的，可以根据有关规定进行合理估算。

第九条 【扣押物的保管】 公安机关、人民检察院和人民法院对扣押的被追诉人的财产及其孳息应当妥善保管，以供核查，并制作清单。扣押动产应当由专门机构统一集中保管；扣押不动产需要在不动产登记中心登记；对于不宜扣押的经营性财产，公安机关、人民检察院、人民法院可以申请当地政府指定有关部门或者委托有关机构代管或者托管。

在保证诉讼活动正常进行的同时，可以允许有关人员继续合理使用有关涉案财产，以减少案件办理对正常办公和合法生产经营的影响。扣押的动产，在缴纳价款或提供担保的情况下，可以让所涉及人暂时继续使用直至程序终结。

第十条 【扣押的决定】 侦查机关需要扣押的，应向检察机关书面提出申请，列明扣押的清单和理由，由检察机关决定；检察机关自行侦查的案件需要扣押的，应向法院书面提出申请，由法院决定。紧急情况下，侦查机关和检察机关也可以自行决定，但应当在一周内向决定机关申请确认。

第十一条　【扣押的审查】 决定机关应当及时审查涉案财产的权属性质，对于不属于涉案财产的应当在三日内解除扣押。

第十二条　【扣押的执行】 侦查机关执行扣押时应当出示扣押证，通知扣押物持有人和见证人在场，制作扣押清单。应当及时通知被害人，被害人较多或者有其他未知被害人的，可以通过发布公告的形式进行通知。

第十三条　【紧急转让】 涉案财产面临腐坏变质、价值可能发生重大减损或保管维护费用过高的可以在判决前转让。提起公诉前的紧急转让由检察机关决定，提起公诉后的紧急转让由法院决定。紧急情况下，侦查机关可以先行决定。决定紧急转让前，应当听取被追诉人和第三人的意见。紧急转让的执行由侦查机关负责。

第十四条　【随案移送】 财产保全的实物应当随案移送，不宜移送的，应当提供相应的清单、照片、录像、封存手续、存放地点说明、鉴定评估意见、变价处理凭证等材料。

第十五条　【审查甄别】 公安机关、人民检察院应当审查核实涉案财产权属性质，在移送审查起诉、提起公诉时对涉案财产处置提出处理意见建议。

三、没收和返还程序

第十六条　【审前返还被害人财产】 对于扣押在案的涉案财产，有证据证明确属被害人合法财产的，应当依法及时返还；对于通过追缴、责令退赔到案的涉案财产，法院经过审查后认为确属被害人合法财产的，应当依法及时返还。

第十七条　【没收】 被追诉人的违法所得、供犯罪所用的本人财物和违禁品，除依法优先返还被害人的合法财产外，一律上缴国库。

应当没收的财产已用于清偿债务、转让或者设置其他权利负担，除第三人善意取得的以外，应当依法没收。

第十八条　【追征】有证据证明依法应当没收的涉案财产无法找到、被他人善意取得、价值灭失或者与其他合法财产混合且不可分割的，可以追征其他等值财产。

第十九条　【没收程序】审理程序中应当设置相对独立的涉案财产没收程序。人民检察院在法庭审理时应当对证明涉案财产权属性质的证据进行举证质证。人民法院作出的判决，应当列明涉案财产的具体名称、数量、金额、处置情况等，除应当对随案移送的涉案财产作出处理外，还应当在判决书中写明需要继续追缴的其他违法所得。

第二十条　【没收和返还的证明规则】审理程序中证明涉案财产权属性质的责任由检察机关承担。被害人或第三人提出异议的，被害人或第三人应当对其主张承担证明责任。

没收程序和返还程序的证明标准为优势证据标准。

第二十一条　【第三人】没收程序中发现涉案财产属于第三人所有或者第三人提出异议的，法院应当通知第三人参与没收程序。侦查程序中发现第三人，应当听取其意见。

第二十二条　【没收程序中第三人的地位】没收程序中第三人享有被追诉人的权利。为查明涉案财产权属性质，法院可以通知第三人到场。

第二十三条　【代理】第三人可以委托律师或其他人作为诉讼代理人。如果事实或法律情况复杂或第三人不能自己维护权利，法院可以为其指定律师。

第二十四条　【通知】没收程序中应当通知第三人法庭审理日期，与起诉书相关内容一并送达，并告知其可以在缺席情况对没收进行裁判。

第二十五条　【缺席审理】经依法通知后第三人仍未到场的，可以缺席审理。

第二十六条　【没收特别程序】被追诉人逃匿、死亡案件违法所得没收程序参见《刑事诉讼法》第五编特别程序第四章的相关规定。

第二十七条　【没收执行程序】没收和返还涉案财产的判决和裁定由司法行政机关执行。

四、救济程序

第二十八条　【申诉、控告】被追诉人、被害人、第三人认为司法机关及其工作人员违法处置涉案财产的，有权向该机关申诉或者控告。

受理申诉或控告的机关应当及时处理。对处理不服的，可以向同级人民检察院申诉；人民检察院直接受理的案件，可以向上一级人民检察院申诉。人民检察院对申诉应当及时进行审查，情况属实的，通知有关机关予以纠正。

第二十九条　【国家赔偿】司法机关及其工作人员违法处置涉案财产的，被追诉人、被害人和第三人有获得国家赔偿的权利。

第三十条　【上诉】被追诉人不服地方各级人民法院第一审判决、裁定的，有权书面或者口头向上一级人民法院上诉。

第三十一条　【申请抗诉】被害人不服地方各级人民法院第一审判决、裁定确有错误的时候，应当向同级人民检察院申请抗诉。

第三十二条　【第三人救济】第三人对没收判决、裁定不服的，可以上诉或者向同级人民检察院申请抗诉。

第三十三条　【没收执行救济程序】没收执行过程中，被追诉人、被害人或第三人存在异议的，应提交法院裁决。没收执行确有错误的，可以参照执行回转程序进行救济。

第三十四条　【法律监督】人民检察院对刑事诉讼涉案财产处置活动是否合法进行监督。

第三十五条　【其他事宜的处理】刑事诉讼涉案财产处置程序的其他事宜，根据相关法律法规和司法解释处理。

主要参考文献

一、中文著作类

1. 陈兴良：《刑法适用总论》（上卷）（第 2 版），中国人民大学出版社 2006 年版。
2. 陈兴良：《刑法的价值构造》，中国人民大学出版社 1998 年版。
3. 陈瑞华：《程序性制裁理论》，中国法制出版社 2005 年版。
4. 陈瑞华：《量刑程序中的理论问题》，北京大学出版社 2011 年版。
5. 陈瑞华：《程序正义理论》，中国法制出版社 2010 年版。
6. 陈瑞华：《看得见的正义》，北京大学出版社 2013 年版。
7. 陈瑞华：《论法学研究方法》，北京大学出版社 2009 年版。
8. 陈瑞华：《刑事诉讼的前沿问题》（第 5 版），中国人民大学出版社 2016 年版。
9. 陈卫东：《程序正义之路》（第 1 卷），法律出版社 2005 年版。
10. 白建军：《法律实证研究方法》（第 2 版），北京大学出版社 2014 年版。
11. 戴长林主编：《刑事案件涉案财物处理程序：以违法所得特别没收程序为重点的分析》，法律出版社 2014 年版。
12. 傅美惠：《侦查法学》，中国检察出版社 2016 年版。
13. 冯象：《政法笔记》（增订版），北京大学出版社 2012 年版。
14. 高铭暄、马克昌主编：《刑法学》（第 9 版），北京大学出版社 2011 年版。
15. 顾敏康：《逮捕、搜查与扣押的宪法问题：美国的经验教训》，法律出版社 2009 年版。

16. 黄风：《资产追回问题比较研究》，北京师范大学出版社 2010 年版。
17. 何家弘主编：《迟到的正义：影响中国司法的十大冤案》，中国法制出版社 2014 年版。
18. 何帆：《刑事没收研究——国际法与比较法的视角》，法律出版社 2007 年版。
19. 胡康生、郎胜主编：《中华人民共和国刑法释义》，法律出版社 2004 年版。
20. 黄源盛纂辑：《晚清民国刑法史料辑注》（上），台北，元照出版有限公司 2010 年版。
21. 洪福增：《刑法之理论与实践》，台北，五南图书出版股份有限公司 1988 年版。
22. 黄风主编：《中国境外追逃追赃经验与反思》，中国政法大学出版社 2016 年版。
23. 季卫东：《法治秩序的建构》，中国政法大学出版社 1999 年版。
24. 刘玫：《香港与内地刑事诉讼制度比较研究》，中国政法大学出版社 2001 年版。
25. 林培仁：《台湾刑法总则实务》，中国检察出版社 2016 年版。
26. 李杰清：《没收犯罪所得程序法制与实务》，中国检察出版社 2016 年版。
27. 刘明祥：《财产罪比较研究》，中国政法大学出版社 2001 年版。
28. 林钰雄主编：《没收新制（二）——经济刑法的新纪元》，台北，元照出版有限公司 2016 年版。
29. 林钰雄主编：《没收新制（一）——刑法的百年变革》，台北，元照出版有限公司 2016 年版。
30. 林钰雄：《刑事诉讼法》（第 8 版）（上、下册），2017 年自版发行。
31. 黎宏：《刑法学各论》，法律出版社 2016 年版。
32. 李林：《黑社会性质组织犯罪司法认定研究》，法律出版社 2013 年版。
33. 李建明：《刑事司法错误——以刑事错案为中心的研究》，人民出版社

2013 年版。
34. 林山田：《刑罚学》，台北，台湾商务印书馆股份有限公司 1983 年版。
35. 梅夏英：《财产权构造的基础分析》，人民法院出版社 2002 年版。
36. 彭汉英：《财产法的经济分析》，中国人民大学出版社 2000 年版。
37. 彭万林主编：《民法学》（第 2 版），中国政法大学出版社 1997 年版。
38. 乔宇：《刑事涉案财物处置程序》，中国法制出版社 2018 年版。
39. 宋英辉主编：《刑事诉讼原理》，法律出版社 2003 年版。
40. 宋英辉、李忠诚主编：《刑事程序法功能研究》，中国人民公安大学出版社 2004 年版。
41. 宋英辉、孙长永、刘新魁：《外国刑事诉讼法》，法律出版社 2006 年版。
42. 宋英辉等：《法律实证研究本土化探索》，北京大学出版社 2012 年版。
43. 宋英辉、王武良主编：《法律实证研究方法》，北京大学出版社 2009 年版。
44. 孙长永：《侦查程序与人权——比较法考察》，中国方正出版社 2000 年版。
45. 孙笑侠：《程序的法理》，商务印书馆 2005 年版。
46. 王以真主编：《外国刑事诉讼法学》（新编本），北京大学出版社 2004 年版。
47. 王兆鹏：《美国刑事诉讼法》，北京大学出版社 2014 年版。
48. 王兆鹏：《新刑诉·新思维》，中国检察出版社 2016 年版。
49. 万毅、艾明、刘宁等：《盘查程序研究》，上海三联书店 2015 年版。
50. 万毅：《程序正义的重心：底限正义视野下的侦查程序》，中国检察出版社 2006 年版。
51. 吴光升：《刑事涉案财物处理程序研究》，法律出版社 2018 年版。
52. 吴宏耀、苏凌主编：《刑事搜查扣押制度改革与完善》，中国人民公安大学出版社 2011 年版。
53. 《美国联邦宪法第四修正案：令状原则的例外》，吴宏耀、牟绿叶、陈芳、邵夏虹译，中国人民公安大学出版社 2010 年版。
54. 《美国联邦宪法第四修正案：非法证据排除规则》，吴宏耀、陈芳、向燕译，中国人民公安大学出版社 2010 年版。
55. 王钢：《德国判例刑法：分则》，北京大学出版社 2016 年版。
56. 王俊梅：《美国民事没收制度研究》，中国政法大学出版社 2013 年版。
57. 王君祥：《违法所得没收特别程序问题研究》，法律出版社 2015 年版。
58. 王禄生：《刑事诉讼的案件过滤机制：基于中美两国实证材料的考察》，北京大学出版社 2014 年版。
59. 向燕：《刑事经济性处分研究——以被追诉人财产权保障为视角》，经济管理出版社 2012 年版。
60. 肖厚国：《所有权的兴起与衰落》，山东人民出版社 2003 年版。
61. 徐鹤喃、刘林呐：《刑事程序公开论》，法律出版社 2002 年版。
62. 《德国刑法典》，徐久生、庄敬华译，中国法制出版社 2000 年版。
63. 谢佑平、万毅：《刑事诉讼法原则：程序正义的基石》，法律出版社 2002 年版。
64. 谢丽珍：《违法所得没收特别程序研究》，法律出版社 2016 年版。
65. 最高人民法院刑事审判一、二、三、四、五庭主办：《刑事审判参考·办理黑社会性质组织犯罪案件专辑》（总第 107 集），法律出版社 2017 年版。
66. 闫永黎：《侦查程序与财产权保障》，中国人民公安大学出版社 2016 年版。
67. 叶巍：《刑事诉讼中的私有财产权保障》，法律出版社 2009 年版。
68. 杨宇冠：《非法证据排除规则研究》，中国人民公安大学出版社 2002 年版。
69. 杨仁寿：《法学方法论》，中国政法大学出版社 1999 年版。
70. 朱拥政：《刑事诉讼中的财产权保障》，中国人民公安大学出版社 2009 年版。

71. 张丽卿:《刑事诉讼制度与刑事证据》, 中国检察出版社 2016 年版。
72. 臧铁伟主编:《中华人民共和国刑事诉讼法解读》, 中国法制出版社 2012 年版。
73. 中国政法大学刑事法律研究中心组织编译:《英国刑事诉讼法（选编）》, 中国政法大学出版社 2001 年版。
74. 朱敬一、李念祖:《基本人权》, 时报文化出版企业股份有限公司 2003 年版。
75. 左卫民、周长军:《刑事诉讼的理念》, 北京大学出版社 2014 年版。
76. 左卫民等:《中国刑事诉讼运行机制实证研究（二）: 以审前程序为中心》, 法律出版社 2009 年版。
77. 马静华:《中国刑事诉讼运行机制实证研究（三）: 以侦查到案制度为中心》, 法律出版社 2010 年版。
78. 左卫民等:《中国刑事诉讼运行机制实证研究（五）: 以一审程序为侧重点》, 法律出版社 2012 年版。
79. 左卫民、马静华等:《中国刑事诉讼运行机制实证研究（六）——以新〈刑事诉讼法〉实施中的重点问题为关注点》, 法律出版社 2015 年版。
80. 甄贞等:《〈联合国反腐败公约〉与国内法协调机制研究》, 法律出版社 2007 年版。
81. 张文显:《当代西方法哲学》, 吉林大学出版社 1987 年版。
82. 张明楷:《刑法学》（第 5 版）（下册）, 法律出版社 2016 年版。
83. 张明楷:《诈骗罪与金融诈骗罪研究》, 清华大学出版社 2006 年版。
84. 张明楷编著:《外国刑法纲要》, 清华大学出版社 2007 年版。
85.《日本刑法典》（第 2 版）, 张明楷译, 法律出版社 2006 年版。
86. 张明楷:《刑法格言的展开》, 法律出版社 2003 年版。
87. 周光权:《刑法各论》, 中国人民大学出版社 2016 年版。
88. [英] 约翰·斯普莱克:《英国刑事诉讼程序》, 徐美君、杨立涛译, 中国人民大学出版社 2006 年版。

89. ［英］丹宁勋爵：《法律的正当程序》，李克强等译，法律出版社 1999 年版。
90. 迈克尔·D. 贝勒斯：《程序正义——向个人的分配》，邓海平译，高等教育出版社 2005 年版。
91. ［英］霍布斯：《利维坦：论国家》，张妍、赵闻道译，湖南文艺出版社 2011 年版。
92. ［英］洛克：《政府论》（下篇），叶启芳、瞿菊农译，商务印书馆 2009 年版。
93. ［英］约翰·密尔：《论自由》，程崇华译，商务印书馆 1996 年版。
94. ［美］哈特：《法律的概念》（第 2 版），许家馨、李冠宜译，法律出版社 2011 年版。
95. ［英］彼得·斯坦、［英］约翰·香德：《西方社会的法律价值》，王献平译，中国法制出版社 2004 年版。
96. ［英］杰奎琳·霍奇森：《法国刑事司法——侦查与起诉的比较研究》，张小玲、汪海燕译，中国政法大学出版社 2012 年版。
97. ［英］斯蒂芬·R. 芒泽编：《财产的法律和政治理论新作集》（影印本），中国政法大学出版社 2003 年版。
98. ［美］爱伦·豪切斯泰勒·斯黛丽、南希·弗兰克：《美国刑事法院诉讼程序》，陈卫东、徐美君译，中国人民大学出版社 2002 年版。
99. ［美］理查德·A. 波斯纳：《法理学问题》，苏力译，中国政法大学出版社 2002 年版。
100. ［美］E. 博登海默：《法理学：法律哲学与法律方法》，邓正来译，中国政法大学出版社 2004 年版。
101. ［美］约翰·罗尔斯：《正义论》，何怀宏等译，中国社会科学出版社 1988 年版。
102. ［美］哈罗德·J. 伯尔曼：《法律与革命——西方法律传统的形成》，高鸿钧等译，中国大百科全书出版社 1993 年版。

103. ［美］德沃金：《法律帝国》，李常青译，中国大百科全书出版社 1996 年版。

104. ［美］罗纳德·德沃金：《认真对待权利》，信春鹰、吴玉章译，中国大百科全书出版社 1998 年版。

105. ［美］戈尔丁：《法律哲学》，齐海滨译，生活·读书·新知三联书店 1987 年版。

106. ［美］乌戈·马太：《比较法律经济学》，沈宗灵译，北京大学出版社 2005 年版。

107. ［美］列奥·施特劳斯：《自然权利与历史》，彭刚译，生活·读书·新知三联书店 2006 年版。

108. ［美］约书亚·德雷斯勒、艾伦·C. 迈克尔斯：《美国刑事诉讼法精解：第一卷·刑事侦查》（第 4 版），吴宏耀译，北京大学出版社 2009 年版。

109. ［美］杰弗里·C. 哈泽德、［美］米歇尔·塔鲁伊：《美国民事诉讼法导论》，张茂译，中国政法大学出版社 1998 年版。

110. ［美］米尔伊安·R. 达玛什卡：《司法和国家权力的多种面孔》（修订版），郑戈译，中国政法大学出版社 2015 年版。

111. ［美］吉姆·帕森斯、［美］梅根·戈尔登、［中］郭志媛、［美］詹娜·西格尔、［美］莫尼尔·桑顿：《试点与改革：完善司法制度的实证研究方法》，郭志媛译，北京大学出版社 2006 年版。

112. ［美］乔治·费希尔：《辩诉交易的胜利——美国辩诉交易史》，郭志媛译，中国政法大学出版社 2012 年版。

113. ［美］罗纳尔多·V. 戴尔卡门：《美国刑事诉讼——法律和实践》（第 6 版），张鸿巍等译，武汉大学出版社 2006 年版。

114. ［美］马尔科姆·M. 菲利：《程序即是惩罚——基层刑事法院的案件处理》，魏晓娜译，中国政法大学出版社 2014 年版。

115. ［美］安吉娜·J. 戴维斯：《专横的正义：美国检察官的权力》，李昌林、陈川陵译，中国法制出版社 2012 年版。

116. ［美］斯蒂文 · J. 伯顿主编：《法律的道路及其影响：小奥利弗 · 温德尔 · 霍姆斯的遗产》，张芝梅、陈绪刚译，北京大学出版社 2012 年版。

117. ［美］理查德 · D. 弗里尔：《美国民事诉讼法》，张利民、孙国平、赵艳敏译，商务印书馆 2013 年版。

118. ［德］托马斯 · 魏根特：《德国刑事诉讼程序》，岳礼玲、温小洁译，中国政法大学出版社 2004 年版。

119. ［德］克劳斯 · 罗克辛：《德国刑法学总论》（第 1 卷），王世洲译，法律出版社 2005 年版。

120. ［德］克劳斯 · 罗克辛：《德国刑法学总论》（第 2 卷），王世洲等译，法律出版社 2013 年版。

121. ［德］卡尔 · 拉伦茨：《法学方法论》，陈爱娥译，商务印书馆 2005 年版。

122. ［德］克劳思 · 罗科信：《刑事诉讼法》（第 24 版），吴丽琪译，法律出版社 2003 年版。

123. ［德］冯 · 李斯特：《论犯罪、刑罚与刑事政策》，徐久生译，北京大学出版社 2016 年版。

124. ［意］切萨雷 · 贝卡里亚：《论犯罪与刑罚》，黄风译，中国法制出版社 2005 年版。

125. ［法］贝尔纳 · 布洛克：《法国刑事诉讼法》，罗结珍译，中国政法大学出版社 2009 年版。

126. ［日］田口守一：《刑事诉讼法》（第 5 版），张凌、于秀峰译，中国政法大学出版社 2010 年版。

127. ［日］大木雅夫：《比较法》，范愉译，法律出版社 2006 年版。

128. ［日］谷口安平：《程序的正义与诉讼》（增补本），王亚新、刘荣军译，中国政法大学出版社 2002 年版。

129. ［日］大塚仁：《刑法概说（总论）》，冯军译，中国人民大学出版社

2003 年版。
130. ［日］松尾浩也：《日本刑事诉讼法》（上卷），丁相顺译，中国人民大学出版社 2005 年版。
131. 《日本刑事诉讼法》，宋英辉译，中国政法大学出版社 2000 年版。
132. 《韩国刑事诉讼法》，马相哲译，中国政法大学出版社 2004 年版。
133. 《法国刑事诉讼法典》，罗结珍译，中国法制出版社 2006 年版。
134. 《英国 2002 年犯罪收益追缴法》，张磊、梁文钧、罗海珊译，中国政法大学出版社 2010 年版。
135. 《意大利反腐败法》，黄风译，中国方正出版社 2013 年版。
136. 《美国联邦刑事诉讼规则和证据规则》，卞建林译，中国政法大学出版社 1996 年版。
137. 《德国刑事诉讼法典》，宗玉琨译注，知识产权出版社 2013 年版。
138. 《法国刑事诉讼法典》，余叔通、谢朝华译，中国政法大学出版社 1997 年版。

二、中文论文类

1. 陈醇：《非法集资刑事案件涉案财产处置程序的商法之维》，载《法学研究》2015 年第 5 期。
2. 陈瑞华：《通过法律实现程序正义——萨默斯“程序价值”理论评析》，载强世功、李光昱主编：《北大法律评论》（第 1 卷 · 第 1 辑），法律出版社 1998 年版。
3. 陈瑞华：《非法证据排除规则的中国模式》，载《中国法学》2010 年第 6 期。
4. 陈瑞华：《论检察机关的法律职能》，载《政法论坛》2018 年第 1 期。
5. 陈瑞华：《走向综合性程序价值理论——贝勒斯程序正义理论述评》，载《中国社会科学》1999 年第 6 期。
6. 陈瑞华：《刑事对物之诉的初步研究》，载《中国法学》2019 年第 1 期。

7. 陈兴良：《虚拟财产的刑法属性及其保护路径》，载《中国法学》2017 年第 2 期。
8. 陈建军：《简论罚金刑中的几个问题》，载《当代法学》2001 年第 5 期。
9. 拜荣静：《构建实效性的刑事证据保全制度——以审判中心主义为视角》，载《中国政法大学学报》2018 年第 1 期。
10. 卞传山：《扩大罚金刑适用范围刍议》，载《南京社会科学》1996 年第 7 期。
11. 曹云清、钟琳、金麒：《追赃制度研究论纲》，载《政法学刊》2002 年第 1 期。
12. 常青、李雪晴：《西安近三年财产刑判决与执行情况调研报告》，载《中国审判》2007 年第 12 期。
13. 常玉海：《检察机关扣押冻结款物的内部监督》，载《人民检察》2009 年第 19 期。
14. 程建：《刑事诉讼涉案财物集中管理的实证调研和制度构想》，载《上海政法学院学报（法治论丛）》2013 年第 2 期。
15. 陈俊伶：《刑事诉讼涉案财物规范管理的四川样本》，载《人民法治》2016 年第 9 期。
16. 邓剑光：《论财产权的基本人权属性》，载《武汉大学学报（哲学社会科学版）》，2008 年第 5 期。
17. 杜芳：《论刑事追缴程序》，载《求索》2009 年第 1 期。
18. 段文波、李凌：《证据保全的性质重识与功能再造》，载《南京社会科学》2017 年第 5 期。
19. 狄新立：《"追缴""没收"和"没收财产"是三个不同概念》，载《河北法学》，1984 年第 4 期。
20. 方柏兴：《刑事涉案财物的先行处置》，载《国家检察官学院学报》2018 年第 3 期。
21. 福建省厦门市中级人民法院刑二庭课题组：《刑事涉案财物处理程序问

题研究》，载《法律适用》2014 年第 9 期。
22. 范跃如：《试论我国行为保全制度及其构建与完善》，载《法学家》2004 年第 5 期。
23. 龚举文：《论扣押、冻结款物强制性措施的司法控制》，载《中国刑事法杂志》2009 年第 8 期。
24. 黄风、梁文钧：《英国〈2002 年犯罪收益（追缴）法〉中的刑事没收制度》，载《中国司法》2007 年第 6 期。
25. 何显兵：《论没收财产刑的改革与完善——以绵阳市最近三年司法统计数据为例》，载《中国刑事法杂志》2011 年第 1 期。
26. 胡成胜：《我国刑法第 64 条“没收”规定的理解与适用》，载《河北法学》2012 年第3 期。
27. ［日］金光旭：《日本刑法中的不法收益之剥夺：以没收、追缴制度为中心》，钱叶六译，载《中外法学》2009 年第 5 期。
28. 江伟、肖建国：《民事诉讼中的行为保全初探》，载《政法论坛》1994 年第 3 期。
29. 江舜明：《论监听处所限制与手段之正当性》，载《月旦法学》2005 年第 127 期。
30. 柯明：《刑事诉讼视野下民营企业家犯罪涉案财物的处置》，载《河北法学》2017 年第 12 期。
31. 刘卉：《建立搜查扣押的司法审查制度》，载《检察日报》2009 年 12 月 22 日，第 3 版。
32. 李建明：《强制性侦查措施的法律规制与法律监督》，载《法学研究》2011 年第 4 期。
33. 李建明、陈春来：《论刑事诉讼涉案财产处置的法律监督》，载《人民检察》2017 年第 3 期。
34. 李亮：《刑事诉讼涉案财物的救济机制》，载《国家检察官学院学报》2016 年第 3 期。

35. 林来梵：《论私人财产权的宪法保障》，载《法学》1999 年第 3 期。
36. 刘坤、赵万一：《财产权制度的存在基础》，载《现代法学》2004 年第 5 期。
37. 刘敏：《论赃物的善意取得》，载《法律适用》1997 年第 12 期。
38. 刘志德、刘树德：《“判处赔偿经济损失”、“责令赔偿损失”及“责令退赔”辨析》，载《法律适用》2005 年第 4 期。
39. 林钰雄：《德国刑事没收程序逐条释义——第三人参与、单独宣告及事后程序》，载《法学丛刊》2017 年第 4 期。
40. 李强：《财产犯中财产性利益的界定》，载《法学》2017 年第 12 期。
41. 李长坤《论违法所得及其他涉案财物的界定——兼论对没收程序司法解释第 6 条的理解》，载《法律适用》2017 年第 13 期。
42. 刘鹏玮：《“特别没收”的司法失衡与规范重塑——以“供犯罪所用的本人财物”之没收为视角》，载《苏州大学学报（法学版)》2017 年第 3 期。
43. 马俊驹、梅夏英：《财产权制度的历史评析和现实思考》，载《中国社会科学》1999 年第 1 期。
44. 闵春雷：《完善我国刑事搜查制度的思考》，载《法商研究》2005 年第 4 期。
45. 潘利平：《我国刑事搜查启动程序问题研究》，载《社会科学研究》2004 年第 5 期。
46. 潘利平：《我国搜查证制度的立法缺陷及其完善》，载《人民检察》2004 年第 6 期。
47. 裴显鼎、王晓东、刘晓虎：《违法所得没收程序重点疑难问题解读》，载《法律适用》2017 年第 13 期。
48. 秋天：《聚焦：完善人权司法保障制度——查封、扣押、冻结、处理涉案财物司法程序中的问题及完善》，载《中国律师》2014 年第 10 期。
49. 曲升霞、袁江华：《论我国〈刑法〉第 64 条的理解与适用——兼议我国

〈刑法〉第 64 条的完善》，载《法律适用》2007 年第 4 期。
50. 冉昊：《制定法对财产权的影响》，载《现代法学》2004 年第 5 期。
51. 任重：《我国诉前行为保全申请的实践难题——成因与出路》，载《环球法律评论》2016 年第 4 期。
52. 时延安、刘伟：《美国的刑事没收制度》，载《检察日报》2007 年 1 月 12 日。
53. 时延安、孟宪东、尹金洁：《检察机关在违法所得没收程序中的地位和职责》，载《法学杂志》2012 年第 11 期。
54. 时延安、刘伟：《违法所得和违法收益的界定》，载《中国检察官》2007 年第 2 期。
55. ［日］松尾浩也：《日本刑事程序的过去、现在与未来》，肖振国译，载《中国刑事法杂志》2010 年第 11 期。
56. 孙长永、兰跃军：《论侦查程序中犯罪嫌疑人与被害人人权保障的平衡》，载《现代法学》2010 年第 6 期。
57. 孙国祥：《刑事诉讼涉案财物处理若干问题研究》，载《人民检察》2015 年第 9 期。
58. 谭秀云：《刑事扣押决定权归属的三种模式及其批判》，载《河北法学》2018 年第 3 期。
59. 谭秀云：《刑事扣押的“相当理由”证明标准及其规制路径》，载《证据科学》2018 年第 2 期。
60. 天津市人民检察院、天津市河北区人民检察院课题组：《刑事追赃问题研究》，载《法学杂志》2010 年第 2 期。
61. 万毅：《同意搜查若干法律问题研究》，载《法商研究》2009 年第 3 期。
62. 万毅：《刑事被害人诉讼权利保障若干问题研究》，载《兰州学刊》2016 年第 12 期。
63. 万毅：《刑事诉讼中的扣押：规范分析与法律解释——以两个关键词为例》，载《法学》2008 年第 7 期。

64. 万毅：《独立没收程序的证据法难题及其破解》，载《法学》2012 年第 4 期。
65. 吴光升：《未定罪案件涉案财物没收程序之若干比较——以美国联邦民事没收程序为比较视角》，载《中国政法大学学报》2013 年第 2 期。
66. 吴光升：《审前返还刑事涉案财物的若干问题探讨》，载《中国刑事法杂志》2012 年第 1 期。
67. 吴光升：《刑事诉讼财产保全制度论要》，载《中国刑事法杂志》2016 年第 4 期。
68. 温小洁：《我国刑事涉案财物处理之完善——以公民财产权保障为视角》，载《法律适用》2017 年第 13 期。
69. 吴成杰：《刑事涉案财物的审查认定及处理》，载《人民司法》2014 年第 13 期。
70. 魏莲芳：《美国民事没收法述评》，载《四川警官高等专科学校学报》2006 年第 2 期。
71. 王弘宁：《我国搜查与扣押制度的完善——从中美搜查与扣押制度比较研究谈起》，载《法学杂志》2016 年第 7 期。
72. 闻志强：《日本〈刑事诉讼法〉2016 年修改动态》，载《国家检察官学院学报》2016 年第 6 期。
73. 王铁雄：《布莱克斯通与美国财产法个人绝对财产权观》，载《比较法研究》2009 年第 4 期。
74. 王利荣、谢玲：《〈论联合国反腐败公约〉视野下的“没收违法所得”》，载《重庆理工大学学报（社会科学）》2017 年第 2 期。
75. 王利荣：《涉黑犯罪财产之没收与追缴》，载《中国刑事法杂志》2011 年第 5 期。
76. 王志鹏、石雨冰：《浅析刑事裁判涉财产部分的执行困境及化解》，载《黑龙江省政法管理干部学院学报》2018 年第 4 期。
77. 王贞会：《刑事扣押中的法律问题研究》，载《石家庄学院学报》2010

年第 4 期。
78. 王骏：《刑法中的“财物价值”与“财产性利益”》，载《清华法学》2016 年第 3 期。
79. 王飞跃：《犯罪工具没收研究》，载《中外法学》2010 年第 4 期。
80. 熊秋红《刑事诉讼涉案财物处置程序检视》，载《人民检察》2015 年第 13 期。
81. 熊秋红：《刑事违法扣押国家赔偿案处理的指导性》，载《人民法院报》2018 年 1 月 31 日，第 2 版。
82. 熊秋红：《从特别没收程序的性质看制度完善》，载《法学》2013 年第 9 期。
83. 谢小剑：《返还被害人财物程序问题探析》，载《中国检察官》2010 年第 6 期。
84. 向燕：《刑事涉案财物处置的实证考察》，载《江苏行政学院学报》2015 年第 6 期。
85. 向燕：《论刑事没收及其保全的对象范围》，载《中国刑事法杂志》2013 年第 3 期。
86. 谢雄伟：《论刑事违法所得没收的本质、内涵与计算方法》，载《法学论坛》2016 年第 5 期。
87. 肖建国：《论诉前停止侵权行为的法律性质——以诉前停止侵犯知识产权行为为中心的研究》，载《法商研究》2002 年第 4 期。
88. 殷耀刚：《刑事涉案财物处置的正当程序》，载《山西省政法管理干部学院学报》2015 年第 2 期。
89. 易延友：《刑事强制措施体系及其完善》，载《法学研究》2012 年第 3 期。
90. 易延友：《刑事诉讼人权保障的基本立场》，载《政法论坛》2015 年第 4 期。
91. 闫永黎：《侦查阶段涉案财产处置问题研究》，载《北京人民警察学院学报》2011 年第 2 期。

92. 袁坦中、刘建：《论刑事诉讼法中追缴的性质》，载《中国刑事法杂志》2010 年第 4 期。
93. 叶青：《“追缴”、“没收”及“没收财产”之辩析》，载《法学》1987 年第 1 期。
94. 曾勉、邓继好、王延祥、黄罛、余超、张智、周廉洁、马超逸：《检察视角下的刑事涉案财产处置》，载《上海法治报》2013 年 3 月 12 日，B06 版。
95. 张云平、刘凯湘：《所有权的人性根据》，载《中外法学》1999 年第 2 期。
96. 左卫民：《规避与替代——搜查运行机制的实证考察》，载《中国法学》2007 年第 3 期。
97. 左卫民、吴玉馨：《略论赃款赃物的处理》，载《云南法学》2000 年第 1 期。
98. 左卫民：《刑事诉讼法再修改与被追诉人财产权的保护》，载《现代法学》2012 年第 1 期。
99. 张明楷：《罚金刑若干问题的再思考》，载《中国法学》1991 年第 4 期。
100. 张明楷：《论刑法中的没收》，载《法学家》2012 年第 3 期。
101. 张栋：《刑事诉讼法中对物的强制措施之构建》，载《政治与法律》2012 年第 1 期。
102. 张峰、孙科浓：《刑事被害人财产权益保护的实证分析》，载《法学》2012 年第 8 期。
103. 赵信会：《论民事执行异议之诉——对〈民事诉讼法〉关于执行异议之诉改革的评价》，载《政法论丛》2009 年第 3 期。
104. 张卫平：《中国民事诉讼法立法四十年》，载《法学》2018 年第 7 期。
105. 张培：《新西兰中间禁令与我国行为保全措施比较研究》，载《法律适用》2017 年第 15 期。

106. 周翠：《行为保全问题研究——对〈民事诉讼法〉第100—105条的解释》，载《法律科学》2015年第4期。

107. 张勇、殷涛、蒋晓春：《“供犯罪所用的本人财物”之界定与处置》，载《人民检察》2008年第2期。

108. 张磊：《论我国经济犯罪收益追缴制度的构建》，载《政治与法律》2009年第5期。

109. 周漾沂：《财产犯罪中的持有概念：社会性归属的证立与应用》，载《台大法学论丛》2017年第1期。

三、外文类

1. David J. Taube, *Civil Forfeiture*, 30 Am. Crim. L. Rev. 1025, 1048 (1993).

2. Alice W. Dery, *Overview of Asset Forfeiture*, 2012 Bus. L. Today 1, 5 (2012).

3. Robert S. Summers, *Evaluating and Improving Legal Process: A Plea for "Process Values"*, Cornell Law Review, Vol. 60: 1, p. 1 – 3 (1974).

4. William B. Stoebuck, *Police Power, Takings, and Due Process*, Washington and Lee Law Review, Vol. 37, p. 1057, 1058 (1980).

5. Leonard W. Levy, *License to Steal: The Forfeiture of Property* (1996).

6. George Foster, Nichols Longsdorf & Clark A., *Cyclopediaof Federal Procedure: Civil and Criminal* (1928 – 1930).

7. Peter W. III Salsich, *A Delicate Balance: Making Criminal Forfeiture a Viable Law Enforcement Tool and Satisfying Due Process after United States v. James Daniel Good Real Property*, 39 St. Louis U. L. J. 585, 618 (1995).

8. Michelle Gallant, *An Empirical Glimpse of Manitoba Civil Forfeiture Regulation*, 38 Man. L. J. 219, 242 (2015).

9. Ivan Peare, *An Overview of the Proceeds of Crime Act* 2002, 29 Commw. L. Bull. 986, 998 (2003).

10. James Simon, *Civil Asset Forfeiture in Virginia: An Imperfect System*, 74 Wash. & Lee L. Rev. 1295, 1342 (2017).

11. Teresa A. Bailey ed. , *Current Service Binder United States Legislation on Relations and International Commerce* 106. 34. 1 2007.

12. Michael Van den Berg, *Proposing a Transactional Approach to Civil Forfeiture Reform*, 163 U. Pa. L. Rev. 867, 926 (2015).

13. R. E. Bell, *Civil Forfeiture of Criminal Assets*, 63 J. Crim. L. 371, 384 (1999).

14. Stefan D. Cassella, *Criminal Forfeiture Procedure: An Analysis of Developments in the Law regarding the Inclusion of a Forfeiture Judgment in the Sentence Imposed in a Criminal Case*, 32 Am. J. Crim. L. 55, 104 (2004).

15. Greg L. Warchol, Dennis M. Payne & Brian R. Johnson, *Criminal Forfeiture: An Effective Alternative to Civiland Administrative Proceedings*, 19 Police Stud. : Int'l Rev. Police Dev. 51, 66 (1996).

16. Arthur W. Leach & John G. Malcolm, *Criminal Forfeiture: An Appropriate Solution to the Civil Forfeiture Debate*, 10 Ga. St. U. L. Rev. 241, 296 (1994).

17. Laurel A. Carrier, *Criminal Procedure - Civil Forfeiture and Double Jeopardy: State v. Nunez*, 31 N. M. L. Rev. 401, 420 (2001).

18. Haruo Abe, *Criminal Procedure in Japan* , 48 J. Crim. L. Criminology & Police Sci. 359, 368 (1957 - 1958).

19. Scott Jones, *Forfeiture and Restitution in the Federal Criminal System: The Conflict of Victims' Rights and Government Interests*, 6 Crim. L. Brief 27, 37 (2011).

20. Peter David Houtz, *Innocent Owner Defense to Civil Forefeiture Proceedings*, 31 U. Rich. L. Rev. 257, 286 (1997).

21. A. Manea, *International, European and National Developments in Asset Re-*

covery, 2015 Conf. Int'l Dr. 897, 903 (2015).

22. David P. Atkins & Adele V. Patterson, *Punishment or Compensation – New Constitutional Restrictions on Civil Forfeiture*, 11 U. Bridgeport L. Rev. 371, 382 (1991).

23. David J. Fried, *Rationalizing Criminal Forfeiture*, 79J. Crim. L. & Criminology 328, 436 (1988).

24. Michael A. Livingston, *Reparation, Restoration, Incarceration: Comparative Perspectives on the African – American Reparations Problem*, 5 U. Balt. J. Int'l L. 42, 67 (2016).

25. Austin, Beecher Abbott & William Constantine, *Brief for the Trial of Criminal Cases* (1994).

26. Caleb Nelson, *The Constitutionality of Civil Forfeiture*, 125 Yale L. J. 2446, 2518 (2016).

27. Brian Fork, *The Federal Seizure of Attorneys' Fees in Criminal Forfeiture Actions and the Threat to the American System of Criminal Defense*, 83 N. C. L. Rev. 205, 237 (2004).

28. V. Basdeo, *The Law and Practice of Criminal Asset Forfeiture in South African Criminal Procedure: A Constitutional Dilemma*, 17 Potchefstroom Elec. L. J. 1047, 1069 (2014).

后　　记

本书的完成，要感谢的人很多。

首先要感谢我的恩师李建明教授，本书从选题到完稿，无不凝聚着恩师的心血。恩师为人随和，又严格要求，使我有了不断修改、追求完美的动力和勇气。我在写作苦无思路时往往得到恩师指点迷津，本书才得以完成。在本书即将付梓之际，恩师又欣然为本书作序，予以鼓励。也感谢李浩教授、刘敏教授、陈爱武教授、孙国祥教授、狄小华教授等老师的无私帮助与关怀，他们为本书写作提供了很好的意见建议。感谢我的博士同学汪小棠、师弟许克军等，他们在我学习、答辩过程中给予了我很多帮助，对此，我将铭记在心。

其次要感谢最高人民检察院对我申请的“刑事涉案财物处置的独立之诉研究”项目和江苏省人民检察院对我申请的“刑事涉案财产检察监督研究”项目予以立项支持。也感谢江苏省人民检察院、无锡市人民检察院和江阴市人民检察院的领导和同事们，他们都给予了我很大的支持，本书才得以顺利面世。本书得以在法律出版社出版，我还要向编辑许睿老师致以诚挚的谢意，她对拙作的出版给予了极大的支持，付出了艰辛的劳动。

最后，我要感谢我的家人，我的父母一如既往支持我在学业上深造，我的妻子承担了大量的家务和照顾孩子的重任，让我有更多的精力投入本书的写作中。

我想说，谢谢你们，没有你们的支持，我很难坚持到今天。

陈春来

二〇二四年八月十二日于江阴